BASTEI LÜBBE

Ulrich del Mestre
Lars Strömsdörfer

PRAXIS BÜLOWBOGEN

Der Roman zur großen Fernsehserie mit Günter Pfitzmann in der Hauptrolle

BASTEI
LÜBBE

BASTEI-LÜBBE-TASCHENBUCH
Band 10978

1. Auflage Sept. 1987
2. Auflage Okt. 1987

Originalausgabe

Printed in Western Germany, November 1987
Einbandgestaltung: Roland Winkler
Titelfoto: ARD
Satz: Fotosatz Froitzheim, Bonn
Druck und Bindung: Ebner Ulm
ISBN 3-404-10978-3

Inhaltsverzeichnis

Das Wort zum Sonntag

Der Anruf kam am Abend – wenige Minuten nachdem der letzte Patient gegangen war. Bevor Gabi Köhler, die Sprechstundenhilfe, das Gespräch in das Behandlungszimmer durchschaltete, informierte sie ihren Chef: »Ick hab hier Opa Schmittke an der Leitung. Scheint ihm wirklich mies zu gehen.«

Doktor Brockmann drückte auf den Knopf des Telefons, hörte das Rauschen in der Leitung, dann den rasselnden Atem des alten Mannes, der sich erst nach ein paar Minuten mit schwacher, brüchiger Stimme meldete: »Herr Doktor ...«

Das Sprechen schien ihn sehr anzustrengen. Mühsam suchte er nach den richtigen Worten, um seinen Zustand zu beschreiben. Und über die Entfernung hinweg konnte Dr. Brockmann die Angst des Alten spüren.

»Jetzt hör'n Sie mir mal genau zu, Herr Schmittke«, riet der Arzt eindringlich. »Setzen Sie sich in'n Sessel, bleiben Se ganz ruhig. Und nicht mehr aufstehen. Ick komme sofort zu Ihnen.«

Flüsternd erhob Schmittke am anderen Ende der Leitung Einwände, erwähnte die Haustür, die zu dieser Stunde bereits verschlossen sei.

»Nein, nicht aufmachen«, sagte Brockmann beschwörend. »Ick komm schon irgendwie ins Haus. Rühren Se sich nicht von der Stelle! Bis gleich.«

Er legte den Hörer auf, und während er blitzschnell den weißen Kittel auszog, rief er durch die halb geöffnete Tür in die Anmeldung: »Gabi, ruf mal sofort bei meiner Tochter im Krankenhaus an und frag Kathrin, ob die 'n Intensivbett frei haben. Und dann die Feuerwehr! Notarztwagen zu Schmittke!«

Draußen in der von einer grellen Neonröhre erhellten fensterlosen Anmeldung, der man immer noch ansah, daß sie einmal die Diele der geräumigen Altbauwohnung gewesen war, reichte ihm Gabi Köhler die abgewetzte braune Ledertasche, die ihn seit rund 30 Jahren bei seinen Hausbesuchen begleitete, und meldete: »Nitrospray, Digitalis – alles drin. Ich hab's kontrolliert.«

Er warf ihr einen dankbaren Blick zu, schlüpfte in seinen Trenchcoat und strebte mit schnellen Schritten dem Ausgang zu. An der Tür zu seinen Praxisräumen stolperte Dr. Brockmann über ein kleines Mädchen, das sich vorsichtig in die Anmeldung schob und im Schlepptau eine Frau hinter sich herzog. Beide trugen tief in die Stirn gezogene Kopftücher und sahen mit ängstlichen Augen zu dem Arzt auf.

»Aische, was gibt's?« fragte Dr. Brockmann gehetzt. Die kleine Türkin flüsterte: »Vater erlaubt nicht, daß Mama die Pillen ißt. Wegen Ramadan. Wir dürfen nichts essen.«

»Mensch, Aische, das hab ick euch doch erklärt«, erwiderte Brockmann gereizt. »Wenn man krank ist, jibt's 'ne Ausnahme. Ick hab mit eurem Imam gesprochen. Geht hin und fragt ihn. Mama muß die Pillen nehmen, damit sie wieder gesund wird.«

Er schob Aische und ihre Mutter mit sanfter Gewalt durch die breite Tür in das düster wirkende Treppenhaus. Sekunden später war auch er aus Gabis Blickfeld verschwunden.

Gedankenverloren starrte sie auf die Tür und ertappte sich dabei, daß sie sich ernste Sorgen um Dr. Brockmann machte.

Er sah seit ein paar Tagen müde und angegriffen aus – mit dunklen Ringen unter den Augen. Kein Wunder, dachte Gabi. Er tut immer noch so, als sei er ein Jüngling, und treibt Raubbau mit seinen Kräften, arbeitet zuviel, schläft zu wenig und dann noch nachts das eine oder andere Glas Wein in Bea Knapps Bülowklause. Vor allem der letzte Gedanke erfüllte Gabi mit Bitternis.

Mit der gespreizten Hand fuhr sie sich durch die kurzen blonden Borsten ihrer modischen Igelfrisur, die sie sich vor ein paar Tagen zugelegt hatte, und rief sich selbst zur Ordnung: »Das Privatleben des Herrn Dr. Peter Brockmann geht dich überhaupt nichts mehr an. Du bist nur seine Sprechstundenhilfe – nicht mehr und nicht weniger. Soll sich doch Beate Knapp, die schöne, selbstbewußte, ach so phantastische Bea, um sein Wohlbefinden kümmern und auf ihn aufpassen.«

Es hatte in dem 30jährigen Leben der Sprechstundenhilfe Gabi Köhler eine Phase gegeben, in der sie ganz anders gedacht hatte. Aber das war schon lange her, und dennoch tat die Erinnerung daran immer noch verdammt weh.

»Gabi Köhler, du hast es selbst so gewollt«, sagte sie laut und wandte sich dann entschlossen den Quartalsabrechnungen zu, die sich vor ihr stapelten.

Gabi blieb nicht lange allein. Verärgert schaute sie nach ein paar Minuten von ihrer Arbeit auf, weil die Tür schwungvoll aufgestoßen wurde und Sigi hüftschwenkend die Anmeldung betrat. Ohne das Kaugummi aus dem Mund zu nehmen, nuschelte der hübsche, aber viel zu grell geschminkte Teenager etwas von

»zufällig vorbeigekommen, noch Licht jesehen und jedacht: Da kannste noch Omas Rezept rausholen.«

Gabi zog das fertig ausgestellte Rezept aus einem Stapel hervor und erkundigte sich: »Oma weiß ja wohl, wie sie das nehmen muß, nich?«

Anstatt zu antworten, schickte sich Sigi an, die durchgekaute, geschmeidige Kaugummimasse in ihrer Mundhöhle zu einer prallen Bubbelblase aufzupusten. »Du, kauen ist okay, aber bitte keene Blasen, wenn's jeht«, sagte Gabi entschieden.

Schlürfend zog der Teenager die Blase wieder in den Mund zurück, zuckte verlegen mit den Schultern. »Verstehe! Hygiene – wa?«

In diesem Augenblick klingelte auf dem Schreibtisch der Sprechstundenhilfe das Telefon. Bea Knapp erkundigte sich nach Brockmanns Verbleib. Sie warte bereits seit einer halben Stunde mit dem Abendessen auf ihn.

Bei diesen Worten empfand Gabi so etwas wie Schadenfreude, die sie hinter übertriebener Freundlichkeit zu verbergen versuchte. »Det tut mir aber leid. Vor ein paar Minuten hat Peter...«, sie korrigierte sich sofort, »hat der Doktor einen Anruf von einem Patienten bekommen, aber dann, hat er gesagt, freut er sich schon auf 'n knusprijes Brathähnchen bei Ihnen.«

»Das knusprige Brathähnchen ist inzwischen schon ganz schön lappig geworden«, gab Bea zu.

»Dann machen Se doch 'n Frikassee draus. Das ißt er auch sehr gerne«, schlug Gabi vor, wobei sie sich bemühte, den ironisch gemeinten Vorschlag möglichst ehrlich klingen zu lassen.

Bea brach in ein gekünsteltes Gelächter aus, bedankte sich mit gespielter Höflichkeit für den tollen Tip. Bevor sie Peters Sprechstundenhilfe einen schönen Abend wünschte, empfahl sie ihr bissig: »Sie sollten auch endlich

Feierabend machen, Sie Ärmste. Sie haben ja sowieso nichts vom Leben.«

Dann legte sie auf und hatte das triumphierende Gefühl, Gabi nichts schuldig geblieben zu sein.

Mit unverhohlener Neugier hatte Sigi – lässig gegen Gabis Schreibtisch gelehnt – das Telefonat verfolgt. Jetzt sah die Sprechstundenhilfe das Mädchen entnervt an und erkundigte sich: »Is noch wat, Sigi?«

»Nee, ick wollte nur auf Wiedersehen sagen.«

»Wiedersehen, Sigi.«

Unschlüssig stand Sigi in dem Raum herum. Dann trat sie noch einmal ganz nahe an Gabi heran und fragte leise: »War det eben die Knapp von der Bülowklause?«

Gabi Köhler warf dem Mädchen einen tadelnden Blick zu, der eigentlich kein weiteres Verweilen zuließ. Doch Sigi gab nicht auf.

»Ick frage bloß, weil – ick meine, natürlich jeht mir det nischt an – aber letztens, im Wartezimmer, da hat die Kolberg, die Herzkranke, die hat behauptet, die Chefin von der Bülowklause hätte 'n Verhältnis mit dem Dokter. Und 'n anderer, eener, den ick nich kenne, der hat jesagt, det stimmt nich, der Doktor wär verheiratet. Seine Olle – also ick meine, die Frau Dokter, die wär bloß verschollen.«

Stumm hatte Gabi den Wortschwall über sich ergehen lassen und dabei nervös mit den Fingerspitzen auf der Schreibtischplatte herumgetrommelt. Jetzt entschied sie energisch: »Es reicht, Sigi! Ick muß was tun.«

Sigi aber ließ nicht locker. »Is denn der Dokter nu verheiratet oder nich? Ick meine, weil man seine Frau nie sieht.«

Gabi schlug mit der Faust auf den Tisch. »Der Doktor ist verheiratet. Und nun mach die Flatter, ja?«

Das Mädchen tat so, als sei es zutiefst erleichtert. »Sehn

Se – det hätt ick mir doch gleich jedacht. Weil nämlich – det hat eene behauptet, die ick ooch nich kenne – daß diese Knapp von der Bülowklause, daß die nämlich ooch verheiratet is.«

Gabi musterte Sigi wütend. »Sag mal, stehst du inzwischen auf deinem Kaugummi?«

»Nee, wieso?«

»Weil ick den Eindruck habe, du bist hier irjendwie festjeklebt.«

»Ach so, verstehe. Dann jeh ick jetzt«, kündigte Sigi an und ging langsam auf die Tür zu. Dort blieb sie stehen und machte Anstalten, die Unterhaltung aus einiger Entfernung fortzusetzen.

»Ick würde nich jerne unfreundlich werden, Sigi«, erklärte Gabi Köhler bestimmt.

Doch die Drohung schien den Teenager wenig zu beeindrucken. »Ick meine, wenn die Frau Dokter verschollen is, denn kann der Doktor machen, wat er will, nich?«

»Sigi, jetzt reicht's!«

Diesmal hatte die Besucherin verstanden. »Tschüß denn – schönen Abend noch.«

Sie seufzte tief auf und stellte mit weicher, warmer Stimme fest: »Der Dokter ist ja wirklich ein unheimlicher Typ.«

Mit diesen Worten schlenderte sie hüftschwenkend aus der Praxis, und Gabi fand plötzlich, daß Sigi mit ihrem Urteil über den Doktor völlig recht hatte.

Mit der abgewetzten, altmodischen Lederbügeltasche in der Hand strebte Dr. Brockmann eilig auf den schäbigen Altbau mit der halb verfallenen Fassade zu. Er fand die schwere Haustür verschlossen vor, trat ein paar Schritte zurück und blickte nach oben.

Im ersten Stock lehnte sich ein Ehepaar aus dem Fenster, die Arme auf ein abgewetztes, buntes Kissen gestützt. Zwischen den beiden erkannte Brockmann den Kopf eines großen Hundes.

»Entschuldigung, könnten Sie mir bitte mal aufmachen. Es ist dringend«, rief Brockmann nach oben.

»Zu wem woll'n Se denn?« fragte die rundliche Frau mit schriller Stimme.

»Zu Herrn Schmittke.«

»Und wat woll'n Se von dem?«

Verärgert zuckte Brockmann mit den Schultern. »Liebe Frau, ick...« Er sprach nicht weiter, weil in diesem Augenblick die Haustür von innen geöffnet wurde. Eine Frau, die ihren kleinen Hund an der Leine hinter sich herzog, trat ins Freie. Mit wehendem Mantel lief der Arzt auf den Eingang zu, schob sich an der Frau vorbei in das Haus und murmelte: »Tschuldigung.«

Während er über den dunklen Flur, in dem es nach ranzigem Fett und Sauerkraut roch, in Richtung Hinterhof rannte, rief die Hundebesitzerin aufgeregt hinter ihm her: »Sie! Wo woll'n Se denn hin?« Und als Brockmann nicht antwortete, schrie sie aufgebracht: »Da ist eener im Hof!«

Von dem Notruf der Nachbarin aufgeschreckt, verließen das Ehepaar und der Hund blitzschnell ihren Beobachtungsposten an der Vorderfront und tauchten Sekunden später am Fenster der nach hinten gelegenen Küche auf, von dem aus man den engen Hinterhof einsehen konnte.

In der Dunkelheit fand sich Brockmann nicht gleich zurecht. Er schaute sich suchend um, stolperte fluchend über eine umgekippte Mülltonne und sah dann im Erdgeschoß des Quergebäudes, das einen noch viel schäbigeren Eindruck als das Vorderhaus machte, ein schwach erhelltes Fenster.

Mit angehaltenem Atem preßte er sein vom Laufen erhitztes Gesicht gegen die kühle Scheibe. Mitten in dem kleinen, mit altmodischen Möbeln vollgestopften Zimmer hing Schmittke mit baumelnden Armen und ausgestreckten Beinen in seinem Sessel. Die Stehlampe warf fahles Licht auf das regungslose Gesicht des Mannes, dessen Mund weit offen stand. Und wieder einmal verspürte Brockmann die Angst, zu spät gekommen zu sein.

Auf dem gepflasterten Boden des Hofes fand er tastend einen zerbrochenen Ziegelstein, mit dem er die Fensterscheibe einschlug. Klirrend fielen die Scherben auf das Pflaster. Es gelang Brockmann, den Hebel nach oben zu drücken und die Fensterflügel aufzustoßen. Mit einem Klimmzug erreichte er das Fensterbrett und stieg in Schmittkes Wohnstube ein.

Irgendwo in der Dunkelheit schrie jemand: »Haste det jesehn? Die werden immer dreister.« Und dann hörte Brockmann eine Frauenstimme: »Ruf an! Eins, eins, null.«

Als sich Dr. Brockmann über den alten Mann beugte, stellte er erleichtert fest, daß seine Befürchtungen unbegründet gewesen waren. Opa Schmittke lebte noch. Sein Atem ging flach, der Puls war kaum noch zu spüren. Der Arzt öffnete das karierte Hemd des Patienten und hörte durch sein Stethoskop den flatternden, unregelmäßigen Herzschlag. Und während er die ersten Maßnahmen einleitete, sprach er beschwörend auf den Mann ein: »Janz ruhig bleiben! Kein Grund zur Aufregung.«

Draußen in dem winzigen Flur war das Schrillen der Türglocke zu hören. Brockmann warf Schmittke einen besorgten, prüfenden Blick zu, lief dann zur Tür und ließ die Feuerwehrmänner eintreten, die eine Trage mitgebracht hatten. Ihnen folgte ein junger Notarzt, den Brockmann sofort über die Situation informierte: »Linksherzversagen! Gefäßverschluß im linken Bein. Hab ihm gesagt, daß er damit ins Krankenhaus muß. Scheint, daß er Angst bekommen hat.«

Der junge Arzt stand unschlüssig neben dem Patienten. Dann holte er umständlich Nitrospray aus seinem Koffer. Brockmanns junger Kollege wirkte nervös, abgespannt und unsicher.

»Nitrospray hab ick schon jejeben. Außerdem Digitalis und Cortison«, sagte Dr. Brockmann gereizt und fügte dann etwas versöhnlicher hinzu: »Einverstanden, Herr Kollege?«

Inzwischen drängelten sich in dem kleinen Zimmer mehrere sensationshungrige Nachbarn, die das Geschehen mit unverhohlener Neugier beobachteten und laut kommentierten. Heftig schubsend kämpften sie um die besten Plätze in der vordersten Reihe, bis plötzlich ein energisch auftretender Polizeibeamter im Hintergrund auftauchte und sich einen Weg durch die Menschentraube bahnte. Ihm folgte die rundliche Frau im geblümten Haushaltskittel, die Brockmann ein paar Minuten zuvor am Fenster des Vorderhauses gesehen hatte.

Mit ausgestrecktem Zeigefinger deutete sie auf den Arzt und keifte: »Det isser, Herr Wachtmeister. Die Scheibe hat er einjehaun. Wir ham't selbst jesehen.«

Noch begriff Brockmann nicht, daß da von ihm die Rede war. Über die Köpfe der Leute hinweg rief er: »Wo bleibt denn der Sauerstoff, verdammt noch mal?«

»Sauerstoff ist unterwegs«, antwortete einer der Feuerwehrleute.

Der Polizist hielt Dr. Brockmann am Ärmel fest. »Sind Sie hier durch das Fenster eingestiegen?« fragte er mit amtlicher Stimme.

»Bin ick! Durchs Schlüsselloch kann ick noch nicht. Aber ick übe.«

Im Hintergrund tauchten zwei Männer mit dem Sauerstoffgerät auf, auf das Brockmann seit Minuten ungeduldig wartete. »Mensch, Leute, ein Tempo habt ihr«, stellte er gereizt fest und schob die Schaulustigen zur Seite. »Bei euch kann man ooch nebenherloofen und die Socken stopfen.«

Mit sicherer Hand griff er nach der Sauerstoffmaske und sprach beschwichtigend auf Opa Schmittke ein, der für ein paar Sekunden die Augen aufgeschlagen hatte: »Janz ruhig! Jetzt gibt's erst mal 'n bisken frische Luft.«

Der Polizeibeamte sah seine Mission noch nicht als beendet an. »Sind Sie Arzt?« fragte er ungläubig. »Ja! Wieso? Seh ick aus wie Rumpelstilzchen?«

Die Dicke im geblümten Kittel wollte sich mit dieser Antwort nicht zufrieden geben. »Lassen Se sich lieber den Ausweis zeigen, Herr Wachtmeister. Wär ja nicht der erste falsche Dokter«, sagte sie und beobachtete Brockmann mißtrauisch.

Unter der Sauerstoffmaske atmete Schmittke ein paarmal tief und ruhig durch.

Ohne den Polizisten weiter zu beachten, rief Brockmann den Feuerwehrleuten den Namen des Krankenhauses zu, in dem er seinen Patienten bereits telefonisch angemeldet hatte. Dort – in Kathrins umsichtiger Obhut – wußte er Opa Schmittke gut aufgehoben.

Während der Patient auf der Trage durch das verwinkelte Treppenhaus ins Freie transportiert wurde, griff der junge Notarzt zu seinem Koffer und stellte erleichtert fest: »Da bin ich ja noch mal gerade rechtzeitig gekommen.«

Brockmann runzelte die Stirn und erwiderte: »So isset, Herr Kollege.«

Mit seinem Wagen fuhr Dr. Brockmann hinter dem Notarztwagen her und bestand darauf, auf dem langen Flur des Krankenhauses zu warten, bis sich Schmittkes Schicksal entschieden hatte. Ungeduldig ging er auf dem Gang hin und her, schaute immer wieder auf die Armbanduhr, bis endlich Kathrin auftauchte und ihm mitteilte, der Patient sei erst einmal über den Berg.

Sie reichte ihm einen viel zu engen weißen Kittel, half ihm beim Überziehen und begleitete ihn dann durch das verwirrende Labyrinth der Korridore auf die Intensivstation.

Mit einem verstohlenen Seitenblick und nicht ohne Stolz stellte Peter Brockmann fest, daß Kathrin hier in ihrer gewohnten Umgebung viel sicherer und bestimmter auftrat als außerhalb des Krankenhauses. In der vergangenen Woche war sie 28 Jahre alt geworden, aber immer noch wirkte sie sehr mädchenhaft und sanft: ein romantischer Typ mit großen dunklen, klugen Augen, in denen sich Erstaunen und Skepsis widerspiegelten, und langem dunkelblondem Haar, das sie im Dienst zu einem strengen Knoten zusammengesteckt trug. Und während ihr Brockmann folgte, fiel ihm wieder einmal auf: Sie hat dieselbe Art, sich zu bewegen, wie ihre Mutter.

In der Intensivstation konnte Dr. Brockmann durch eine große Glasscheibe einen Blick auf seinen Patienten Opa Schmittke werfen, der jetzt mit entspanntem Gesicht und ruhig atmend im Bett lag. Über ein Gewirr von Kabeln und Schläuchen war er an verschiedene Apparate und an Monitore angeschlossen, die seine Kreislauffunktionen genau registrierten.

Brockmann seufzte erleichtert. »Na, Jott sei Dank. Ick dachte schon, ihr müßt amputieren.«

»Ja, ja, die bösen Apparate«, stellte Kathrin spöttisch lächelnd fest.

Er sah die junge Frau an seiner Seite mißbilligend an und protestierte laut: »Nun halten Sie mal die Klappe, Frau Doktor. Sie wissen genau, daß ick das so nie jemeint hab – Apparatemedizin und so. Nein ...«

»Is doch 'ne feine Sache«, unterbrach ihn Kathrin triumphierend, »wenn ihr Praktiker was versiebt habt und wir die Patienten an ein paar Schläuche legen können.«

»Moment mal! Ick hab was versiebt? Der Mann hat angerufen, und ich bin sofort hin.«

Beschwichtigend legte Kathrin ihre Hand auf seinen Arm. »Weiß ich doch. Von deiner Sorte gibt's aber nicht mehr so viele. Und dann sind unsere Apparate eben doch nicht so schlecht. Ich ...«

Sie sprach nicht weiter, sondern stellte sich plötzlich auf die Zehenspitzen und küßte ihren Vater auf die Wange. In diesem Augenblick bog ein junger Arzt um die Ecke und sah das Paar erstaunt an.

»Das ist Udo Lattner – ein neuer Kollege«, erklärte Kathrin und lächelte verlegen. Dann deutete sie auf Brockmann und sagte: »Mein Vater – ebenfalls Kollege.«

»Ach, haben wir Ihnen den Gefäßverschluß zu verdanken?« erkundigte sich Dr. Lattner und zeigte mit einer fahrigen Handbewegung auf die Glasscheibe, hinter der Schmittke lag.

»Wenn Sie mit ›Gefäßverschluß‹ meinen Patienten Herrn Schmittke meinen, den haben Sie mir wirklich zu verdanken«, belehrte Brockmann den jungen Kollegen, der daraufhin achselzuckend seinen Weg über den Korridor fortsetzte.

Kathrin hakte sich demonstrativ bei ihrem Vater ein, und der flüchtige Blick, den sie ihm dabei zuwarf, verriet Zuneigung und Einverständnis.

»Gefällt er dir – dieser Lattner?« wollte Brockmann wissen.

Kathrin schüttelte den Kopf und lächelte wehmütig. »Und du? Was macht deine Bea?«

Immer lebten Vater und Tochter in der Angst, das Privatleben des anderen könne vor lauter Arbeit zu kurz kommen.

Brockmann warf einen Blick auf die Armbanduhr. »Himmel, schon gleich halb zehn, und ick war um acht Uhr bei Bea zum Brathähnchen einjeladen.« Und so, als müsse er sich schon jetzt für seine Verspätung rechtfertigen, fügte er hinzu: »Wer sich mit 'nem Arzt einläßt, muß wissen, was er tut. Ick hab sie jewarnt.«

Draußen vor dem Hauptportal des Krankenhauses verabschiedete sich Peter Brockmann mit einem Kuß von seiner Tochter. Als er sich schon ein paar Schritte von ihr entfernt hatte, lief sie ihm hinterher: »Noch ein kleiner Tip, Herr Doktor. Wenn du jetzt zu Bea gehst, kauf unterwegs ein knuspriges Brathähnchen.«

Der Bülowbogen, diese etwa quadratkilometergroße Insel der Armseligkeit inmitten der glitzernden Großstadt Berlin, hatte bereits sein typisches Nachtgesicht aufgesetzt, als Dr. Brockmann Ausschau nach einer Imbißbude hielt, die zu dieser Zeit noch geöffnet hatte. Gnädig umhüllte die Dunkelheit die grauen Fassaden der verkommenen Altbauten und die schmucklosen Fronten der eintönigen Wohnblöcke. Die mit den Ankündigungen irgendwelcher Sonderangebote vollgeklebten Schaufenster der billigen Supermärkte sahen jetzt aus wie riesige tote Augen. Aus den Bierkneipen und schäbigen Sex-Bars drangen schrilles Gelächter und Musik ins Freie.

Die Kinder, die während des ganzen Tages laut schreiend auf den Straßen herumgetobt hatten, und die türkischen Frauen mit ihren tief in die Stirn gezogenen Kopftüchern hatten sich längst in die Häuser zurückgezogen. An den Ecken und in den Hofeinfahrten lehnten grell geschminkte Prostituierte und Stricher in hautengen schwarzen Nappalederhosen. Und immer noch hing drückend der beißende Geruch von Abgasen zwischen den Wohnblocks – ein Gestank, der vor allem die Kinder aus dem Bülowbogen krank machte.

In der Nachkriegszeit hatte der junge Arzt Dr. Peter Brockmann hier oft einen alten, häufig kränkelnden Kollegen vertreten und schließlich dessen Praxis ganz übernommen. Seitdem waren immer wieder neue Patienten in dem Wartezimmer aufgetaucht. Zu den Kranken aus den Arbeiter- und Angestelltenfamilien, die schon seit Generationen in den Altbauten lebten, gesellten sich Studenten aus Wohngemeinschaften, Aussteiger, Bessergestellte aus den wenigen aufwendig renovierten Häusern – Leute, die die Citynähe des Bülowbogens zu schätzen wußten und dafür gerne die schäbige Umgebung in Kauf nahmen.

Dr. Brockmann kannte sie alle: die Gammler und Fixer, die Prostituierten, die längst für den feinen Strich zu alt geworden waren, die Einsamen, die Sozialhilfeempfänger, die Großfamilien, die trotz aller Sparsamkeit nie auf einen grünen Zweig kamen, und die türkischen Frauen, die immer ihre Kinder als Dolmetscher mit in die Sprechstunde brachten.

Nie hatte Dr. Brockmann während all der Jahre daran gedacht, seine Praxis in ein nobleres Viertel zu verlegen – nicht nur, weil ihm die Krankenscheine seiner Patienten ein gesichertes Einkommen garantierten, sondern auch, weil er spürte, daß er gebraucht wurde – als Arzt und Berater. Er galt in diesem Milieu als Autorität, und das wiederum tat – wenigstens hin und wieder – seinem Selbstbewußtsein gut.

Das Status-Denken, das viele seiner Kollegen an den Tag legten, war Brockmann immer fremd geblieben. Er sah zwar das Elend um sich herum, aber er fühlte sich dennoch im Bülowbogen zu Hause.

Erst nach langem Suchen entdeckte Brockmann in der Potsdamer Straße einen hell erleuchteten Imbißstand, aber der türkische Inhaber beteuerte achselzuckend, Brathähnchen führe er nicht.

»Det darf doch nicht wahr sein. Jibt's denn auf der janzen Potse kein Brathähnchen mehr?« fragte sich Brockmann entnervt. Der Türke wies auf den rotierenden Fleischspieß und meinte: »Döner-Kebab is ja viel besser – ist gesund. Mit Salat.«

Lächelnd gab sich Dr. Brockmann geschlagen. »Na, wenn es jesund is, denn pack mir mal zwei Portionen ein. Zum Mitnehmen.«

Zehn Minuten später stand Brockmann mit den in Alu-Folie verpackten Fleischspießen vor Beas Wohnungstür. Als sie ihm auf sein Klingeln hin öffnete, hielt sie drohend ein langes Küchenmesser in der Rechten, so daß der späte Besucher mit gespieltem Entsetzen die Hände hob.

»Ick jebe alles zu. Ein Patient war schuld.«

Bea küßte ihn flüchtig auf den Mund, ließ Brockmann eintreten und erklärte mit einem Blick auf das Messer: »Ich mach gerade Salat aus unserem knusprigen Hähnchen.«

Triumphierend drückte ihr Brockmann die Alu-Päckchen in die Hand. »Ich hab was Besseres. Heiße Ware von unseren türkischen Mitbürgern.«

Dann nahm er Bea in die Arme und sagte strahlend: »Einen wunderschönen guten Abend.«

»Gute Nacht, wolltest du sagen«, verbesserte ihn Bea verdrießlich. Bevor er sie beschwichtigen konnte, klingelte in dem elegant eingerichteten Wohnzimmer der großräumigen Maisonettewohnung das Telefon, so daß Bea erst einmal abgelenkt war.

Und während sie mit dem Hörer in der Hand auf der Lehne ihres weißen Ledersofas hockte, betrachtete Brockmann sie aus einiger Entfernung mit Wohlgefallen.

Genauso hatte er sie an jenem Abend gesehen, an dem er sich zum erstenmal in die Bülowklause verirrt hatte und dort miterleben konnte, wie Bea eine launische Serviererin kurz, aber temperamentvoll zur Ordnung rief. Das hatte Brockmann ebenso imponiert wie das entwaffnende Lächeln, das Bea ihm wenige Minuten später zuwarf und das wohl soviel sagen sollte wie: Ich kann auch anders.

Von nun an kam er häufiger abends in das Restaurant, und das nicht nur wegen der gutbürgerlichen Küche. Bald begrüßte Bea den Stammgast mit Handschlag und setzte sich, wenn es der Betrieb zuließ, zu ihm an den Tisch, um ein bißchen mit ihm zu plaudern.

Alles andere hatte sich dann von ganz allein ergeben: Sie trafen sich ein paarmal außerhalb der Bülowklause, gingen gemeinsam ins Kino oder in Konzerte, in denen Brockmann jedesmal seine Schläfrigkeit geschickt zu unterdrücken verstand. In dieser Zeit bemerkte er an seiner attraktiven, stets modisch gekleideten Begleiterin ein paar Charaktereigenschaften, die er angesichts seiner damaligen Seelenlage als besonders wohltuend empfand – ihren Humor, ihre Schlagfertigkeit und ihre Selbständigkeit sowie die Fähigkeit, das mühsam Erarbeitete auch zu genießen.

Außerdem tat es Brockmanns männlicher Eitelkeit gut, daß sich auch andere Männer bewundernd nach Bea umschauten. Die ausgeprägten Wangenknochen verliehen ihrem Gesicht einen besonderen Reiz. Sie wirkte sehr weiblich und war ängstlich darauf bedacht, ihre makellose Figur mit Hilfe ausgeklügelter Diätpläne und mit regelmäßigem Tennisspielen in Form zu halten.

Ohne große Worte darüber zu verlieren, hatten sie sich beide ineinander verliebt, so daß sich Brockmann eines Nachts mit schöner Selbstverständlichkeit in Beas Bett wiederfand. Erst am Morgen nach dieser von Leidenschaft und Zärtlichkeit erfüllten Liebesnacht, in der sie nie Befangenheit verspürt hatten, erfuhr Peter Brockmann, daß es in Beas Leben bereits einen Mann gab: Gero, mit dem sie – wenigstens auf dem Papier – immer noch verheiratet war. Beide Eheleute verkehrten kameradschaftlich miteinander, führten aber völlig getrennte Leben. Gero Knapp, der in Tegel ebenfalls ein Restaurant betrieb, war also kein Hindernis für die weitere Entwicklung der Beziehung zwischen Bea und Brockmann.

Im Gegenteil. Er empfand es als wohltuend, daß seine neue Freundin, die aus finanziellen und steuerrechtlichen Gründen nicht zur Scheidung bereit war, nie eine Veränderung seines Privatlebens fordern würde.

Als Bea im Wohnzimmer den Hörer auflegte, hatte sich ihr hübsches Gesicht merklich verfinstert. Traurig erklärte sie: »In der Klause stehen sie in Dreierreihen vor dem Tresen. Es tut mir leid. Ich muß mit zupakken.« Und trotzig fügte sie hinzu: »Wir haben eben beide unsere Verpflichtungen.«

Einen Herzschlag lang lehnte sie ihren Kopf gegen seine Schulter, dann sah sie ihn aufmunternd an und schlug ihm vor: »Weißt du was? Du machst es dir hier gemütlich, ißt ’nen Happen, hörst Musik, bis ich wieder zurück bin.«

Brockmann schüttelte den Kopf. »Nee, allein graul ick mich hier. Irgendwas wird mir schon einfallen.« Es gelang ihm nicht, seine Enttäuschung über den verdorbenen Abend zu verbergen. »Wir sollten uns mal über Rhythmusstörungen unterhalten«, meinte er verbittert.

»Wieso? Hast du was am Herzen?« erkundigte sich Bea besorgt, während sie in der Garderobe einen hellen Sommermantel anzog.

»Nein, ich meine das mehr zeitbezogen und seelisch«, antwortete er. Auf Beas hoher Stirn bildeten sich zwei steile Zornesfalten. »Du bist zwei Stunden zu spät gekommen wegen eines Patienten – ich muß in die Klause wegen des unerwarteten Ansturms. So einfach ist das. Werd jetzt bloß nicht kompliziert.«

»Ick bin nich kompliziert«, beteuerte er verletzt. »'n Arzt und 'ne Gastwirtin – das ist kompliziert.«

Er griff nach den inzwischen kalt gewordenen Alu-Paketen und ging stumm neben Bea her. Kurz bevor sie die Bülowklause erreicht hatten, machte sie einen letzten Versuch, aus dem verkorksten Abend doch noch das Beste zu machen. »Komm doch rein! Ich laß dir was Schönes in der Küche machen.«

Brockmann winkte ab. »Is nett gemeint, aber dann wird es wieder sehr spät, weil deine Gäste kein Ende finden können. Ich muß morgen um sechs Uhr raus. So wenig Schlaf verbietet mir mein Arzt.«

»Dann eben nicht«, sagte Bea enttäuscht. »Samstag kann ich nicht, und Sonntag fummelst du wieder in deinem Garten rum.«

»Aber doch nicht den ganzen Tag«, widersprach er ihr entrüstet. »Wie wär's also mit Sonntagnachmittag?«

Sie küßte ihn zum Abschied auf den Mund und ermahnte ihn mit einem Lachen, das ihr nicht richtig gelingen wollte: »Wenn du jetzt bis zwei Uhr wieder liest, dann rauch wenigstens nicht so viel.«

»Ich? Ich rauche so gut wie überhaupt nicht mehr«, behauptete Brockmann.

»Früher sind die Leute beim Lügen wenigstens noch rot geworden«, rief sie ihm zu und betrat dann das hell erleuchtete Restaurant.

Ein paar Schritte weiter zog Dr. Brockmann eine Zigarettenschachtel aus der Tasche und zerknüllte sie wütend, als er feststellte, daß sie leer war. Nachdenklich setzte er seinen Weg durch das dunkle Stadtviertel fort.

Er sah nicht, daß sich aus einem Hauseingang eine kleine Gestalt löste und ihm wie ein Schatten folgte. Erst nachdem der Mann ein paar Minuten lang hinter ihm hergegangen war, setzte er zum Überholen an und stellte sich dem Arzt in den Weg.

»'n Abend», sagte der Mann, der einen viel zu weiten abgewetzten Anzug und einen Filzhut mit eingerissener Krempe trug.

Brockmann zuckte zusammen. »Mensch, Gleisdreieck, hast du mich erschreckt.«

Der Stadtstreicher schlug sich mit der rechten Hand gegen die Brust und beteuerte: »Det wollt ick nich, Dokter. Ihnen doch nich. Ick dachte vorhin, Sie sind noch in der Praxis.«

»Um diese Zeit? Wie kommste denn dadrauf?«

»Weil da noch Licht brennt. Ick obachte ja so'n bisken. Hat vielleicht wer verjessen auszumachen. Kostet Ihr Jeld«, erklärte der Mann und zupfte an seiner spekkigen Kopfbedeckung.

Lachend bedankte sich Brockmann für den Hinweis und versprach: »Ick werd gleich mal nachsehen.«

Einer plötzlichen Eingebung folgend, drückte er dem Stadtstreicher die beiden Alu-Pakete in die Hand. »Hier, schenk ick dir? Kebab vom Türken – noch ganz frisch.«

Höflich, aber entschieden lehnte der Mann ab. »Nee

danke, is jut jemeint. Aber diese asiatische Sachen, die bekomm' mir nich. Zu scharf jebraten. Ick hatte heute Obsttach.«

Er ließ Dr. Brockmann einen flüchtigen Blick in die mit Apfelsinen und Bananen gefüllte Plastiktüte werfen, die er bei sich trug. »War uff'n Fruchthof. Ick meine, eh se't vernichten – stimmt doch, oder?« Brockmann nickte zustimmend. Der Alte zog den Filzhut, deutete eine Verbeugung an und verschwand in der Dunkelheit.

Irgendwann einmal war er in Brockmanns Praxis aufgetaucht, weil sich eine tiefe Rißwunde am linken Oberarm entzündet und zu eitern begonnen hatte. Verlegen eröffnete er dem Doktor, er könne nichts bezahlen und habe auch keinen Krankenschein. Für Dr. Brockmann war es eine Selbstverständlichkeit, den Patienten dennoch zu behandeln.

Als sich Gabi Köhler nach dem Namen des neuen Patienten erkundigte, zog er einen abgewetzten Ausweis aus der Tasche, der auf den Namen Igor Graf Rakoschik ausgestellt war, und als er nach seiner Anschrift gefragt wurde, antwortete er mit einer vagen Kopfbewegung: »Gleisdreieck.« Dort, auf dem verwilderten Bahngelände, hatte sich der Stadtstreicher in Ruinen und Erdlöchern mehrere sorgfältig durchnumerierte Unterschlüpfe eingerichtet, die er etwas hochtrabend ›Stützpunkte‹ nannte. Das hatte ihm im Milieu rund um den Bülowbogen den Spitznamen ›Gleisdreieck‹ eingebracht.

Seit der kostenlosen Behandlung entwickelte Gleisdreieck seinem Arzt gegenüber eine Anhänglichkeit und Dankbarkeit, die Brockmann manchmal als etwas lästig empfand. Ungefragt machte sich der Stadtstreicher mit den wachen Augen zu einer Art Schutzengel, der meinte, auf den Doktor aufpassen zu müssen. Mitunter allerdings versorgte Gleisdreieck Brockmann mit wichtigen Informationen aus dem Milieu.

Ein Gefühl der Dankbarkeit überfiel Dr. Brockmann, als er zur späten Stunde in seiner Praxis Gabi antraf, die immer noch mit den Quartalsabrechnungen beschäftigt war. Mit Heißhunger fiel sie über die Plastikteller her, die Brockmann mitgebracht hatte.

»Prima! Wirklich sehr gut«, stellte sie kauend fest.

»Na, Gott sei Dank, noch 'nen Korb hätt ick seelisch nicht verkraftet«, behauptete er seufzend.

Sie steckte einen neuen Bissen in den Mund und erkundigte sich beiläufig: »Und diese Delikatesse wollte deine Bea nicht?«

»Was heißt hier ›wollen‹? Sie hatte einfach keine Zeit«, nahm Brockmann seine Freundin Bea in Schutz.

Gabi Köhler schob ihm den zweiten Plastikteller zu und forderte ihn auf: »Nun mußte aber auch was essen.« Dr. Brockmann schüttelte den Kopf. »Nee, danke. Ick hab keinen Appetit.«

»Rhythmusstörungen?« fragte die Sprechstundenhilfe mit gespielter Besorgnis.

Brockmann nickte. »So ungefähr.«

Sie atmete tief ein. In ihrer Stimme schwang aufgesetztes Mitleid mit. »Du hast aber auch immer Pech mit deinen Frauen«, meinte sie kopfschüttelnd.

Brockmann, der bis dahin mit baumelnden Beinen auf der Kante des Schreibtischs gesessen hatte, versuchte den Empörten zu spielen. »Frauen? Wat soll denn der Plural heißen?«

Gabi zuckte mit den Schultern und setzte eine Miene auf, die sie für besonders unschuldig hielt.

Während sich die Sprechstundenhilfe Gabi Köhler Kebab »vom Türken« schmecken ließ, krümmte sich ein paar

Häuser weiter Oma Köster, Sigis Großmutter, unter heftigen Leibschmerzen. In ihrem kleinen blitzsauberen Zimmer hockte sie auf dem Sofa, preßte beide Hände gegen den Leib, über den sich eine geblümte Kittelschürze spannte. Immer, wenn eine neue Welle unerträglicher Schmerzen über sie hinwegrollte, stöhnte die Frau laut auf.

Schlimmer noch als diese Beschwerden waren ihre Ängste um ihr Enkelkind Sigi, das immer noch nicht zurückgekehrt war. Dabei hatte Sigi nur bei Dr. Brockmann das Rezept abholen und dann in die Nachtapotheke gehen wollen. Seitdem waren Stunden vergangen.

Jetzt hörte Oma Köster im Flur ein leises Geräusch – das Quietschen der Etagentür, huschende Schritte über die knarrenden Dielenbretter. Die alte Frau richtete sich auf und rief: »Sigi!«

Keine Antwort! Oma Köster schrie zum zweiten Mal: »Sigi, bist du es?«

Die Tür zu ihrem Wohnzimmer wurde geöffnet. Lässig lehnte sich Sigi mit vor dem Oberkörper gekreuzten Armen gegen den Türrahmen und leierte monoton einen ihr wohlvertrauten Dialog herunter: »Wo warst du denn so lange? Im Kino! Warum hast du denn kein Licht im Korridor jemacht? Weil ick dich nich stören wollte. Ick dachte, du schläfst schon.«

»Ick kann nich schlafen«, sagte Oma Köster ohne jede Wehleidigkeit.

Sigi zuckte mit den Schultern. »Und wat soll ick nu da dran ändern? Soll ick dir ’n Schlaflied singen?«

Oma Köster winkte müde ab. »’n Schlaflied! So wat könnt ihr doch jar nich mehr. Eure Jeneration kann doch nur Tamtam und Krach. Von wat mit Jefühl habt ihr doch überhaupt keene Ahnung mehr.«

Sigi trat auf ihre Großmutter zu, nahm neben ihr auf

dem Sofa Platz und fragte mit warmer, einschmeichelnder Stimme: »Du, Oma – bei Jefühl, da fällt mir ein, warst du eijentlich mal so richtig verliebt?«

Ein verlegenes Lächeln huschte über das immer noch junge Gesicht von Oma Köster.

»Wat is denn det für 'ne Frage? Wat denkst 'n, wo du herkommst, oder jenauer jesagt deine Mutter?«

Mit dieser Antwort wollte sich das Mädchen nicht abspeisen lassen. »Nee, ick meine so mehr: Du bist unheimlich heiß auf ein' Typen, und der merkt det nich. Der kommt ja nich auf die Idee, daß du in den verliebt bist. So wat kennste vielleicht auch.«

Oma Köster nickte eifrig. »Na klar kenn ick det«, gab sie zu. »Dein Jroßvater war so eener.«

»Und was haste da jemacht, Oma?«

»Na, Initiative erjriffen.«

Sigi staunte. »Einfach so ran, oder wie?«

»Wat denn sonst?«

Nachdenklich starrte Sigi vor sich hin. »Det wär ja nu echt det verschärfte Abenteuer«, stellte sie fest.

Inzwischen hatte Oma Köster ihr freimütiges Geständnis bereits bedauert. Besorgt erkundigte sie sich: »Wer isset denn?«

Ihre Enkeltochter zuckte mit den Schultern und erwiderte verlegen: »Ach so, kennste gloob ick nich.«

In diesem Augenblick verzerrte sich Oma Kösters Gesicht zu einer Grimasse. Stöhnend krümmte sie sich und flüsterte: »Das det ooch immer abends kommt.« Fürsorglich legte Sigi ihren Arm um die schmalen Schultern der alten Frau und sah sie besorgt an. »Wieder die Jalle?« fragte sie.

Oma Köster nickte stumm und bat Sigi um das neue Medikament, das ihr der Doktor versprochen hatte. Kleinlaut mußte das Mädchen zugeben, daß es zwar das

Rezept bei Dr. Brockmann abgeholt, die Besorgung der Arznei aber vergessen hatte.

»Wenn det so schlimm is mit den Schmerzen, hol ick dir die Pillen schnell«, bot Sigi ihrer Großmutter an, sprang vom Sofa auf und stürmte aus dem Zimmer.

Oma Köster wunderte sich über den Eifer ihrer Enkeltochter und rief ihr besorgt hinterher: »So spät noch mal raus? Das kommt überhaupt nicht in Frage. Da quatschen dir bloß die Kerle an.«

Aber Sigi überhörte die Einwände und verließ mit einer bunten Plastiktasche in der Hand im Laufschritt die Wohnung.

Ein paar Häuserecken weiter fand sie eine hell erleuchtete Apotheke, die an diesem Abend Nachtdienst hatte. Sie schob das Rezept durch die Klappe in der Eingangstür und bekam das Medikament gegen die Gallenbeschwerden ausgehändigt.

Auf dem Hinweg kam Sigi an dem Altbau vorbei, in dem Dr. Brockmann seine Praxis hatte. Sie trat auf dem Bürgersteig ein paar Schritte zurück, reckte den Hals und erkannte, daß oben in den Praxisräumen noch Licht brannte. Ein paar Minuten lang stand das Mädchen nachdenklich vor dem Haus, dann nahm sein hübsches, aber viel zu grell geschminktes Gesicht einen entschlossenen Ausdruck an. Vorsichtig öffnete Sigi die schwere Eingangstür und schlich sich über die Treppe nach oben in den ersten Stock. Bevor sie sich einen Ruck gab und auf den Klingelknopf drückte, versteckte sie das Päckchen mit den Pillen, das in der Einkaufstasche lag, sorgfältig unter ihrem bunten Halstuch.

»Tschuldigung, ick hab noch Licht jesehen. Es ist wegen Oma«, rechtfertigte Sigi ihren späten Besuch, nachdem ihr Gabi geöffnet und sie erstaunt gemustert hatte. Und etwas zu hastig fügte sie hinzu: »Oma jeht's wirklich nich so besonders.«

Jetzt erst schien sie Dr. Brockmann zu bemerken, der in der Anmeldung ein Röntgenbild gegen die Neonlampe hielt und es aufmerksam betrachtete. Artig deutete Sigi einen Knicks an und flüsterte: »'n Abend, Herr Dokter, da hab ick aber Jlück jehabt.«

In ihren Augen lag ein verräterischer Glanz, und Gabi begriff plötzlich, daß es dem kessen Teenager gar nicht so sehr um das Wohl der kranken Großmutter, sondern um etwas ganz anderes ging. Gereizt sagte sie: »Ick hab dir doch vorhin das Rezept für Oma gegeben.«

Sigi errötete und schilderte dann umständlich, wie sie nach dem Kinobesuch noch ein Eis gegessen und sich damit von oben bis unten bekleckert habe. »Und da hab ick mir mit 'n Papiertaschentuch die Hände abjewischt.«

Sie stieß einen Seufzer aus und fuhr fort: »Ja und dabei muß ick det Rezept mit aus der Tasche jerissen haben. Und im Dustern isset mir wohl runterjefallen und nu isset weg.«

»Det is ja noch mal 'n Film für sich«, stellte Gabi lakonisch fest und füllte ein neues Rezept aus, das sie Dr. Brockmann zur Unterschrift vorlegte.

Sorgfältig verstaute Sigi das Formular in ihrer Einkaufstasche und machte überhaupt keine Anstalten, die Praxis zu verlassen. Als sie Dr. Brockmanns fragenden Blick auffing, sagte sie leise: »Wo Sie jerade da sind, Herr Dokter. Hätten Se vielleicht 'ne Minute? Ich würde Sie jerne was fragen.«

Das hatte so eindringlich geklungen, daß es der Arzt nicht fertig brachte, nein zu sagen. Unter Gabis mißtrauischen Blicken öffnete er die Tür zu seinem Sprechzimmer, das mit seiner etwas altmodischen, aber behaglichen

Einrichtung eher an ein gemütliches Wohnzimmer als an den Arbeitsraum eines Arztes erinnerte, wenn man von den beiden Glasschränken und dem Schreibtisch absah. Die private Atmosphäre sollte den Patienten die Angst nehmen.

Sigi nahm auf der vordersten Kante eines Ledersessels Platz und starrte stumm auf ihre grell gelackten langen Fingernägel.

»Na, was is?« fragte Brockmann ein bißchen ungeduldig und lehnte sich in seinem Sessel weit zurück. »Pille verjessen und Regel überfällig?« erkundigte er sich.

Entrüstet schaute Sigi den Arzt an. »Wat denken Sie denn? Det wär ja nu echt die Schote der Woche. So wat mach ick im Augenblick überhaupt nich.«

»Na, wozu läßte dir dann die Pille verschreiben? Fütterst damit euren Kanarienvogel?« erkundigte sich Dr. Brockmann grienend.

»Nee, die nehm ick bloß für alle Fälle.«

Wieder versank Sigi in betretenes Schweigen, dann eröffnete sie Dr. Brockmann verlegen herumdrucksend: »Det is so. In der letzten Zeit hab ick das Jefühl, daß mir andauernd die Männer hinterherkieken. Manchmal werd ick sojar regelrecht anjequatscht.«

Aus verschleierten Augen warf sie Brockmann einen vielsagenden Blick zu und senkte dann ihren hübschen Kopf.

Schmunzelnd meinte Brockmann: »Als Doktor kann ick dir dagegen nischt verschreiben. Als Mensch würde ick dir raten: Spachtel dir die Schminke runter und klimper nich so lila mit 'n Augendeckeln. Denn kommt niemand auf die Idee, du willst anschaffen. Und außerdem biste dann auch viel hübscher.«

Ein glückliches Lächeln verklärte das grell geschminkte Gesicht: »Sie finden mich hübsch?« fragte Sigi ungläubig und sah, wie Dr. Brockmann die Stirn runzelte.

»Also keine Schminke«, wiederholte sie leise, so, als müsse sie den wichtigen Rat verinnerlichen. »Und det raten Se mir als Kosmetikfabrikant?«

»Als was?« fragte Dr. Brockmann verblüfft.

»Na, det erzählen sich doch die Leute. Daß Sie nebenher 'ne Kosmetikfabrik haben. Stimmt det nich?«

Dr. Brockmann erhob sich und entschied: »Die Sitzung is jeschlossen.«

Zerknirscht blickte Sigi auf die Spitzen ihrer hochhakkigen Stiefel und bekannte schuldbewußt: »Tut mir leid. Ick bringe aber auch manchmal Korken!« Und kopfschüttelnd fügte sie hinzu: »Wat is bloß mit mir los?«

Diese Zerknirschung und Reue des Mädchens stimmten den Arzt wieder versöhnlich. »Also, was die Kosmetikfabrik angeht: Das jeht dich zwar nischt an, aber wenn du nun mal so neugierig bist: Ick verwalte Anteile von einer Firma, die Grundstoffe für medizinische Salben und in geringem Anteil auch für Kosmetikbetriebe herstellt. Zufrieden?«

Sigi, die sich durch Brockmanns Vertrauen geschmeichelt fühlte, nickte ernsthaft. Für Peter Brockmann war die Unterredung damit beendet. Er öffnete die Verbindungstür zur Anmeldung, hielt es dann aber doch für richtig, noch eine weitere Erklärung abzugeben: »Wenn die Leute wieder mal so wat erzählen, kannste sagen: Dieser Anteil, den ick da verwalte, der jehört nich mir, sondern meiner Frau.«

»Ach so. Die Verschollene«, warf Sigi sofort ein und hoffte im stillen, noch ein bißchen mehr über Brockmann zu erfahren. Doch der tat so, als habe er ihre Bemerkung überhaupt nicht gehört. »Wenn du jetzt nich jehst, muß ick zum Wort zum Sonntag schreiten, Sigi«, drohte er und zeigte auf den Ausgang.

»Nee, denn jeh ick lieber«, meinte Sigi und griff schnell nach ihrer Einkaufstasche. An der Tür blieb sie noch einmal stehen, drehte sich um und rief dem Arzt mit einem bezaubernden Lächeln zu: »Und nochmal danke für den Tip mit dem Schminken.«

Erst als Sigi gegangen war, stellte Dr. Brockmann enttäuscht fest, daß auch Gabi inzwischen das Feld geräumt hatte. Dabei hätte er gerne noch ein bißchen mit ihr geplaudert.

Mißmutig zog er sich in die hinter der Praxis gelegenen Privaträume zurück, in denen er sich noch nie richtig zu Hause gefühlt hatte, wenn man von der Zeit absah, in der hier Gabi Köhler nach Feierabend ein und aus gegangen war.

Nachdenklich schaute Peter Brockmann aus dem Fenster auf die nächtliche Straße und kam sich plötzlich sehr verloren und einsam vor. Schließlich griff er nach einem Buch, streckte sich auf dem Bett aus und schlief bald über der Lektüre ein.

In dieser Nacht träumte er von Lore. Er sah sie durch eine karge, wüstenähnliche Landschaft irren. Er rief ihren Namen, aber sie hörte ihn nicht, war für ihn unerreichbar – so wie an jenem Abend vor mehr als 20 Jahren, als er verzweifelt nach den richtigen Worten gesucht hatte, um sie von ihrem Vorhaben abzubringen. Sie aber hatte mit entrücktem Blick immer wieder gesagt: »Glaube mir, erst seitdem ich Rolf kenne, weiß ich, was das ist – wahre Liebe. Ich werde mit ihm in die USA gehen, und nichts wird mich zurückhalten. Du wirst mich überhaupt nicht vermissen, denn du bist ja mit deiner Praxis verheiratet.«

Nein, eine Scheidung strebe sie nicht an. »Wenn man sich wirklich liebt, sind Papiere völlig unwichtig.«

»Und was soll aus unserer kleinen Tochter werden?« hatte Brockmann seine Frau gefragt.

»Meine Mutter wird sich um Kathrin kümmern und dir bei der Erziehung zur Hand gehen. Auf keinen Fall will ich, daß die Kleine unter unserer Trennung leidet. Nein, es fällt mir wirklich nicht leicht, mein Kind zurückzulassen. Aber es geht nicht anders.«

Eine letzte verzweifelte Umarmung – und bevor Peter Brockmann überhaupt richtig begriffen hatte, was ihm da widerfahren war, hatte Lore längst ihre Koffer gepackt und war mit dem anderen Mann in die USA abgereist, wo sich die beiden Liebenden ein neues Leben aufbauen wollten. Seitdem hatte Peter Brockmann nichts mehr von seiner Frau gehört. Aber in manchen Nächten sah er sie in seinen wirren Träumen wieder, immer hilflos, herumirrend und verzweifelt.

Zurückgelassen hatte ihm Lore ihren Aktienanteil an dem väterlichen Betrieb, der Maerker AG, die als Hersteller pharmazeutischer und kosmetischer Salben in der Branche einen guten Ruf genoß.

Geblieben war Dr. Brockmann auch das unverbriefte Recht, das kleine Gartenhäuschen auf dem Maerkerschen Grundstück mit Bootssteg und Blick auf den Wannsee zu bewohnen.

Am Sonntag widmete sich Dr. Brockmann mit Hingabe seinem Hobby, der Pflege des Maerkerschen Gartens rund um die weiße Villa am Wannsee – ein Garten, der mit seiner Weitläufigkeit an einen gepflegten Park erinnerte. Der Hobbygärtner trug an diesem Sonntagmittag zu einer etwas weiten Leinenhose eine große grüne Gartenschürze und einen breitkrempigen Strohhut, der ihn vor der stechenden Sonne schützen sollte.

Sorgfältig glättete er mit einer Harke die Blumenbeete

und schaufelte Berge von Laub in eine Schubkarre, die neben ihm auf dem kiesbestreuten Weg stand. Für einen kurzen Augenblick unterbrach er seine Arbeit, beugte sich über die üppig blühenden Levkojen und atmete ihren betörenden Geruch mit genießerisch geschlossenen Augen tief ein. Dann richtete er sich auf, reckte sich, um den schmerzenden Rücken zu entlasten.

Drüben auf dem gepflegten Rasen vor der Villa hatte sich unter einem großen schattenspendenden Sonnenschirm der Maerker-Clan, Lores Familie, versammelt. Brockmann sah, wie sein Schwager Bernd Saalbach, der Prokurist der Maerker AG, aufgeregt auf Lores Bruder Georg einredete und dabei mit den Händen wild in der Luft herumfuchtelte.

An der Stirnseite der unter freiem Himmel gedeckten Tafel saß würdevoll und aufrecht Brockmanns Schwiegermutter Anna Maerker, die sich für die temperamentvoll vorgetragenen Argumente ihres Schwiegersohns, den sie mit spöttischem Unterton den lieben Saalbach zu nennen pflegte, wenig zu interessieren schien. Obwohl das feingeschnittene Gesicht der alten Dame von einem großen, liebenswert altmodischen Sommerhut überschattet wurde, merkte man ihr an, daß sie sich langweilte und nur auf einen geeigneten Augenblick wartete, um die Diskussion zu beenden. Noch ahnte Dr. Brockmann nicht, daß es bei dieser Aussprache im engsten Familienkreis um ihn ging oder, genauer gesagt, um das Aktienpaket, das er für Lore verwaltete.

Sonja, die Haushälterin, trug ein großes Tablett mit frisch gebackenem Pflaumenkuchen aus dem Haus, steuerte zielbewußt auf die Kaffeetafel zu, blieb aber dann wie angewurzelt auf dem Rasen stehen. Kopfschüttelnd beobachtete sie Dr. Brockmann, der sich inzwischen wieder seiner Gartenarbeit zugewandt hatte.

»Sag mal, muß det sein? Kannst du det nich machen?«, sagte sie anklagend zu ihrem Mann Rudi, der ihr mit der Kaffeekanne in der Hand gefolgt war. Während sie das Kuchentablett vor sich her balancierte, deutete sie mit dem Kinn auf Brockmann, der in gebückter Haltung mit dem Spaten das Unkraut rund um die Stauden ausstach.

»Er macht det jerne. Weeste doch«, beteuerte Rudi treuherzig.

Sonja schüttelte den Kopf. Ein im Garten arbeitender, nicht mehr ganz junger Arzt wollte nicht zu ihrem Weltbild passen. »Aber doch nich jerade so Sachen mit andauernd Bücken. Det is doch unjesund«, sagte sie empört.

Ihr Mann zuckte ratlos mit den Schultern und meinte: »Das müßt er ja nu selbst am besten wissen.«

Mit vom langen Bücken gerötetem Gesicht richtete sich Brockmann auf und sah vor dem verschlossenen Gartentor eine auffallend attraktive, elegant gekleidete Frau in Begleitung eines korpulenten Herrn, der ihm zuwinkte.

»Hallo, Meister, darf ich Sie mal für einen Moment als Türöffner mißbrauchen?« rief der Dicke Brockmann leutselig über den Zaun zu.

Der zögerte einen Augenblick, fand dann Gefallen an dem Spiel und ging mit eiligen Schritten auf das Paar zu, um ihm das Tor zu öffnen. »Bitte, die Herrschaften«, sagte Brockmann unterwürfig und deutete eine Verbeugung an.

Der Herr in dem hellen Sommeranzug tippte sich mit den ausgestreckten Fingern an eine imaginäre Hutkrempe und bedankte sich. Und während sie zu dritt über die Zufahrt zur Villa gingen, fiel der Blick des Dicken auf die vollbeladene Schubkarre. In kumpelhaftem Ton ermahnte er Brockmann: »Sie sollten nicht mehr so viel arbeiten. Das ständige Bücken ist nicht gesund.«

»Danke für den Rat«, sagte Brockmann mit gespielter Bewunderung und hatte Mühe, sich zu beherrschen. »Sind Sie Arzt?«

Der Dicke schüttelte entschieden den Kopf und machte eine abwehrende Handbewegung. »Um Gottes willen! Bleiben Sie mir mit Ärzten vom Hals.«

Er wechselte das Thema und meinte: »Da ich das Glück habe, mit einem Fachmann zu sprechen: Ich habe zum zehnjährigen Betriebsjubiläum von meiner Belegschaft einen Rosenstock geschenkt bekommen. War lieb gemeint, aber was mach ich damit?«

»Ich würde raten: einpflanzen«, sagte Brockmann ruppig und verriet dann doch noch ein paar Tips für die sachgemäße Rosenzucht.

Gönnerhaft zog daraufhin der Dicke seine Brieftasche hervor und wollte Brockmann einen Schein in die Hand drücken. Doch der wehrte ab und beteuerte: »Heute gibt's die Beratung umsonst.«

Besitzergreifend legte der korpulente Herr seinen Arm um die schlanke Taille seiner jungen Begleiterin und steuerte auf Bernd Saalbach zu, der ihm mit ausgestreckter Hand entgegeneilte.

Vergnügt schaute Brockmann dem ungleichen Pärchen nach und begann dann mit dem Einsammeln der Gartengeräte. Als er die vollbeladene Schubkarre ergriff, trat seine Schwiegermutter auf ihn zu und stellte sich ihm in den Weg. »Wo bleibst du denn, Peter? Wenn du nicht bald kommst, ist der Pflaumenkuchen alle«, sagte sie vorwurfsvoll.

Brockmann schüttelte den Kopf. »Nee, danke, laß mal, Anna. Ick bin bei Bea zum Kaffee eingeladen.«

Aber Anna Maerker, die sich auch nach der Trennung

des Ehepaars für ihren Schwiegersohn Peter ein Gefühl tiefer Zuneigung bewahrt hatte, ließ nicht locker. »Weißt du was? Ruf deine Bea an, sie soll herkommen«, schlug sie mit liebenswerter Beharrlichkeit vor.

»Ach nee, weeste, wir sehen uns so selten. Und da is das nischt mit diesem Menschenauflauf im Garten.«

Anna blickte verständnislos zu ihrem Schwiegersohn auf. »Menschenauflauf? Außer diesem Noske mit Dame sind ja nicht mal Gäste da. Ist doch heute ausgesprochen leer.«

Schließlich nahm Anna Maerker Peter das Versprechen ab, sich nach dem Umziehen noch wenigstens für ein Viertelstündchen zur Familie zu gesellen. Achselzuckend gab sich Brockmann geschlagen, denn dem Charme der alten Dame fühlte er sich nicht gewachsen.

Inzwischen hatte Norbert Noske, der leutselige Dicke im hellen Sommeranzug, zu seinem Erstaunen erfahren, daß es sich bei dem vermeintlichen Gärtner um Dr. med. Peter Brockmann gehandelt hatte, einen angeheirateten Verwandten der Familie Maerker, der dank des Aktienpaketes seiner Frau in der Firma ein Wort mitzureden hatte, was er – zugegeben – nur in seltenen Krisenfällen tat.

»Herr Dr. Brockmann hat manchmal einen etwas sonderbaren Hang zum Volkstümlichen«, klärte Saalbach Noske auf und verzog dabei mit spöttischer Überheblichkeit sein glattes Gesicht.

In diesem Augenblick überquerte Dr. Brockmann, der jetzt einen beigefarbenen Freizeitanzug trug, den Rasen und kam auf die unter dem Sonnenschirm versammelte Runde zu. Mit erstaunlicher Behendigkeit lief ihm der dicke Noske entgegen und erklärte verlegen: »Tut mir leid, Herr Dr. Brockmann. Ich habe Sie tatsächlich für den Gärtner gehalten.«

»Ick bin der Gärtner«, sagte Brockmann.

Der Dicke brach in ein gequältes Lachen aus. »Man hat mir schon erzählt, daß Sie ein Original sind«, meinte er und fühlte sich durch Brockmanns Verhalten verunsichert. »Im allgemeinen sagt man mir durchaus Menschenkenntnis nach. Ich meine, man wird nicht umsonst die Nummer eins im Laborgerätebau. Dazu braucht man gute Mitarbeiter. Und wie findet man die? Mit Menschenkenntnis.«

Brockmann nickte zweifelnd, und Noske fuhr fort: »Bei bestimmten Berufsgruppen versagt meine Menschenkenntnis manchmal. Wahrscheinlich berufsbedingter Kontaktmangel. Ich habe ja vorhin schon angedeutet, daß ich mit Ärzten nie was zu tun habe. Gott sei Dank – für mich angenehm, für Sie geschäftsschädigend.«

Plötzlich unterbrach Noske seinen Redeschwall, trat hinter einen blühenden Strauch und zog das rechte Hosenbein hoch, so daß Brockmann die blasse, behaarte Wade sehen konnte. »Da wär allerdings eine Kleinigkeit«, gestand Norbert Noske kleinlaut. »Unbedeutend mit Sicherheit. Ich habe da von Geburt an am Unterschenkel einen Leberfleck. Das Ding wird neuerdings größer. Wann trifft man schon mal so günstig einen Arzt, der dazu noch als Gärtner verkleidet ist?«

Wie immer in solchen Situationen, in denen man von ihm eine Diagnose zwischen Tür und Angel erwartete, entschied Dr. Brockmann höflich, aber bestimmt: »Kommen Sie in meine Praxis.«

Und spöttisch fuhr er fort: »Vorausgesetzt, Ihnen als Nummer eins im Laborgerätebau ist meine Gegend nicht zu popelig. Bülowbogen, wenn Sie wissen, wo das ist.«

Für Brockmann war die Unterhaltung damit beendet. Ohne sich um Noske zu kümmern, der an seinem Hosenbein herumnestelte, ging er auf die Kaffeetafel zu und war fest dazu entschlossen, nicht länger als eine Viertelstunde zu bleiben.

Doch kaum hatte er Platz genommen, ließ Bernd Saalbach die Katze aus dem Sack und erklärte, es sei seine unumstößliche Absicht, die Produktpalette der Firma Maerker mit Noskes finanzieller Unterstützung um eine kosmetische Hormonsalbe – ein amerikanisches Patent – zu erweitern.

Wie ein Zauberer, der den lang erwarteten Höhepunkt seiner Darbietung ankündigt, zog Bernd Saalbach ein Papier aus der Tasche und verkündete triumphierend: »Unsere Marktanalysen sind eindeutig. Im Augenblick scheint es bei einer finanzstarken weiblichen Käuferschicht einen starken Trend zu medizinischen Kosmetika zu geben, die zum Teil zu geradezu abenteuerlichen Preisen abgesetzt werden.«

Unbeeindruckt, so als gehe ihn das ganze Thema überhaupt nichts an, hatte Brockmann zugehört. Alle Augen richteten sich auf ihn.

»Kinder«, sagte er kopfschüttelnd »ick versteh euch nich. Ihr habt einen sehr guten Ruf. Warum wollt ihr denn nun mit so 'nem unnützen Zeug wie 'ner Hormonsalbe anfangen?«

»Mensch, Peter, verstehst du nicht?«, ereiferte sich Saalbach. »Die Sache ist brandneu. Wenn wir da nicht einsteigen, macht das Geschäft jemand anders. Wir haben die Anlagen und praktisch alle Grundstoffe.«

Brockmann winkte ab. »Ick halte jedenfalls von Hormonsalben überhaupt nischt. Die könn' noch so amerikanisch sein.«

Im Gartenhaus am See erklang schrill die außen unter dem Dach angebrachte Telefonklingel. Dr. Brockmann sprang auf, murmelte ein Wort der Entschuldigung und lief dann quer über den Rasen zu dem Häuschen.

Nachdenklich sah ihm Dr. Georg Maerker nach und meinte: »Im Grunde hat Peter völlig recht.«

So schnell wollte Saalbach nicht aufgeben. Mit vor Wut hochrotem Kopf wiederholte er: »Es ist die Gelegenheit, unser Unternehmen lukrativ zu erweitern.«

»Und lukrativ müßte es schon sein. Sonst sehe ich – offen gestanden – wenig Sinn für mich, Kapital bei Ihnen zu investieren«, sagte Noske selbstgefällig und blickte seine hübsche Begleiterin beifallheischend an. »Wo nichts rauskommt, kommt von mir nichts rein. Das ist nun mal meine Devise.«

Saalbach sah, daß ihm die Felle wegschwammen. »Das ist ja geradezu grotesk, wie ihr euch die Expansion des Betriebs blockieren laßt – von diesem ...« Er suchte nach den richtigen Worten, sah, daß seine Schwiegermutter ihn warnend anschaute, und fügte hinzu: »Von diesem Albert Schweitzer vom Bülowbogen lasse ich mir doch nicht das Geschäft kaputt machen. Ich nehme das nicht länger hin.« Dr. Georg Maerker, der nach dem Tod seines Vaters die Leitung des Unternehmens übernommen hatte, musterte seinen Schwager nachdenklich und meinte dann ein bißchen überheblich: »Dann wirst du wohl das Aktiengesetz ändern müssen. Oder wie willst du sonst an Peters Sperrminorität vorbei?«

Inzwischen telefonierte Dr. Brockmann in seinem Gartenhäuschen mit Sigi, die aufgeregt meldete: »Regelrechte Krämpfe sind det. Det jeht schon so seit heute morgen. Ick hätt Sie ja nich anjerufen auf 'n Sonntag, aber weil Sie jesagt haben, wenn't mit Oma schlimmer wird, soll ick mich melden.«

»Is ja jut, Sigi, brauchst dich nicht zu entschuldigen«, beschwichtigte Brockmann das Mächen. »Sag Oma, ick komme. In 'ner guten halben Stunde bin ick da.«

Er legte den Hörer auf, dachte einen Augenblick lang angestrengt nach, um dann Beas Nummer zu wählen. Kleinlaut eröffnete er ihr, er werde sich ein paar Minuten verspäten, weil er noch einen wichtigen Hausbesuch bei einer Patientin machen müsse.

Obwohl Bea kein Wort sagte, merkte er, wie enttäuscht sie war. Ihr Schweigen verunsicherte ihn, so daß er sich rechtfertigte: »Diese Frau steht immer mit einem Bein im OP. Bei so alten Menschen kann das sehr schnell ernst werden. Ick muß da hin – höchstens für 'ne Viertelstunde. Wenn's später wird, darfst du mich auseinandernehmen. Ick bitte dann janz offiziell ums Wort zum Sonntag. Tschüß, Liebes, bis gleich.« Er fühlte sich erleichtert, weil ihm Bea eine peinliche Szene erspart hatte.

Auf der einen Seite tat es Brockmann leid, daß er Bea wieder einmal versetzen mußte, auf der anderen Seite war er glücklich, weil er auf diese Weise die Fortsetzung des Gesprächs mit Saalbach elegant umgehen konnte.

Mit seiner Ledertasche in der Hand trat er vor die Kaffeerunde hin und erklärte mit gespieltem Bedauern: »Es tut mir leid, aber ich muß weg. Ein dringender Fall.«

Dann sah er Saalbach an, der mit versteinertem Gesicht in seine Kaffeetasse stierte, und riet ihm mit einem gewinnenden Lächeln: »Schau sie dir doch an, unsere Damen! Braucht eine der Anwesenden eine Hormoncreme?«

»Ach, Herr Doktor, wenn Sie wüßten, was ich alles im Gesicht habe«, gab Noskes hübsche Begleiterin mit erstaunlicher Offenheit zu, und alle – außer Saalbach – brachen in lautes, befreiendes Gelächter aus.

Das strahlende Lächeln, mit dem Sigi Dr. Brockmann an der Wohnungstür empfing, wollte nicht so recht zu dem Gesundheitszustand ihrer Großmutter passen, den sie noch eine halbe Stunde zuvor als besorgniserregend geschildert hatte. Anstelle der üblichen hautengen Jeans trug sie an diesem Nachmittag ein blaues Kleid mit weißem Kragen, in dem sie regelrecht brav aussah. Der Verzicht auf das Make-up verlieh ihrem hübschen Gesicht einen Hauch von mädchenhafter Unschuld. Während sie den Arzt über den langen, dunklen Korridor begleitete, beteuerte sie: »Mir is det regelrecht peinlich, daß ick Sie anjerufen hab. Aber wie det so is, nich? Wenn der Dokter denn kommt, jeht's prompt besser.«

Sie öffnete die Tür zum Schlafzimmer ihrer Großmutter und zog sich dann wortlos in die Küche zurück, aus der es verführerisch nach frisch gebackenem Kuchen roch.

Oma Köster thronte zwischen blütenweißen Kissen in einem breiten Ehebett, dessen rechte Seite seit dem Tod ihres Mannes mit einer bunten Tagesdecke abgedeckt war. Nervös fingerte sie an den Knöpfen ihrer schwarzen Strickjacke herum und jammerte: »Ick kann Ihnen jar nicht sagen, wie peinlich mir det is, Herr Dokter. Janz eijenwillich hat se das jemacht. Jeht auf einmal weg – sagt, ick komme jleich wieder – und wat tut se? Bemüht Sie auf'n Sonntag. Wo ick ihr extra jesagt habe: Wird schon besser.«

Dr. Brockmann überprüfte den Blutdruck der Patientin, horchte sie gründlich ab und versuchte, sie zu beschwichtigen: »Nu is ja jut, Oma Köster. Ick bin hier, hab nach Ihnen jesehen, schaden kann so wat nie.«

Plötzlich huschte ein listiges Lächeln über das blasse Gesicht der alten Frau, und verschwörerisch meinte sie: »Na, wenichstens kriejen Sie den Krankenschein.« Oma Köster beugte sich in ihrem Bett weit nach vorne und vertraute ihrem Arzt flüsternd an: »Ick weiß nich, wat mit der Göre los is. Mal isse so pampig, daß man se an de

Wand knallen möchte, und mal denkt man: Die hat dir ja jerne.«

»Die *hat* Sie jerne«, sagte Dr. Brockmann mit Nachdruck und schloß seine altmodische Ledertasche.

»Wissen Se wat? Heute hat Sigi 'nen Kuchen gebacken. Det hat sie in ihrem janzen Leben noch nich jemacht«, berichtete die Patientin und schüttelte dabei noch immer erstaunt den Kopf.

»Irgendwann muß man alles zum ersten Mal machen. Auch Kuchenbacken«, sagte Brockmann und verließ das Krankenzimmer.

An der Stirnseite des Korridors fand er das winzige Bad, in dem er sich die Hände wusch. Sofort war Sigi mit einem blütenweißen Handtuch zur Stelle, das sie ihm mit einem unnachahmlichen Augenaufschlag überreichte.

Während sich Dr. Brockmann noch die Hände abtrocknete, baute sich das Mädchen in einer Pose vor ihm auf, die es einmal in einem Film gesehen hatte und die es für besonders erotisch hielt. Sigi legte den Kopf in den Nacken; ihre Lippen waren wie zum Kuß halb geöffnet, und mit rauchiger Stimme flüsterte sie: »Se haben noch jar nischt zu mir jesagt.«

Brockmann war ratlos. »Jesagt – wozu?«

»Na, zu meinem Jesicht! Sehen Se irgendwo Schminke?«

»Ach so. Na siehste, is doch was janz anderes – viel fraulicher«, stellte Brockmann mit wohlwollendem Lächeln fest.

Sie trat auf ihn zu, so daß sich ihre Körper in dem engen Bad berührten, und sagte: »Sie mögen frauliche Frauen, nich?« Bevor Brockmann antworten konnte, beteuerte sie: »Und ick mag männliche Männer.«

Dr. Brockmann spürte Sigis heißen Atem auf seiner Wange. Mit einem lauten Seufzer schlang sie plötzlich ihre Arme um seinen Hals und barg ihren Kopf an seiner Brust. Er stand wie erstarrt da. Erst nach einer Schrecksekunde ergriff er Sigis Arme, schob das Mädchen behutsam, aber bestimmt von sich und löste sich so aus der stürmischen Umarmung.

»Sigi«, erklärte er streng. »Jetzt is das Wort zum Sonntag fällig. Wenn du so wat noch mal machst, dann verschreib ick dir und Oma 'n anderen Arzt. Is das klar?«

Wie ein begossener Pudel stand der Teenager vor ihm und fragte treuherzig: »Probieren Se denn wenigstens 'n Stück vom selbstjebackenen Pflaumenkuchen?«

»Also gut«, entschied Dr. Brockmann. »Ick koste von dei'm Kuchen, nippe kurz am Kaffee, und dann woll'n wer die janze Sache verjessen.«

Zwanzig Minuten später verließ er den Altbau, blickte nervös auf die Uhr. »Halb sechs. Jetzt biste fällig, Brockmann«, sagte er zu sich selbst und beschloß, von der nächsten Telefonzelle aus Bea seine bevorstehende Ankunft anzukündigen.

Ein Pfund Kirschen zuviel

Vom Osten her war leichter Wind aufgekommen, der die Nebelschwaden über dem See vor sich her trieb. Mit kräftigen Ruderschlägen steuerte Peter Brockmann seinen kleinen Kahn auf den Bootssteg zu und erkannte am Ufer die aufrechte Gestalt seiner Schwiegermutter, die ihm fröhlich zuwinkte. Er liebte diese Kahnfahrten in aller Frühe, bei denen er die beschauliche Stille dieses schönen Restes märkischer Landschaft genoß.

»Guten Morgen, Peter«, rief ihm Anna Maerker zu, während er das Boot am Anleger festmachte. »Ich dachte schon, du kommst heut nicht zum Frühstück.«

Brockmann blickte nachdenklich zurück auf das Wasser, das sich leicht kräuselte. »War schön draußen, heute morgen. Manchmal denk ick – wenn ick den See nich hätte ...«

Er hielt inne, suchte nach den richtigen Worten und fuhr dann lachend fort: »Dann müßt ick mir einen suchen.«

Vergnügt hakte sich Anna Maerker bei ihrem Schwiegersohn ein und begleitete ihn zum Haus, wo in der Küche bereits der Frühstückstisch gedeckt war.

Das gemeinsame Frühstück der beiden leidenschaftlichen Frühaufsteher, das bei schönem Wetter auf der Terrasse hinter der Villa eingenommen wurde, war im

Laufe der Jahre so etwas wie ein Ritual geworden, auf das Anna Maerker und Brockmann nur ungern verzichteten.

Immer, wenn er die Nacht in dem kleinen Häuschen am See verbracht hatte, tauschten sie am Morgen beim Kaffee ihre Meinungen aus, sprachen über die großen und kleinen Familienereignisse oder saßen einfach schweigend da.

Auf die ihm eigene ruppige, aber herzliche Weise hegte Brockmann eine stille Zuneigung für die alte Dame, die nach dem Tod ihres Mannes noch einmal regelrecht aufgeblüht war und ihre späte Unabhängigkeit sichtlich genoß. Nach wie vor führte sie ein großes gastfreundliches Haus. Darüber hinaus nahm sie sich jetzt oft die Zeit, Wege zu gehen, die sie früher ängstlich gemieden hatte. Sie entdeckte in Berlin immer neue Stadtteile, die ihr bis dahin fremd gewesen waren, sprach mit Leuten, die sie noch vor ein paar Jahren ängstlich gemieden hätte.

Drei Kinder hatte Anna Maerker mit ihrem Mann, dem inzwischen verstorbenen Konsul, im Verlauf ihrer sorglosen, aber unausgefüllten Ehe: Georg, der heute als promovierter Chemiker das väterliche Unternehmen leitete; Gisela, klug, zurückhaltend, die wie der Bruder Chemie studiert und später auf das Betreiben des Vaters hin den ›lieben Saalbach‹ geheiratet hatte; und schließlich Lore, die eines Tages dem Befehl ihres unruhigen Herzens gefolgt war und ihre Familie im Stich gelassen hatte. Ihr, der Rebellin, und den anderen schwarzen Schafen der Familie gehörte Anna Maerkers Zuneigung. Georgs Tochter Regine zum Beispiel, die mit ihrem unehelichen Sohn Florian in der Dachwohnung der Maerkerschen Villa lebte, oder Lores Mann, Peter Brockmann, der sich so ganz anders verhielt, als man es landläufig von einem Arzt erwartete.

Während Peter Brockmann an diesem Morgen mit

gutem Appetit das dritte Brötchen verzehrte, fiel sein Blick durch das Küchenfenster auf die kiesbestreute Auffahrt. Draußen vor der Villa nahm Regine zärtlich Abschied von ihrem Sohn Florian, der einen schweren Ranzen auf dem Rücken trug. Ein paar Schritte von beiden entfernt wartete Annelie, Georg Saalbachs hübsche siebzehnjährige Tochter, die es sichtlich eilig hatte und ungeduldig auf Florian wartete.

»Warum ist Annelie nicht bei ihren Eltern? Hat sie bei dir übernachtet?« erkundigte sich Brockmann bei seiner Schwiegermutter.

Anna Maerker schüttelte den Kopf. »Nein, sie war heute nacht bei Regine. Sie sagt, zu Hause bei Gisela und Saalbach gibt es ständig Krach. Darum ist sie lieber hier.«

»Das sehen Kinder meistens etwas übertrieben. Wo hängt der Haussegen nicht mal schief?« kaute Brockmann in sich hinein.

Anna Maerker schüttelte energisch den Kopf. »Was nicht ist, kann auch nicht schiefhängen«, erklärte sie bestimmt.

Lächelnd ergriff Brockmann Partei für den ungeliebten Schwager. »Hackt doch nicht immer so auf dem Saalbach herum. Der Mann ist doch sehr tüchtig. Manchmal vielleicht ein bißchen zu eifrig. Aber er lebt nun mal eben für die Firma.«

»Mein Mann hat auch für die Firma gelebt«, sagte die alte Dame leise, und ihre Stimme klang plötzlich bitter. »Weißt du, was das für eine Frau bedeutet?« Und in einer Art Selbstgespräch fuhr sie fort: »Gisela, Saalbach und die Kinder – eigentlich müßten sie eine glückliche Familie sein. Den Menschen geht es doch gut.«

»Ich kenne jedenfalls ein paar Leute, denen es schlechter geht«, erklärte Brockmann, stand vom Tisch auf und verabschiedete sich mit einem Kuß von seiner Schwiegermutter.

Zur gleichen Zeit tappte die kleine Gila Bock noch schlaftrunken auf nackten Füßen über den düsteren, mit Gerümpel vollgestopften Flur ihrer elterlichen Behausung.

Das Kind, das ein schmuddeliges, längst zu klein gewordenes Nachthemdchen trug, setzte seinen Weg durch die Wohnung fort, öffnete behutsam die Tür zur Küche und blieb stumm auf der Schwelle stehen. Aus großen ernsten Augen betrachtete Gila ihren Vater, der zwischen leeren Bier- und Kornflaschen am Küchentisch eingeschlafen war. Sein schwerer Oberkörper lag auf der rissigen Wachstuchdecke, sein wirres Haar hing in einer Bierlache.

Auf Zehenspitzen trat Gila an den Schlafenden heran, räumte lautlos die Flaschen vom Tisch und versuchte, mit einem Lappen die Spuren der durchzechten Nacht wegzuwischen. Und während sie das alles mit großem Ernst tat, behielt sie ihren Vater im Auge, so daß sie sich blitzschnell ein paar Schritte zurückziehen konnte, als er grunzend den Kopf hob und sich verwirrt umsah.

»Ick zieh mir denn an und jeh zum Dokter – wegen meine Spritze«, flüsterte das Mädchen.

»Bring Bier mit und Korn. Und wat zu essen«, befahl Bock barsch.

Gila streckte die kleine Hand aus. »Haste Jeld?«

Mit der rechten Hand zeigte ihr Vater auf den Küchenschrank und ließ dann seinen Kopf wieder auf die Tischplatte fallen.

»Da ist schon lange keens mehr. Weeste doch«, sagte Gila leise.

Bock richtete sich noch einmal auf und schrie seine

kleine Tochter haßerfüllt an: »Denn jeh mal durch die Kneipen! Vielleicht findste dein Stück Mutter.«

Das Mädchen zuckte wie unter einer Ohrfeige zusammen und entwischte blitzschnell durch die spaltbreit geöffnete Tür.

Zehn Minuten später – nach einer flüchtigen Katzenwäsche – schlüpfte Gila aus der elterlichen Wohnung. Sie trug jetzt eine verwaschene, etwas zu eng gewordene rote Strickjacke. Den Hausschlüssel hatte sie sich mit einem Bindfaden um den Hals gehängt. Wie ein kleines verängstigtes Tier schaute sie sich lauernd in dem schäbigen Treppenhaus um, nahm Witterung auf und ging dann über die ausgetretenen Stufen nach unten, wobei die rechte Schulter immer die Wand berührte, so als könne sie ihr Schutz und Geborgenheit geben.

Unten im Flur kam ihr Sigi entgegen, die zusammen mit ihrer Großmutter, Oma Köster, direkt unter den Bocks wohnte. Sigi war an diesem Morgen nicht allein. Hinter ihr erkannte Gila im Halbdunkel des Treppenhauses einen jungen Mann mit einem hübschen, regelmäßig geschnittenen Gesicht, der das schmächtige Kind aus kalten Augen abfällig musterte.

»Morgen, Gila! Wat war'n det jestern nacht für'n Krach bei euch?« erkundigte sich Sigi beiläufig.

Das kleine Mädchen zuckte verlegen mit den Schultern. »Immer detselbe. Papa hat jetobt.«

Um rasch das ihr unangenehme Thema zu wechseln, fragte Gila mit unverhohlener Neugier: »Und du? Biste jetzt ooch arbeitslos? Ham se dir jefeuert – im Kaufhaus?«

Sigi schüttelte den Kopf. »Ne, Urlaub!«

»Ach so – na denn! Verreiste?«

Sigi warf ihrem Begleiter einen koketten Blick zu. »Ja, uff mein' Flokati! Da träum' ick denn von Mykonos.«

»Ach so«, erwiderte Gila verständnisvoll, obwohl sie Sigis Worte gar nicht begriffen hatte. »Na, dann will ick mal. Ick muß zum Dokter. Zum Brockmann.«

Schon hatte sie sich an dem Pärchen vorbeigedrückt und lief auf die Tür der Mietskaserne zu.

»Bestell dem Dokter 'n schönen Gruß von mir«, rief Sigi der Kleinen nach.

In ihrem jetzt wieder grell geschminkten Gesicht spiegelte sich plötzlich so etwas wie Mitleid wider. »Jibt schon arme Schweine«, sagte sie seufzend zu dem jungen Mann an ihrer Seite. »Mutter uff Trebe, Vater arbeitslos.«

»Arbeitslos bin ick ooch«, meinte Sigis Begleiter. Grinsend legte er seinen Arm um ihre Schulter, zog sie besitzergreifend an sich und erklärte großsprecherisch: »Kommt immer druff an, wat man daraus macht.«

Trotz der frühen Stunde herrschte in Dr. Brockmanns Praxis bereits Hochbetrieb, den Gabi von ihrem Schreibtisch in der Anmeldung aus mit Umsicht und Gelassenheit in sinnvolle Bahnen lenkte. Sie ordnete die Patientenblätter nach einem eingespielten, bewährten System: Links die Blätter der Patienten, die sich hinter einem Vorhang bei Schwester Erika, einer resoluten Mittfünfzigerin, ihre Spritze abholen sollten, rechts die Blätter der Kranken, die der Doktor selber sehen und behandeln wollte. Dazwischen schrieb Gabi in aller Ruhe Überweisungen an andere Ärzte aus und riet einem jungen Mann, dessen verletzte Hand Doktor Brockmann soeben verbunden hatte: »Ihr Arbeitgeber muß den Unfall bei der Berufsgenossenschaft melden.«

Jetzt erkannte Gabi unter den Wartenden die kleine Gila, die sich langsam nach vorn zum Schreibtisch der Sprechstundenhilfe schob und sich dann ängstlich erkundigte: »Bin ick zu spät?«

Gabi schüttelte den Kopf. »Jeh gleich durch«, sagte sie lächelnd und deutete auf die Tür zum Behandlungszimmer.

Unaufgefordert krempelte Gila den rechten Ärmel ihrer Wolljacke auf und betrat mit entblößtem Arm den Raum, in dem Doktor Brockmann einer Patientin eine Injektion verabreichte. Brav nahm Gila auf einem Hokker in der Ecke Platz und beobachtete aufmerksam die Vorgänge in dem Behandlungszimmer.

Während Brockmanns Laborantin Yvonne die Einstichstelle mit einem Pflaster verklebte, erkundigte sich der Doktor: »Wie jeht's Ihrem Mann, Frau Lämmer?«

Die Frau mit dem verhärmt wirkenden Gesicht zuckte mit den Schultern und seufzte: »Wenn det Rheuma nich wär.«

Brockmann sah die Patientin erstaunt an. »Wat is denn mit der Wollunterwäsche?«

Frau Lämmer schüttelte traurig den Kopf. »Die trägt der nich – da friert er lieber und hat Schmerzen.«

Beruhigend legte der Arzt seine Rechte auf die Hand seiner Patientin und versprach: »Schicken Se 'n her. Ick heiz ihm ein.« Frau Lämmer warf ihm daraufhin einen dankbaren Blick zu, zog ihren Pullover über den Kopf und verließ den Behandlungsraum.

Die Laborantin winkte die kleine Gila zu sich, desinfizierte mit einem Wattebausch die Armbeuge des Kindes und reichte ihrem Chef wortlos die bereits vorbereitete Spritze. Doch in diesem Augenblick wurde die Tür geöffnet; Frau Lüdke, eine etwa vierzigjährige Patientin mit hellblond gefärbtem Haar, betrat unsicher das Zimmer, das sie erst vor wenigen Minuten verlassen hatte.

»Na, wat jibt's denn noch, Frau Lüdke?« fragte Doktor Brockmann gereizt.

Die Frau druckste verlegen herum, bevor sie endlich zur Sache kam: »Ach, Herr Dokter, was ick Sie vorhin fragen wollte. Ick hab' da in der Illustrierten von so einer neuen Sache jelesen – so 'ne Art Vitaminspritze. Das soll 'n wahres Wundermittel sein.«

»Wenn Sie'n Wunder erleben wollen, müssen Sie zum Zauberer gehen! Ick bin bloß Arzt«, sagte Brockmann freundlich, aber entschieden.

»Ick dachte bloß – weil die det jedruckt haben«, meinte Frau Lüdke kleinlaut und betrachtete verlegen ihre Schuhspitzen.

Brockmann winkte ab. »Von dem meisten, was die drucken, werden die Hersteller jesund und nicht die Patienten.« Er warf Frau Lüdke ein aufmunterndes Lächeln zu und beteuerte: »Sie kriegen schon det Richtige, Frau Lüdke.«

»Weiß ick doch, Herr Dokter«, erwiderte die Patientin. »Danke! Und nischt für unjut.«

Sie zog sich lautlos und unauffällig zurück, so daß sich Brockmann endlich der kleinen Gila zuwenden konnte. Behutsam schob er die Kanüle der Spritze in den dünnen Kinderarm. »Wie jeht's zu Hause, Gila?« erkundigte er sich dabei beiläufig.

Das Lächeln des Kindes wirkte hilflos. »Danke, prima, Herr Dokter«, antwortete die Kleine etwas zu laut und zu hastig, und Brockmann spürte, daß sie nicht die Wahrheit gesagt hatte.

Nachdenklich sah er dem Mädchen nach, das sich mit einem linkischen Knicks verabschiedete. Draußen in der Anmeldung blieb Gila vor dem Schreibtisch der Sprechstundenhilfe stehen, die beschwichtigend auf eine aufgeregte Frau einsprach: »Suchen Se in aller Ruhe, Frau Härtling. Wenn Sie den Schein nicht dabeihaben, ist auch nicht so schlimm.«

Mit fahrigen Handbewegungen tastete Frau Härtling ihren hellen Sommermantel ab. »Ich versteh das nicht! Ich weiß genau, daß ich ihn eingesteckt habe. So ein Krankenschein kann sich doch nicht in Luft auflösen.«

Inzwischen hatte Herr Schnabel, ein älterer Herr mit Schlägermütze, die Anmeldung betreten und wurde sofort von Gabi belehrt: »Sie sind zu früh, Herr Schnabel.« Der Alte nickte lächelnd und erklärte gelassen, er habe Zeit. Auf ausgetretenen Filzpantoffeln schlurfte er in das Wartezimmer.

Endlich hatte Frau Härtling den Krankenschein doch noch gefunden. Sie stieß einen spitzen Schrei aus, zog das sorgfältig gefaltete Papier aus ihrer länglichen Lederbörse, die an der Vorderseite ein aufgenähtes Kleeblatt aus grünem Leder trug.

Mit großen Augen starrte Gila auf den Zwanzigmarkschein, der aus dem Portemonnaie hervorlugte, das jetzt wieder sorgfältig in der Manteltasche verstaut wurde.

»Manchmal läßt man seinen Kopf auch wirklich zu Hause auf dem Hängeboden«, sagte Frau Härtling erleichtert lächelnd und überreichte Gabi den Krankenschein. Dann betrat auch sie das Wartezimmer.

Die Sprechstundenhilfe warf der kleinen Gila einen fragenden Blick zu. »Na, Gila, wat is denn noch?«

»Kann ick noch 'n bißken in den Illustrierten blättern?« fragte das Mädchen mit leiser Stimme.

»Na klar! Machste doch immer, wenn du beim Dokter warst«, erwiderte Gabi freundlich. Und schon war auch Gila im Wartezimmer verschwunden.

Ein in grauen Flanell gekleideter, rundlicher Herr betrat die Praxis, steuerte zielstrebig auf die Sprechstundenhilfe zu und deutete eine Verbeugung an. »Guten Morgen, mein Name ist Noske. Ich möchte bitte zu Herrn Doktor Brockmann«, erklärte er fordernd.

Gabi sah den Mann, den sie noch nie zuvor gesehen hatte, erstaunt an. »Sind Sie angemeldet?«

»Nein, ich komme sozusagen auf Verdacht.« Er versuchte seine Befangenheit mit einem spöttischen Lächeln zu überspielen. »Glauben Sie, daß der Doktor in absehbarer Zeit noch ein Plätzchen frei hat in seinem Terminkalender?« Und etwas überheblich fügte er hinzu: »Übrigens, ich bin Privatpatient.«

»Das spielt bei uns keine Rolle«, erwiderte Gabi unbeeindruckt. »Wenn Sie eine gute Stunde Zeit haben, dann hätte ich gerne Ihre Personalien.«

»Noske, Norbert, geboren am 14.6. 1938, Industrieller. Wie gesagt, ich bin privat versichert.«

Unruhig ging Noske im Wartezimmer auf und ab, betrachtete etwas ratlos die sorgfältig gerahmten Apfelsinenpapiere, die die Wände des Zimmers schmückten.

»Früher hat der Dokter noch Bierdeckel jesammelt«, klärte der alte Herr Schnabel den neuen Patienten auf. »Könn' Se sich nich vorstellen, von wo die Leute ihm welche mitjebracht haben. Sogar aus'm Ostblock.«

Noske hörte kaum zu, aber der Alte in den Filzpantoffeln fuhr unbekümmert fort: »Dann wurde dem Dokter det mit den Bierdeckeln zu langweilig. Da isser auf Apfelsinenpapier umjestiegen.«

Schon vor Jahren hatte Doktor Brockmann die fromme Lüge verbreiten lassen, er sei ein leidenschaftlicher Sammler von Bierfilzen. Auf diese Weise hoffte er, die Dankbarkeit seiner Patienten, die ihn oft mit aufwendigen Geschenken beschämten, in vertretbare Bahnen lenken zu können. Doch kaum hatte sich die Nachricht im Patientenkreis herumgesprochen, da löste sie in vielen Wohnungen rund um den Bülowbogen äußerst kostenintensive Aktionen aus. Dankbare Patienten telefonierten mit im Ausland lebenden Verwandten, nur um seltene

Bierdeckel aufzutreiben und ließen sich dann die kostbaren Exemplare für sündhaft teures Porto per Eilpost zuschicken.

Als die Flut seltener, exotischer Bierdeckel beängstigende Ausmaße annahm, stieg Peter Brockmann auf Anraten seiner lebensklugen Sprechstundenhilfe Gabi auf Apfelsinenpapier um, das den Vorteil hatte, dünn, also platzsparend zu sein.

Der alte Herr Schnabel hatte alles gesagt, was es über die Sammelleidenschaft des Herrn Doktor zu sagen gab, und sah jetzt Noske fragend an. »Sie sind neu hier, nicht?«

Noske nickte gereizt und setzte seinen Rundgang durch das Wartezimmer fort.

»Dacht ick mir doch. Die meisten Patienten kenn ick nämlich. Meistens isset hier rappelvoll. Manchmal frag ick mir, ob der Dokter überhaupt 'n Privatleben hat«, sagte Schnabel.

Norbert Noske wirkte sichtlich erleichtert, als der Alte endlich zu einer Laboruntersuchung aufgerufen wurde und das Zimmer verließ. Wenige Minuten später war auch Frau Härtling an der Reihe. Sie ließ ihren hellen Sommermantel an dem Garderobenhaken hängen und warf einen letzten prüfenden Blick in den Wandspiegel, bevor sie das Wartezimmer verließ.

Noske durchmaß unruhig den Raum – acht Schritte hin, acht Schritte zurück. Auf einem Stuhl in der Ecke saß die kleine Gila, die eine aufgeschlagene Illustrierte in den Händen hielt und verstohlen auf den Sommermantel blickte, in dessen Tasche ein Portemonnaie mit aufgenähtem Kleeblatt steckte.

Zwanzig Mark hätten genügt, um Gilas Vater für ein paar Stunden freundlich, ja sogar zärtlich zu stimmen, denn immer wenn er getrunken hatte, wurde er zuerst sentimental, zog sein Töchterchen auf den Schoß, küßte es und beklagte wehleidig sein trauriges Schicksal. Erst nach dem zehnten Glas brach die Welt aus ihm heraus. Dann verwandelte er sich in einen bösartigen, pöbelnden Krakeeler.

»Herr Noske, bitte«, rief Gabi in das Wartezimmer. Der Dicke zögerte einen Augenblick, schien sich einen Ruck zu geben und ging mit schnellen Schritten auf die Tür zu.

Jetzt war Gila ganz allein. Und der helle Sommermantel mit der Börse in der Tasche hing zum Greifen nah...

Im Sprechzimmer ließ sich Noske in einen der tiefen Sessel fallen, schlug die Beine übereinander und umspannte mit beiden Händen das rechte Knie, um sich seine Befangenheit nicht anmerken zu lassen.

»Wahrscheinlich ist es lächerlich, deshalb überhaupt einen Arzt zu bemühen«, eröffnete er verlegen lächelnd das Gespräch und zog dabei eine Zigarettenschachtel aus der Tasche.

Brockmann, der ihm gegenübersaß, warf seinem Patienten einen strafenden Blick zu, den der sofort richtig verstand. Hastig steckte er das angebrochene Päckchen wieder in die Tasche und entschuldigte sich: »Das macht die private Atmosphäre hier. Man vergißt ganz, daß man beim Arzt ist.«

»Das ist beabsichtigt«, gab Doktor Brockmann zu, und Noske lächelte gequält. »Verstehe! Abbau von Ängsten und Hemmschwellen. Sehr gut, sehr gut!«

Der Arzt lehnte sich in seinem Sessel weit zurück und signalisierte mit dieser Geste seine Bereitschaft, Noske in aller Ruhe zuzuhören.

»Mone – das ist Frau Fischer, meine Lebensgefährtin, Sie haben sie ja kürzlich kennengelernt«, sagte Noske und sah Brockmann beifallheischend an. »Ich meine, neulich als ich Sie aus Versehen für den Gärtner gehalten habe. Also Frau Fischer meint – Frauen sind ja manchmal seltsam –, ich soll Ihnen das Ding an meinem Unterschenkel mal zeigen. Ich habe mich gewehrt, aber sie gibt keine Ruhe. Mone ist... ich bin sehr glücklich mit ihr.«

Noske schluckte ein paarmal auffällig, suchte nach den richtigen Worten und während er von seinem Glück an Mones Seite sprach, griff wieder die Angst nach ihm, so daß sein Wortschwall immer schneller wurde: »Mone hat einen großen Beitrag geleistet zum Erfolg meiner Firma. Die Noske-Laborgeräte wären heute nicht da, wo sie sind, ohne sie. Sie war meine rechte Hand. Angestellte, damals – das ist sie jetzt nicht mehr. Ich sollte das vielleicht sagen: Ich bin noch verheiratet. Nicht mit Frau Fischer. Die Scheidung ist eingereicht. Mone und ich, wir werden dann heiraten. Sie werden vielleicht denken, sie ist ein bißchen jung für mich. Aber als Mann...«

Er blickte Brockmann kurz an und entschuldigte sich: »Ich rede zuviel. Wenn ich zu weitschweifig werden sollte, unterbrechen Sie mich bitte. Ich wollte nur darstellen, daß... ich selbst wäre eben nicht gekommen wegen dieser Sache.«

»Dann sehen wir uns die Sache doch einmal an«, schlug Brockmann vor, erhob sich und deutete einladend auf die Tür zum Behandlungszimmer.

»Er war eigentlich von Kindheit an da, soweit ich mich erinnere – ein kleiner Leberfleck. Und nun, seit ein paar Wochen, wächst das Ding auf einmal«, erklärte der Patient, während er sich frei machte.

Doktor Brockmann untersuchte Noske gründlich und sah sich den auffallend dunklen Fleck am Unterschenkel genau an, wobei er es vermied, die verdächtige Stelle zu betasten.

»Bis auf das Übergewicht sieht das ja alles fabelhaft aus. Weniger trinken, weniger rauchen – das brauche ich Ihnen ja wohl nicht zu sagen«, sagte Brockmann.

»Und der Leberfleck?« erkundigte sich Noske leise und zeigte auf seinen Unterschenkel. »Sagt man Leberfleck?«

»Naevus«, korrigierte Brockmann. »Dafür bekommen Sie eine Überweisung. Da lassen wir in der Klinik eine histologische Untersuchung machen«, erklärte Doktor Brockmann ruhig – so als sei die Entnahme einer Gewebeprobe das Selbstverständlichste von der Welt.

Die Angst, die Noske bis dahin krampfhaft unterdrückt hatte, brach jetzt aus ihm hervor. Er starrte den Arzt ungläubig an und stammelte: »Warum denn in der Klinik? Können Sie das nicht so sehen? Ich meine – ist das so ernst, daß ich dazu ins Krankenhaus muß?«

Und so, als müsse er sich für seine Angst entschuldigen, fügte er hinzu: »Meine Zeit ist auch bemessen. Wenn das nicht unbedingt nötig ist, dann wäre ich Ihnen dankbar, wenn man das vermeiden könnte. Wie gesagt, nicht, daß ich grundsätzlich was dagegen hätte, gegen diese Untersuchung. Nur – wenn es eher harmlos ist, dieser Naevus ...«

»Davon wollen wir uns ja überzeugen«, unterbrach ihn Brockmann und fügte beschwichtigend hinzu: »Wenn Sie sich in Ihrer Firma was vorgenommen haben, warten Sie dann erst ein paar Tage?«

Brockmann hatte genau den richtigen Ton getroffen. »Nein, das natürlich nicht«, erwiderte Noske.

»Na sehen Sie, dann machen wir es gleich noch heute. Dann haben Sie es hinter sich. Wir sehen uns wieder, sobald ich was weiß.«

Wie ein Schlafwandler wankte Noske durch die Anmeldung, sah nicht nach links, nicht nach rechts, ging grußlos an Gabi vorbei, die ihm erstaunt nachsah. An der Tür stieß er mit der kleinen Gila Bock zusammen, die ihre Lesestunde im Wartezimmer beendet hatte und sich mit einem geflüsterten »Ick jeh' denn mal« verabschieden wollte.

»Gila!« rief Gabi dem Kind hinterher.

Die Kleine zuckte zusammen, drehte sich um, vermied es aber, Doktor Brockmanns Sprechstundenhilfe in die Augen zu schauen.

»Komm doch mal her, Gila«, forderte Gabi die Kleine auf. Gila zog mit der linken Hand ihre Wolljacke eng zusammen, ging langsam auf den Schreibtisch zu und erkundigte sich unsicher: »Wat is denn?«

Lächelnd hielt ihr Gabi eine Glasschüssel mit Kirschen hin. »Greif zu! Aber richtig!«

Gila sah die junge Frau in dem blütenweißen Kittel ungläubig an, lächelte plötzlich erleichtert, langte tüchtig zu und hatte es plötzlich sehr eilig, die Praxis zu verlassen.

»Spuck die Kerne nicht ins Treppenhaus«, ermahnte Gabi sie mit gespielter Strenge. Doch Gila war längst verschwunden.

Etwa eine halbe Stunde später kehrte die Kleine nach einem kurzen Umweg durch den Supermarkt an der Ecke mit einer prallgefüllten Plastiktüte in die elterliche Wohnung zurück. Der Vater saß immer noch mit aufgestützten Armen am Küchentisch und schaute sein Kind aus rotgeränderten, stieren Augen an. Die benebelnde Wirkung des Alkohols war längst verflogen. Die Gier nach neuem Schnaps machte ihn aggressiv und unberechenbar.

Aus bitterer Erfahrung wußte Gila, daß es in solchen Augenblicken ratsam war, dem Vater nicht zu nahe zu kommen. Sie packte den Plastikbeutel auf den Tisch, trat zurück und sah, wie er die Tüte mit einer unwirschen

Handbewegung umstieß, so daß sich der ganze Inhalt verstreute. Angewidert schob Bock das Schnittbrot, den Käse, die Wurst, die Konservendose und eine Tüte mit Kirschen zur Seite.

»Wat denn? Keen Korn?« stellte er entrüstet fest.

Sofort zog sich Gila in einer Ecke der Küche zurück und sagte kleinlaut: »Die verkoofen keen Alkohol an Kinder.«

»Und det haste dir jefallen lassen, ja?« schrie Bock wütend.

»Ick habe jesagt, is für mein Papa, und da hat die Kassiererin jesagt, du sollst selber kommen.«

Bock schüttelte entrüstet den Kopf. »Und damit war für dir der Fall erledicht.«

Jetzt hatte er die Tüte mit den Kirschen wahrgenommen und brüllte: »Aber an dich haste jedacht. Det is ja prima. An dich haste jedacht! Wie deine Mutter! Immer nur an sich selber denken!«

In blinder Wut trommelte er mit den Fäusten auf die Tüte, so daß sich die Kirschen rasch in einen häßlichen roten Brei verwandelten, und dabei schrie er, bis sich seine Stimme überschlug: »Ick! Immer nur ick! Ick, ick, ick – so seid ihr!«

Mit vor Schreck geweiteten Augen beobachtete Gila ihren tobenden Vater. Sie zog ein paar Münzen aus der Tasche ihrer Wolljacke und hielt sie in zitternd ausgestreckter Hand. »Hier is Jeld!« sagte sie leise. »Im Supermarkt jibt's Korn im Sonderanjebot. Die Kassiererin hat'n beiseite jestellt.«

Bock sprang von seinem Stuhl auf, riß das Geld an sich und drohte: »Die koof ick mir, die Olle, die soll'n alle noch Bock kennenlernen. Die denken, mit'n Arbeitslosen könn' se allet machen. Nich mit Bock! Mit mir nich.«

Er stürmte aus der Küche, und zurück blieb die kleine

Gila, die durch einen Schleier von Tränen auf die zerdrückten Kirschen starrte.

Die Abstände zwischen den Krämpfen, die wie Wellen über sie hinwegfegten, wurden immer kürzer. Oma Köster krümmte sich stöhnend, preßte die linke Hand gegen ihren Leib, während sie mit der rechten haltsuchend die Tischkante umklammerte. So stand sie mit schmerzverzerrtem Gesicht schwankend in ihrem kleinen Wohnzimmer und hörte das Hämmern der Musik, das aus Sigis Zimmer drang und immer unerträglicher wurde.

Schließlich schleppte sie sich auf den Flur, tastete sich an der Wand entlang und stieß am Ende des Ganges die Tür auf. Sie sah, wie ihre Enkelin in dem kleinen Raum zu den stampfenden Rhythmen wild herumtanzte. Fingerschnippend baute sie sich vor dem jungen Mann auf, der sich auf Sigis ungemachtem Bett räkelte, wackelte aufreizend mit den Hüften hin und her, bis er blitzschnell die Hand ausstreckte und sie an sich zog.

Ein paar Sekunden lang blieb sie mit geschlossenen Augen und halb geöffneten Lippen in seinen Armen liegen, dann aber riß sie sich los, um den wilden Tanz fortzusetzen.

Bei diesem Anblick vergaß Oma Köster ihre Schmerzen. »Wer is det?« fragte sie mit tadelnder Stimme und zeigte auf den jungen Mann, der sich jetzt im Bett aufrichtete.

»Ossi, 'n Freund«, antwortete Sigi patzig.

»Und wat macht der?«

»Urlaub!«

»Dauerurlaub, ja?« stellte Oma Köster lauernd fest.

Ossi hatte sich inzwischen erhoben, schlenderte betont lässig auf die Tür zu.

»Wo willste'n hin?« fragte Sigi besorgt. Ossi winkte

ab. »Zu ville Leute in dem kleenen Zimmer! Bis später, Süße!« Er schob sich vorsichtig an Oma Köster vorbei. Kurz darauf fiel draußen im Flur die Etagentüre krachend ins Schloß.

»Das haste ja prima hinjekriegt«, schrie Sigi und warf ihrer Großmutter einen feindseligen Blick zu. Sie verschränkte die Arme vor der Brust und baute sich drohend vor der alten Frau auf: »Det brauch ick mir nich jefallen lassen, daß du meine Freunde beleidichst. Ick kann machen, wat ick will. In vier Monate werd' ick achtzehn.«

Plötzlich waren die Schmerzen wieder da. Oma Kösters Gesicht verzerrte sich. »Und die vier Monate bin ick noch für dich verantwortlich«, sagte sie stöhnend. »Das hab ick deinen Eltern versprochen.«

Schwer atmend ließ sie sich aufs Bett fallen. Und jetzt erkannte auch Sigi, daß es diesmal sehr schlecht um ihre Großmutter stand.

Damals als Sigis Eltern beschlossen hatten, aus Berlin wegzuziehen, um im Ruhrgebiet eine neue Existenz aufzubauen, hatte Hedwig Köster zu ihrer Tochter gesagt: »Ich kümmere mich schon um die Kleene, bis eure Kneipe in Dortmund richtig läuft. Dann haste wenigstens die Hände frei.« Damals fühlte sich Sigis Oma noch kräftig und gesund, und im Hinterhaus wohnte Opa Kaul, der Vater von Sigis Vater, den sie jederzeit um Rat fragen konnte, wenn ihr die ›Kleene‹ Sorgen machte.

Aus der Übergangslösung war im Laufe der Jahre ein Dauerzustand geworden. Nur, daß Oma Köster in den letzten Monaten, wenn sie durch die ständigen Gallenschmerzen wieder einmal völlig zermürbt war, das Gefühl hatte: »Ick schaff das nich. Sigi wächst mir über'n Kopf.«

Wie er es Sigi am Telefon versprochen hatte, kam

Doktor Brockmann am Nachmittag zu Oma Köster und erkannte sofort, daß sich der Gesundheitszustand der alten Frau auffällig verschlechtert hatte. Er schenkte seiner Patientin ein aufmunterndes Lächeln und meinte: »Da müssen wir wohl für 'n paar Tage zur Beobachtung ins Krankenhaus.«

»Operieren?« fragte Oma Köster ängstlich.

Doktor Brockmann nickte. »Könnte sein! Aber Sie wären nicht die erste Frau, die in ihren besten Jahren an der Galle operiert wird. Das ist halb so schlimm.«

Die alte Frau, die zusammengesunken auf der Bettkante saß, nickte tapfer. »Beste Jahre – wat Sie immer erzählen, Herr Doktor«, sagte sie und lachte gequält.

Brockmann klopfte ihr beschwichtigend auf die Schulter. »Da ham' Se recht, die besten Jahre kommen ja bei Ihnen erst noch. Also Kopf hoch! Ich schicke Ihnen den Krankenwagen. Und dann sollen Sie mal sehen, wie schön das ist, wenn sich andere Leute um Sie kümmern.« Er reichte ihr zum Abschied die Hand und trat auf den Flur, auf dem Sigi herumlungerte.

»Nu isses also soweit. Nu mußte 'ne Weile ohne Oma auskommen«, eröffnete er dem Mädchen.

Sigi lehnte sich lässig gegen die Wand. »Auskommen is jut. Hab ick meine Ruhe, werd nich mehr andauernd anjemeckert. Außerdem kann mein Fester denn bei mir einziehen«, meinte sie und versuchte, sehr überlegen zu wirken.

Brockmann sah Sigi kopfschüttelnd an und stellte dann fest: »Weißte – jefallen tut mir deine Reaktion überhaupt nich. Aber wenn du irgendwelche Schwierigkeiten hast, ruf mich trotzdem an.«

Das Mädchen senkte beschämt seinen Kopf und murmelte: »Wiedersehen, Herr Dokter.«

Als Brockmann in seine Praxis zurückkehrte, traf er

Gabi zum ersten Mal seit langer Zeit ziemlich ratlos an. »Da is 'ne unangenehme Sache. Frau Härtling glaubt, daß ihr Portemonnaie im Wartezimmer gestohlen worden ist«, eröffnete die Sprechstundenhilfe ihrem Chef.

Mit hochrotem Kopf stand Frau Härtling, die immer noch ihren hellen Sommermantel trug, in der Anmeldung und beteuerte: »Ich bin ganz sicher, daß ich das Portemonnaie noch gehabt habe, als ich hier war.« Sie wandte sich an Gabi: »Sie haben doch gesehen, wie ich den Krankenschein rausgezogen habe.«

Gabi nickte.

»Und als ich vorhin drüben im Kiosk das Strickmodenheft bezahlen wollte, da stelle ich fest: Es ist weg«, berichtete die aufgeregte Patientin. »Es war ein Geschenk meiner Nichte – das Portemonnaie. So eins aus Leder mit einem grünen Kleeblatt drauf.«

»Sehen Sie doch noch mal in aller Ruhe zu Hause nach. Und wenn es wirklich weg ist, wir sind gegen so etwas versichert«, behauptete Doktor Brockmann und spürte, daß ihn seine Sprechstundenhilfe erstaunt ansah.

»Sie können ja nichts dafür«, stellte Frau Härtling fest, der die ganze Angelegenheit sehr peinlich zu sein schien. »Also meinetwegen. Ich sag Ihnen dann gleich Bescheid.«

Kaum hatte Frau Härtling die Praxis verlassen, da erkundigte sich Gabi ungläubig: »Wir sind gegen so was versichert? Seit wann denn?«

»Seit überhaupt nicht«, erwiderte Doktor Brockmann gereizt. »Aber ick will wegen so 'ner Kleinigkeit nicht die Polizei in der Praxis haben. Besorg ein größeres Schild, daß die Patienten keine Wertsachen im Wartezimmer lassen sollen.«

Verärgert über den unangenehmen Zwischenfall wollte sich Doktor Brockmann in sein Behandlungszimmer zurückziehen. Vor der Tür drehte er sich noch einmal zu

Gabi um und erkundigte sich: »Noch einer im Wartezimmer?«

Gabi zuckte mit den Schultern und antwotete ironisch: »Einer? Ganze Heerscharen warten da noch.«

Nach einem langen, anstrengenden Tag betrat Doktor Brockmann spätabends die Bülowklause, in der noch immer Hochbetrieb herrschte. Lautes Gelächter, Musik, Gesprächsfetzen schlugen ihm entgegen, so daß er einen Augenblick lang verwirrt an der Tür stehen blieb. Über die Köpfe der Gäste hinweg erkannte er Bea, die mit erstaunlicher Gelassenheit hinter der Theke Bier zapfte, ihrer Serviererin Anweisungen erteilte und gleichzeitig zwei Herren lachend zuprostete, die die charmante Chefin des Lokals zu einem Getränk eingeladen hatten.

Bea fing Brockmanns Blick auf, bahnte sich sofort einen Weg durch die Menschentraube, die sich vor der Theke gebildet hatte, und begrüßte ihn freudestrahlend mit einem Kuß auf die Wange. Trotz aller Hektik sah Bea erstaunlich frisch aus.

Sie deutete auf einen der letzten freien Plätze in der Ecke und versprach: »Bin gleich wieder zurück! Dann kriegst du was zu essen und zu trinken.« Und schon war sie wieder in der Menge verschwunden.

Ein paar Minuten später servierte sie Peter Brockmann, der sich seit Stunden auf ein herzhaftes Eisbein mit Sauerkraut gefreut hatte, eine große Schüssel mit frischem Salat, die er mißtrauisch beäugte.

»Ick bin zwar Arzt, aber deshalb muß ich doch nicht dauernd so'n jesundes Zeug essen«, sagte er enttäuscht und schob die Schüssel zur Seite.

»Die Hüften werden es danken«, meinte Bea lachend und rückte den Salatteller wieder in sein Blickfeld. Mit der flachen Hand strich sie über ihr raffiniert geschnittenes Kleid, das ihre tadellose Figur hervorragend zur

Geltung brachte. »Du hast noch gar nicht bemerkt, daß ich was Neues anhabe«, stellte sie enttäuscht fest. »Aber das ist ja typisch für dich. Das merkst du nie.«

Ein verschmitztes Lächeln huschte über Brockmanns Gesicht. »Das kommt daher, daß ick finde, du hast jedesmal 'n neues schönes Kleid an. Darüber wundere ick mich schon gar nicht mehr.«

Er zeigte auf den glockig geschnittenen Rock und gab zu: »Das da ist allerdings besonders toll.«

Lachend tippte ihm Bea mit dem ausgestreckten Zeigefinger auf die Nase und sagte: »Da hast du aber Glück, daß dir das noch eingefallen ist.«

Sie sah sich prüfend in ihrem Lokal um, wünschte Brockmann guten Appetit und versprach: »Ich komm gleich wieder zu dir zurück.«

Lustlos stocherte Peter Brockmann in dem Salat herum, trank den Wein und bestellte bei der Serviererin eine zweite Karaffe, die er ebenfalls rasch leerte. Nach der dritten wurde er nachdenklich. »Warum kann ich Bea nicht einfach an die Hand nehmen und sie aus dem Lokal entführen? Was gehen uns diese Leute an, die uns nichts zu sagen haben? Warum liegen wir beide jetzt nicht wie andere Verliebte auch auf dem Sofa und machen es uns gemütlich? Warum muß das alles so sein?«

Bea ging an seinem Tisch vorbei, um neue Gäste zu begrüßen, die soeben mit lautem Hallo die Bülowklause betreten hatten. Sie warf Brockmann einen Blick zu, den er nicht erwiderte. »Schlechte Laune?« erkundigte sie sich im Vorübergehen. Brockmann schüttelte den Kopf. »Nee, ick bin bloß 'n bißchen müde.«

»Ärger in der Praxis?« erkundigte sich Bea.

»Das auch. Bei uns im Wartezimmer ist jeklaut worden.«

»Ach«, sagte Bea erstaunt und wandte sich den neuen Gästen zu.

Minuten später kehrte sie zu Brockmann zurück und erklärte: »Peter, wie ich das so überblicke, dauert das hier noch ein bißchen länger. Geh doch schon mal nach Hause und mach es dir gemütlich. Und dann erzählst du mir alles, wenn ich komme.«

»Das ist 'n Angebot«, erwiderte Peter Brockmann, der sich plötzlich sehr müde fühlte und Beas Hausschlüssel dankbar in Empfang nahm.

Draußen vor der Bülowklause atmete er ein paarmal tief durch und ging mit schnellen Schritten auf seinen Wagen zu, der auf der gegenüberliegenden Straßenseite unter einer Laterne stand. Doch bevor er das Auto umrundete und die Fahrertür erreicht hatte, stellte sich ihm eine Gestalt in den Weg, die ganz plötzlich aus der Dunkelheit aufgetaucht war, so daß Brockmann erschrocken zusammenzuckte.

»Mensch, Gleisdreieck, du kannst einem auf den Wekker jeh'n«, sagte Brockmann verärgert zu dem Mann, der ihn stumm und eindringlich anschaute.

»Ja, ick weiß, ick habe drei Gläser Wein getrunken«, gab der Arzt unwirsch zu.

»Sehn' Se«, erwiderte Gleisdreieck triumphierend, hielt ein vorbeifahrendes Taxi an, riß die hintere Tür auf und ließ den Doktor einsteigen.

»Jute Nacht, Dokter«, rief er ihm nach und tauchte wieder in die Dunkelheit des Bülowbogens ein.

In Beas behaglich eingerichteter Wohnung machte Brockmann den Versuch, sich durch Schallplattenmusik wachzuhalten. Doch nach einer Stunde gab er auf und zog sich ins Schlafzimmer zurück. Die zartgeblümte Bettwäsche roch angenehm nach Beas Parfüm, das in ihm Erinnerungen und eine heftige Sehnsucht erweckte.

Als Peter Brockmann durch leise Musik geweckt wurde, fiel schon das helle Licht eines neuen Tages durch die Vorhänge in das Schlafzimmer. Er richtete sich auf, beugte sich über Bea, um den Radiowecker abzustellen, der auf ihrem Nachttisch stand. Lächelnd betrachtete er ihr entspanntes, ungeschminktes Gesicht, verspürte die Wärme ihres Körpers und gab ihr einen Kuß auf den Mund.

»Du hast schon geschlafen, als ich nach Hause kam«, murmelte Bea schlaftrunken, ohne die Augen zu öffnen.

»Siehste und jetzt schläfst du. Ist auch so eine Art Schlafstörung, die wir haben«, stellte Brockmann ein bißchen traurig fest. Er küßte sie zum zweitenmal. »Sag mal, liebst du mich überhaupt noch?«

Bea nickte. »Wann machen wir eigentlich mal Urlaub?« fragte sie plötzlich völlig unvermittelt.

»Urlaub«, wiederholte er. »Mensch, komm mir doch nicht am frühen Morgen mit Fremdworten.« Damit war für ihn das Thema erledigt.

Bevor er aufstand, um sich in dem angrenzenden Badezimmer zu duschen, gab er ihr einen flüchtigen Kuß auf die Nasenspitze und flüsterte ihr ins Ohr: »Tschüß, ich ruf dich an.«

Die erste Patientin, die an diesem Morgen die Anmeldung betrat, war die kleine Gila Bock, die bereits auf der Treppe vor den Praxisräumen gehockt hatte, als Gabi zum Dienst kam.

»Mensch, Gila, du hast doch heute gar keine Spritze«, stellte die Sprechstundenhilfe erstaunt fest, während sie die Tür aufschloß.

»Nee, weeß ick, aber ick muß heute erst zur dritten Stunde. Darf ich so lange in die Illustrierte blättern?«

Gabi nickte und schob das Kind in das Wartezimmer, das sich in den folgenden Minuten rasch füllte.

In seiner Post fand Doktor Brockmann an diesem Morgen neben Postwurfsendungen, Mitteilungen der Pharmaindustrie, der Urlaubskarte einer dankbaren Patientin und einer Einladung zu einem Ärztekongreß in Baden-Baden, Noskes Befund. Er starrte auf den maschinengeschriebenen Brief der Klinik, die in kurzen, nüchternen Sätzen das Ergebnis der Gewebeuntersuchung mitteilte. Das Melanom an Noskes Unterschenkel war bösartig. Krebs.

Und während Doktor Brockmann Noskes Todesurteil in den Händen hielt, fühlte er sich plötzlich elend und hilflos.

Gabi, die ihm die Post auf den Schreibtisch gelegt hatte, sah ihn besorgt an. »Kennst du den Noske gut, daß es dir so nahe jeht?«

»Das erste nein, das zweite ja, jeht mir nahe.«

Brockmann blickte durch das Fenster auf die belebte Straße. Drüben auf der anderen Seite spielten lärmende Kinder, Hausfrauen schleppten schwere Einkaufsnetze nach Hause, ein Bus fuhr vorbei.

»Da sitzen se, kieken aus'm Fenster, lesen Zeitung, denken an irgendwas, lieben, hassen, sind traurig, freuen sich, und 'n paar von denen wissen nicht, daß sie auch Noskes sind«, sagte er nachdenklich.

So, als müsse er sich selber zur Ordnung rufen, gab er sich einen Ruck und bat Gabi: »Bestell den Herrn Noske bitte heute als letzten Patienten.«

»Sagst du's ihm?« erkundigte sich Gabi.

Brockmann zuckte mit den Schultern. »Wenn er danach fragt, muß ick, weißte doch.«

Während des ganzen Tages hatte Doktor Brockmann an die bevorstehende Unterredung mit Noske gedacht, hatte sich immer Worte zurechtgelegt, mit denen er die schreckliche Wahrheit ein bißchen verschleiern wollte, und jetzt, da Noske als letzter Patient im Wartezimmer saß, ertappte er sich dabei, daß er sich an irgendwelchen völlig nebensächlichen Tätigkeiten festhielt, nur um das Gespräch zu verzögern.

Vor vielen Jahren hatte ein älterer Kollege dem damals noch jungen, unerfahrenen Assistenzarzt Peter Brockmann angekündigt: »Warten Sie es ab, junger Freund! Auch in solchen Sachen werden Sie rasch Routine entwickeln. Derartige Gespräche mit den Patienten gehören nun einmal zu unserem Geschäft.«

Seitdem hatte Doktor Brockmann viele Male mit Schwerkranken über den Tod und das Sterben sprechen müssen, aber dennoch war es ihm nicht gelungen, auf diesem Gebiet Routine zu entwickeln.

Doktor Brockmann gab sich einen Ruck und bat Gabi, Noske in das Sprechzimmer zu führen. Mit ausgestreckter Hand kam er dem Patienten entgegen, versuchte zu lächeln, aber das Lächeln geriet ihm zur Grimasse.

Noske wirkte diesmal viel gelassener und ruhiger als beim ersten Besuch. Entspannt nahm er in einem Sessel Platz und sah seinen Arzt fragend an.

»Ja, also, Herr Noske, wir wollen morgen bei Ihnen noch eine Leberuntersuchung machen«, eröffnete Brockmann das Gespräch. »Ich hoffe, das geht zeitlich bei Ihnen.«

Noske nickte stumm und zog dann völlig unvermittelt ein sorgfältig geglättetes, bunt bedrucktes Apfelsinenpapier aus der Brieftasche. »Ich habe gehört, Sie sammeln so etwas. Hoffentlich haben Sie es noch nicht«, sagte er ein wenig verlegen.

Brockmann, der sich durch das unerwartete Geschenk aus dem Konzept gebracht fühlte, betrachtete das dünne Seidenpapier aufmerksam und stellte dann fest: »Das habe ich tatsächlich noch nicht. Danke.«

Einen Augenblick lang dachte er darüber nach, wie er jetzt wieder auf Noskes Krankheit zu sprechen kommen sollte. Da kam ihm der Patient zuvor. »Also ich habe ein malignes Melanom«, sagte er mit sachlich klingender Stimme.

Ratlosigkeit und Verwirrung standen in Brockmanns Gesicht. Noske fuhr unbeirrt fort: »Sie können mir die Wahrheit sagen. Ich war in einer medizinischen Fachbücherei.«

Und so, als gehe es gar nicht um seine eigene Krankheit erkundigte er sich: »Wieviel Zeit bleibt mir noch?«

Brockmann hatte plötzlich das Gefühl, in seinem Besprechungszimmer sei es eiskalt. Fröstelnd zog er die Schultern hoch und sagte mit brüchiger Stimme: »Drei Monate, ein halbes Jahr – vielleicht auch länger.«

Der schwergewichtige Noske erhob sich mit erstaunlicher Behendigkeit und ergriff die Hand des Arztes. »Ich danke Ihnen. Ich habe es übrigens schon gestern gewußt. Nach unserem Gespräch.«

»Da wußten Sie mehr als ich«, gab Brockmann zu und begleitete, seinen Patienten zur Tür.

»Wenn ich ehrlich bin, geahnt habe ich es schon, seit es immer größer wurde«, gestand Noske. »Deshalb habe ich wohl auch so lange gezögert.« Er schüttelte den Kopf und fuhr leise fort: »Aber, daß es so kurz ist...«

Beide Männer standen sich schweigend gegenüber. »Vielleicht sehen wir uns heute abend noch. Herr Doktor Maerker und Herr Saalbach haben mich zu einer Besprechung gebeten«, erklärte der Patient.

»Wollen Sie die nicht lieber verschieben?« schlug Brockmann besorgt vor.

»Nein«, antwortete Noske trotzig. »Da muß ich jetzt durch.«

Aufrecht verließ der Patient den Raum, in dem ihm

soeben das Todesurteil verkündet worden war, und Doktor Brockmann sah ihm nach, bis er durch das Schrillen seines Telefons abgelenkt wurde. Am anderen Ende meldete sich Bea, die blendender Laune zu sein schien. Sie lud Peter zu einem gemütlichen Fernsehabend ein. Im ersten Programm werde ein toller amerikanischer Lustspielfilm gezeigt.

»Ja, weißte, mir ist nicht nach komischen Filmen«, sagte Doktor Brockmann und merkte sofort, daß er sie mit seiner Ablehnung verletzt hatte. Rasch schlug er ihr vor: »Weißt du was, ick mach hier Schluß, fahr raus an den See, rudere 'ne halbe Stunde und komm dann mit'n bißchen besserer Laune zu dir.«

Er legte den Hörer auf, starrte vor sich hin und sehnte sich plötzlich nach einem großen weichen Bett, in das man sich verkriechen und in dem man alle Probleme vergessen konnte.

Er schreckte aus seinen Gedanken auf, als Gabi, die bereits ihren Mantel angezogen hatte, das Zimmer betrat und aufgeregt meldete: »Du, heute ist schon wieder 'n Portemonnaie im Wartezimmer jeklaut worden – ausgerechnet det von der ollen Löffler. Also, jetzt mußt du was unternehmen, Peter.«

»Du, ich habe eben einem Menschen sagen müssen, daß er vielleicht noch ein paar Wochen zu leben hat – und Bea kommt mir mit 'nem lustigen Film und du mit zwee jeklauten Portemonnaies.«

Gabi zuckte ratlos mit den Schultern. »Entschuldige! Tut mir leid«, flüsterte sie betreten und fuhr dann mit einem Unterton fort: »Bea konnte das ja nicht wissen.«

»Weiß ich«, gab Doktor Brockmann zu. Seine kleine Unbeherrschtheit tat ihm längst leid, und darum versprach er ein bißchen versöhnlicher: »Morgen kümmere ich mich um diese Diebstähle. O.k.?«

»O. k.«, wiederholte Gabi und schenkte ihm ein kleines Lächeln. Dann zog sie sich zurück.

Im Halbdunkel des schäbigen Treppenhauses hockte die kleine Gila auf einer Stufe, hatte eine mit Kirschen prallgefüllte Tüte zwischen die nackten Knie geklemmt. Gierig stopfte sie sich die roten Früchte in den Mund, schluckte sie mit den Kernen und hielt nur inne, wenn sie irgendwo im Haus ein verdächtiges Geräusch hörte.

Dann blickte sie sich mit lauernden, ängstlichen Augen um und griff erst wieder in die Obsttüte, wenn sie sich davon überzeugt hatte, daß keine Gefahr bestand. Diesmal sollte ihr Vater die Kirschen nicht mit brutaler Hand zu einem unansehnlichen Mus zerquetschen.

Oben in der Bockschen Wohnküche griff Gilas Vater wieder einmal zu der Kornflasche, die er am Mittag im Supermarkt hatte kaufen können, weil ihm sein Töchterchen stumm einen Zehnmarkschein auf den Tisch gelegt hatte. Und er dachte nicht daran, sie zu fragen, woher das Geld stammte.

Jetzt hörte Gila unten an der Tür Geräusche, lautes Lachen, die helle Stimme eines Mädchens. Blitzschnell schob sie die noch halbvolle Tüte unter ihre Wolljacke. Minuten später stand sie Sigi gegenüber, die von dem schönen Ossi und einem anderen jungen Mann mit bräunlichem Teint und dunklen Locken begleitet wurde. Ossi hielt eine Sektflasche in der Hand und schob sich achtlos an dem Kind vorbei.

Sigi aber erkundigte sich: »Is was, Gila? Tobt dein Oller wieder? Trauste dich nich rein?«

Gila schüttelte den Kopf. »Nee, is allet in Ordnung. Ick wollte jerade schnell noch mal runter, Brot holen«, log sie. Und schon stürmte sie über die Treppe nach unten.

Vom oberen Treppenabsatz aus rief Ossi Sigi ungeduldig zu: »Na, nu komm schon! Der Schampus wird sonst warm.«

Sigi, deren Großmutter am Vormittag in das Krankenhaus eingeliefert worden war, hatte sich auf die ›sturmfreie Bude‹ gefreut, aber jetzt nahm der Abend mit Ossi und seinem dunkelhaarigen Freund Ali einen Verlauf, der ihr ganz und gar nicht gefiel. Sie legte die flache Hand auf das Sektglas, als Ossi nachschenken wollte und sagte mit fester Stimme: »Ick möchte, daß ihr beide jetzt jeht.«

Ossi brach in ein böses Lachen aus. »Na hör mal, die Party hat doch noch janich richtig anjefangen. Und außerdem haste noch nich ja jesagt.«

Sigi warf ihren hübschen Kopf in den Nacken und meinte trotzig: »Sag ick ooch nich. Ick sage nee.«

Jetzt versuchte es der junge Mann mit dem hübschen glatten Gesicht auf die sanfte Tour. Er legte seinen Arm um Sigis Schultern, zog sie an sich und versuchte, sie zu küssen, aber sie befreite sich mit einem entschlossenen Ruck aus der Umarmung.

»Süße, stell dich nich so an«, flüsterte Ossi einschmeichelnd. »Det is doch janz wat anderes als dein Job im Kaufhaus. Da ist det Zehnfache drin, nich, Ali?« Ali nickte stumm. Triumphierend fuhr Ossi fort: »Siehste! Und er muß et ja wissen. Schließlich jehört ihm der Schuppen.«

Sigi schüttelte den Kopf. »Ick habe schon mal jesagt, ick habe wat jegen das Miljeu. Nachtclub is nich mein Fall.«

Das entschiedene Nein des Mädchens machte Ossi, der seine Felle wegschwimmen sah, noch aggressiver. Er gab Sigi einen Schubs, so daß sie gegen die Wand taumelte, hielt mit der Linken ihre beiden Handgelenke fest, preßte sich fordernd gegen sie und griff mit der Rechten nach ihren Brüsten. »So'ne Möpse wie deine, die jehören einfach hinter 'ne Bar«, sagte er schwer atmend.

Die Angst verlieh Sigi ungeahnte Kräfte. Sie riß sich los und schlug Ossis Hand weg. »Laß det«, zischte sie.

Der junge Mann mit dem hübschen Gesicht ging jetzt ein paar Schritte zurück, musterte das Mädchen aus schmalen Augen feindselig, lockerte seine Gürtelschnalle und verkündete: »Süße, ick kann dir det auch anders verklickern.«

In diesem Augenblick wurde draußen an der Etagentür Sturm geklingelt. Dankbar für die rettende Unterbrechung der Situation, die sich in den letzten Sekunden immer mehr zugespitzt hatte, fegte Sigi auf den Korridor, riß die Tür auf und stand der kleinen Gila gegenüber, die sich tränenüberströmt den Bauch hielt und sich dabei vor Schmerzen krümmte.

»Ick habe so'ne Bauchschmerzen, und Papa liecht besoffen übern Küchentisch«, jammerte das Kind und hielt sich am Türrahmen fest.

Behutsam nahm Sigi die Kleine auf die Arme, trug sie ins Wohnzimmer – vorbei an den etwas verstört wirkenden Männern. »Ick muß mich mal um die Kleene kümmern, der jeht's nicht gut«, sprach sie und bettete Gila auf Oma Kösters Sofa.

Verärgert griff daraufhin Ossi nach der noch halbvollen Sektflasche, gab seinem Begleiter einen Wink und erklärte wütend: »Es jibt Leute, die kann man nicht mal zu ihrem Jlück zwingen.«

Und ohne das Mädchen, das sich jetzt besorgt über Gila beugte noch eines Blickes zu würdigen, zogen Ossi und Ali zutiefst beleidigt ab. Als draußen die Tür laut ins Schloß fiel, schloß Sigi für Sekunden die Augen und atmete erleichtert auf.

Gila krümmte sich und stöhnte laut. Ihre kleinen

Hände verkrallten sich in Oma Kösters Sofadecke. Ihr Kopf glühte.

»Du hast ja Fieber«, stellte Sigi fest, nachdem sie ihre flache Hand auf die Stirn des kleinen Mädchens gelegt hatte. »Haste wat jejessen?«

»Kirschen«, flüsterte Gila.

»Viele?«

»'n Pfund«.

»Haste Wasser drauf jetrunken?«

Gila schüttelte den Kopf. »Aber ick habe die Kerne mit runterjeschluckt. Ick gloobe, det darf man nich.«

Zutiefst besorgt betrachtete Sigi das kleine fiebernde, zitternde Häufchen Elend und meinte: »Wenn des nich besser wird, muß ick den Doktor holen.«

Vor dem Portal der Maerkerschen Villa hatten Bernd Saalbach und sein Schwager Georg Maerker voller Ungeduld auf Noskes Eintreffen gewartet, und als sie ihn auf der Auffahrt aus seinem Auto steigen sahen, gingen sie ihm mit schnellen Schritten entgegen, um ihn willkommen zu heißen.

Saalbach, der große Mühe hatte, seine Nervosität zu verbergen, machte eine einladende Handbewegung und schlug vor, sich im Haus weiter zu unterhalten. Doch Noske schüttelte den Kopf und erklärte mit leiser Stimme: »Nein, das wird nicht nötig sein. Ich bin gekommen, um Ihnen zu sagen, daß ich mich entschlossen habe, kein Kapital in die Maerker AG zu investieren.«

Saalbachs Gesicht wurde bleich. Er stand mit hängenden Schultern wie gelähmt da und fragte nach einem Augenblick des Schweigens verstört: »Und warum nicht?«

Noske tat so, als habe er die Frage gar nicht gehört, sondern fuhr leise fort: »Ich werde auch meine Firma nicht vergrößern.«

Verärgert stellte Saalbach fest, daß ausgerechnet jetzt sein unbequemer Schwager Doktor Brockmann mit seinem Wagen auf das Grundstück einbog. Aber irgendein ganz besonderer, merkwürdiger Ausdruck in Noskes Augen hinderte Saalbach daran, noch einen letzten Versuch zu machen, den Gesprächspartner ins Haus zu bitten, um ihn dort doch noch umzustimmen.

Norbert Noske begrüßte Doktor Brockmann mit einem zaghaften Lächeln, das der Arzt mit einem stummen Kopfnicken erwiderte. Georg Maerker, der seit ein paar Minuten wie von einer schweren Last befreit wirkte, informierte Brockmann: »Wir hören gerade, daß Herr Noske nicht bei uns investieren will. Du brauchst dir also keine Sorgen mehr zu machen um unseren pharmazeutischen Sündenfall mit dieser Hormoncreme. Denn das Projekt ist damit ja wohl erledigt.«

Aus mißtrauisch zusammengekniffenen Augen registrierte Saalbach, daß Peter Brockmann in keiner Weise erstaunt war. Er schien mit Noskes Ablehnung gerechnet zu haben. »Hat diese Entscheidung etwas mit dir zu tun?« fragte er und sah seinen Schwager feindselig an.

Ehe Doktor Brockmann eine Erklärung abgeben konnte, sagte Noske leise: »In gewisser Weise ja.«

»Na, das ist ja fabelhaft«, bemerkte Saalbach sarkastisch und machte auf dem Absatz kehrt.

Zaghaft streckte Noske seine Hand aus und hielt Saalbach mit einer Geste zurück. »Verstehen Sie das bitte nicht falsch. Herr Doktor Brockmann hat wirklich nur mittelbar etwas mit meiner Entscheidung zu tun, die auch mein ganzes mir noch verbleibendes Leben betrifft. Ich habe heute erfahren, daß ich nicht mehr sehr viel Zeit habe.«

Betretenes Schweigen lastete auf der Männerrunde. Noske massierte nervös seine fleischigen Hände und fuhr fort: »Entschuldigen Sie, ich habe Sie in eine unangenehme Situation gebracht. Ich hätte vielleicht nicht kommen sollen, aber ich wollte Ihnen diese Absage nicht am Telefon durchgeben. Entschuldigen Sie nochmals, ich möchte jetzt gehen.«

Mit einer Verbeugung verabschiedete er sich von den drei Männern und ging über die kiesbestreute Auffahrt auf seinen Wagen zu.

»Das wär's dann wohl gewesen«, sagte Doktor Brockmann und setzte seinen Weg zu dem kleinen Häuschen unten am See fort.

»Das wär's dann wohl gewesen«, wiederholte Doktor Georg Maerker die Worte seines Schwagers. »Die Sache mit der amerikanischen Hormoncreme ist damit gescheitert – ich meine, jetzt, wo Noske seine Kreditzusage zurückgezogen hat.« Er hielt inne und dachte einen Augenblick lang nach. »Außerdem, vielleicht sind Peters Argumente gar nicht so falsch. Wir sollten die Finger von der Sache lassen.«

Saalbach biß sich auf die Lippen. Sein Blick war in die Weite des Maerkerschen Parks gerichtet – so als habe er in der Ferne etwas Bemerkenswertes entdeckt. Völlig unvermittelt fragte er plötzlich seinen Schwager Georg: »Weißt du eigentlich, wie Brockmann seinerzeit Lores Anteile übertragen worden sind?«

Doktor Georg Maerker schüttelte den Kopf. »Das hat Vater noch gemacht. Meines Wissens gibt es da eine notarielle Vereinbarung. Warum fragst du?«

Saalbach winkte ab. »Nur so! Wollte ich schon immer mal fragen.«

In dem kleinen Haus unten am See hatte Brockmann inzwischen einen alten, ausgeleierten Pullover angezogen, der zu den vielen Dingen gehörte, die sich in einer engen Kammer neben dem Wohnraum stapelten, weil er sich nicht von ihnen trennen konnte.

Schon hatte er den Türgriff in der Hand, um ins Freie zu treten, da klingelte das Telefon. Einen Augenblick stand Brockmann unschlüssig in der geöffneten Tür und war versucht, das Klingeln einfach zu überhören. Aber dann siegte doch sein Pflichtgefühl, und er hob ab.

Aufgeregt meldete sich am anderen Ende Sigi und beschrieb mit einem Wortschwall Gilas besorgniserregenden Zustand, bis ihr Brockmann das Wort abschnitt: »Ick komme sofort.«

Er zog sich rasch den Trenchcoat über, griff nach seiner abgewetzten Tasche und verließ das Haus. Draußen im Garten begegnete er Saalbachs Tochter Annelie, die sofort auf ihn zusteuerte und ihn bat: »Peter, könnte ich dich mal sprechen?«

»Ich hab 's eilig, Annelie«, sagte Brockmann gehetzt und schaute auf die Armbanduhr.

Das junge Mädchen senkte den Kopf und meinte enttäuscht: »Ach so! Ich verstehe!«

»Also komm mit«, entschied Brockmann und zeigte auf seinen Wagen, der vor der Villa stand. »Dann kannst du mir's unterwegs erzählen.«

Ein dankbares Lächeln huschte über das hübsche, ebenmäßige Gesicht, das vielleicht für ein Mädchen in diesem Alter ein wenig zu ernst wirkte.

Während Brockmann sein Auto durch den dichten Feierabendverkehr lenkte, ertappte er sich dabei, daß er viel zu schnell und völlig unkonzentriert fuhr. Und so, als müsse er sich rechtfertigen, erzählte er: »Der olle Sauerbruch soll immer zu seinem Chauffeur jesagt haben: Fahr'n Se langsam, ick hab's eilig.«

Annelie lächelte gequält.

»Wat is denn nu?« ermunterte Doktor Brockmann

seine Nichte zum Sprechen. Die erwiderte leise: »Du mußt dich jetzt konzentrieren. Ich erzähl 's dir nachher.«

Während Annelie vor der Mietskaserne im Auto wartete, rannte Doktor Brockmann im Laufschritt nach oben und fand die kleine Gila in Oma Kösters guter Stube in einem erbarmungswürdigen Zustand vor. Ihr kleines Gesicht glühte. Sie wälzte sich auf dem Sofa wimmernd hin und her. Als der Arzt die Jacke und das Hemdchen nach oben schob, um den schmächtigen Leib abzutasten, stöhnte die Kleine vor Schmerzen laut auf.

»Gila muß sofort ins Krankenhaus«, sagte Brockmann eilig zu Sigi, die hilflos neben ihm stand. »Sind die Eltern nicht zu Hause?«

Sigi machte eine abfällige Handbewegung. »Mutter is auf Trebe, und der Bock liecht besoffen in der Küche.«

Brockmann bemerkte den Schlüssel, der an einer Schnur um Gilas Hals hing. Blitzschnell nahm er ihn an sich, lief nach oben und klingelte an der Bockschen Tür Sturm. Als ihm niemand öffnete, verschaffte er sich mit dem Schlüssel Zutritt zu dem dunklen Korridor.

Schließlich fand er die Küche, in der ihm ein schaler Dunst von Bier und Schnaps entgegenschlug. Bocks Kopf lag zwischen häßlichen Lachen auf dem Tisch. Seine Arme baumelten nach unten. Wütend versuchte Brockmann den Schlafenden wachzurütteln. »Herr Bock! Aufwachen!« schrie er, aber Gilas Vater stieß nur einen unwilligen Grunzlaut aus und schnarchte laut weiter.

Kopfschüttelnd erkannte Brockmann, daß mit Bocks Hilfe nicht zu rechnen war. Er wußte genau, was das in diesem Fall bedeutete: Ein Amtsrichter mußte die Erlaubnis für die Operation des Kindes erteilen, dessen Leben nur noch an einem seidenen Faden hing.

Schon wollte der Arzt kehrtmachen und die Küche verlassen, da fiel sein Blick noch einmal auf den Tisch.

Zwischen den leeren Flaschen lag ein längliches Lederportemonnaie mit einem auffälligen grünen Kleeblatt auf der Vorderseite. Brockmann musterte den Fund aufmerksam und steckte ihn in die Hosentasche.

Dann rannte er wieder nach unten und rief Sigi zu: »Gila muß sofort ins Krankenhaus. Komm, hilf mir!«

Vorsichtig nahm er das wimmernde, stöhnende Kind auf den Arm, trug es ins Freie zu seinem Auto, in dem Annelie immer noch auf ihren Onkel wartete. Sigi riß die hintere Tür auf, schwang sich auf den Rücksitz und bettete Gilas glühendes Köpfchen behutsam auf ihren Schoß.

Brockmann startete zu einer waghalsigen Wettfahrt gegen die Uhr, mißachtete mehrfach die Vorfahrt anderer Verkehrsteilnehmer, sauste bei Gelb über die Kreuzung, setzte zu riskanten Überholmanövern an, bis sein Wagen mit quietschenden Reifen vor der Notaufnahme der Klinik zum Halten kam.

Brockmann trug das Kind in die Aufnahme, informierte im Laufschritt die diensthabende Ärztin über den Fall und sorgte dafür, daß Gila sofort in den Operationssaal gebracht wurde. Die Kollegen bestätigten Brockmanns Diagnose »Darmverschluß«, fragten nach der elterlichen Erlaubnis für die Operation. »Notfalls übernehme ick die Verantwortung«, erklärte Brockmann gereizt und warf einen besorgten Blick auf seine kleine Patientin.

Erst nach einer Stunde kehrte er zu Annelie und Sigi zurück, die angespannt auf dem langen Korridor der Klinik auf ihn gewartet hatten. Er sah müde und überanstrengt aus und berichtete, Gila sei über den Berg. Im Augenblick könne man nicht mehr für die Kleine tun.

Als sie zu dritt das Krankenhaus verließen, griff Sigi plötzlich nach Brockmanns Arm, zog ihn zur Seite und flüsterte ihm zu: »Wo wir jerade hier sind, ick hätte nischt dajejen, wenn Oma so bald wie möglich wieder nach Hause kommt. Ich könnte se pflegen – auch wenn se im Bett liejen muß.«

Erstaunt über diesen Sinneswandel schaute Brockmann das Mädchen an, das verlegen mit den Schultern zuckte.

»Und wat sagt dein Fester dazu?«

Sigi winkte ab. »Ick gloobe, der wollte mir anschaffen schicken«, murmelte sie verlegen.

Draußen auf dem Parkplatz reichte Brockmann Sigi die Hand und wirkte plötzlich sehr feierlich. »Wahrscheinlich hast du Gila das Leben gerettet. War sehr vernünftig von dir, mich sofort anzurufen«, sagte der Doktor, und der Teenager, der vor Stolz rot anlief, stammelte gerührt: »Danke, Herr Dokter.«

Irgendwo in der Ferne schlug eine Turmuhr neunmal. Doktor Brockmann schlug sich mit der flachen Hand gegen die Stirn und stieß einen Seufzer aus. »Himmel, ich habe Bea und ihren komischen Film total vergessen.«

Er drückte Annelie und Sigi Geld für die Heimfahrt mit einem Taxi in die Hand und dachte beim Fahren über eine plausible Erkärung nach, mit der er seine Verspätung rechtfertigen konnte.

Mit schuldbewußter Miene trat er Bea entgegen und stellte traurig fest: »Nun hab ick den komischen Film doch verpaßt, nich?«

Bea schüttelte den Kopf. »Aufgezeichnet! Video!« erklärte sie stolz, schlang ihre Arme um seinen Hals, küßte ihn und zog ihn dann mit sanfter Gewalt in ihre Wohnung.

Die Vollmacht

Die Untersuchung war beendet. Frau Rust konnte ihre Bluse wieder anziehen. Sie räusperte sich ein paarmal laut und wagte es dann endlich, die Frage zu stellen, die ihr während der ganzen Zeit im Kopf herumgegangen war: »Wie alt ist sie denn nun geworden?«

Doktor Brockmann, der an seinem Schreibtisch Platz genommen hatte, um ein Rezept auszustellen, sah erstaunt auf. »Wer?«

»Na, Ihre Gabi! Die hat doch heute Geburtstag. Haben Sie nicht die vielen Blumen auf ihrem Tisch gesehen?«

Er hatte ihn völlig vergessen – Gabis Ehrentag. Entgeistert murmelte Brockmann: »Ja, die Gabi! Die hat tatsächlich heute Geburtstag.« Und Frau Rust mußte erkennen, daß der Doktor nicht geneigt war, ihre Neugier zu stillen. Er war eben ein richtiger ›Gentleman‹ – dieser Doktor Brockmann.

Unter dem Vorwand, die Patientin nach draußen begleiten zu wollen, betrat Doktor Brockmann die Anmeldung, warf einen verstohlenen Seitenblick auf die bunten Sträuße und war einen Augenblick lang versucht, seine Vergeßlichkeit einzugestehen und Gabi auch ohne Blumen alles Gute zu wünschen. Doch dann überlegte er es sich anders, machte wortlos kehrt und verschwand im Behandlungszimmer. Gabi sah ihm enttäuscht nach.

Dieses Spiel wiederholte sich im Laufe des Vormittags immer wieder, wenn Brockmann zwischen den Untersuchungen kurz in der Anmeldung auftauchte, um seiner Sprechstundenhilfe irgendwelche Anweisungen zu erteilen. Sie hatte Mühe, ihren Zorn zu unterdrücken, und bemühte sich, seine Fragen möglichst sachlich und kühl zu beantworten. Als am Spätnachmittag der letzte Hausbesuch hinter ihm lag, erwarb Brockmann bei einem Blumenhändler am Bahnhof Zoo ein üppiges Gebinde, das er in Klarsichtfolie einwickeln ließ.

Während er fröhlich pfeifend den Rückweg zu seiner Praxis antrat, schloß dort Gabi schwungvoll und krachend die Schubladen ihres Schreibtisches, schlüpfte wütend in ihren Mantel und war fest entschlossen, sich an ihrem Geburtstag nicht die gute Laune verderben zu lassen.

Einen Augenblick lang stand sie noch unschlüssig in dem hell erleuchteten Raum herum, warf einen wehmütigen Blick auf die Sträuße, die ihr die Kolleginnen und zwei Patienten geschenkt hatten – es gab also noch Leute, die liebevoll an sie dachten – und schreckte plötzlich durch ein Geräusch an der Tür aus ihren Gedanken auf. Sie wirbelte herum und starrte erstaunt auf das Blumengebinde, das ihr Brockmann mit ausgestreckter Hand entgegenhielt.

»Herzlichen Glückwunsch zum Jeburtstag«, sagte er mit strahlendem Lächeln.

Gabi hatte es für Sekunden die Sprache verschlagen. Sie schluckte ein paarmal vor lauter Rührung und stammelte: »Danke!« Dann aber fuhr sie mit einem vorwurfsvollen Unterton fort: »Ick dachte, du hättest ihn verjessen.«

»Ick vergeß doch deinen Geburtstag nich«, behauptete Brockmann, und seine Beteuerung klang sehr überzeugend.

»Und warum gratulierst du mir erst jetzt?« fragte Gabi und strich mit der flachen Hand über die glatte Klarsichtfolie.

»Ick wollte dich 'n bißchen zappeln lassen. Wollte mal seh'n, ob du denkst: Jetzt vergißt er schon meinen Geburtstag.«

Gabi legte den Kopf schräg und musterte ihn ungläubig. Schweigend und ein wenig befangen standen sie sich gegenüber, bis Brockmann mit gespielter Munterkeit vorschlug: »Gehen wir nach hinten und stoßen an! Ich habe 'ne Flasche Sekt kaltgestellt.«

Die Selbstverständlichkeit, mit der er erwartete, daß sie diesen Abend mit ihm verbrachte, ärgerte Gabi. »Auf die Idee, daß ich mir schon was vorgenommen habe an meinem Geburtstag, kommst du nich, wa?« sagte sie mit leisem Vorwurf.

»Nein«, antwortete er verblüfft. »Hast du denn? Wir haben an deinem Geburtstag doch immer zusammen gegessen.«

Und so, als sei ihm jetzt erst eingefallen, daß sich seit einigen Jahren ihre Beziehung verändert hatte, fügte er hinzu: »Aber wenn du verabredest bist, bitte, dann verschieben wir es.«

Achselzuckend kapitulierte Gabi vor diesem ruppigen Charme und bekannte: »Nee, bin ick nich, hätte ja aber sein können.«

Sofort gewann Peter Brockmann wieder Oberwasser. »Na, wenn nich, denn mach doch nich so 'n Theater«, meinte er und zog sie in die Privaträume hinter der Praxis.

Bevor sie den Flur betraten, blieb Gabi noch einmal kurz stehen und erkundigte sich: »Heute abend keine Bea?«

»Nein, die sitzt mit ihrem Steuerberater zusammen.«

»Na, das trifft sich ja gut«, stellte Gabi seufzend fest und beschloß zum zweitenmal an diesem Abend, sich nicht die gute Laune verderben zu lassen.

Mit selbstverständlicher Sicherheit bewegte sich Gabi in den Privaträumen ihres Chefs, nahm aus dem Wohnzimmerschrank Sektgläser und eine neue Kerze, die sie neben dem Blumenstrauß auf den Couchtisch stellte. Brockmann entkorkte inzwischen die Flasche, schob eine Kassette in den Rekorder und nahm neben Gabi in einem der bequemen Sessel Platz. Seit langem hatte er sich nicht mehr so wohl und entspannt gefühlt, wie jetzt, da er dem Geburtstagskind zuprostete.

»Richtig gemütlich, nich? Man könnte denken, wir sind 'n olles Ehepaar«, sagte er und stieß mit Gabi an.

Sie lauschte dem hellen Klang der Gläser nach und sah kurz zu ihm hinüber. »Das hätteste ja haben können.«

»Müssen wir jetzt über Sachen reden, die so lange zurückliegen?« fragte er mit gespielter Verärgerung.

Ein trauriges Lächeln lag auf Gabis Gesicht. »Wieso? War doch 'ne schöne Zeit.«

»Hätte es ja bleiben können«, erwiderte er und gab sich Mühe, eine gewisse Schuldbewußtheit zu verbergen.

Gabi richtete sich in ihrem Sessel straff auf, zeigte anklagend mit dem Zeigefinger auf Brockmann: »Wenn du dich hättest scheiden lassen. Scheiden lassen von einer Frau, die es gar nicht mehr gibt.«

Obwohl er sie genau verstanden hatte, fragte er: »Wer sagt denn, daß es Lore nicht mehr gibt?«

Gabi schüttelte den Kopf. »Glaubst du immer noch, daß Lore eines Tages vor deiner Tür steht und sagt: Hallo, da bin ich wieder, was möchtest du zum Abendessen?«

»Wär ja nich so schlecht«, meinte Brockmann grinsend in einem Tonfall, mit dem er dem Gespräch die Schärfe nehmen wollte. »Lore kocht nämlich sehr gut.« Und rasch fügte er hinzu: »Du übrigens auch.«

»Danke! Und Bea sicher auch«, warf Gabi ein.

»Ja, und Bea stört's eben nicht, daß ich auf dem Papier noch verheiratet bin«, beteuerte Brockmann bockig.

»Ick bin eben nicht Bea«, sagte Gabi und fuhr dann leise fort: »Aber lieben tu ick dich immer noch – irgendwo.«

Sie wirkte plötzlich sehr zerbrechlich und schutzbedürftig. »Mach wat«, flüsterte sie und zuckte hilflos mit den Schultern.

Schweigend hingen beide ihren Gedanken nach. So war das schon immer gewesen: Lore war weit weg – irgendwo in Amerika –, aber ihr Schatten stand immer zwischen ihnen. Erst nach geraumer Zeit hatte Gabi Köhler begriffen, warum sich Brockmann trotz aller Zuneigung nicht zu ihr bekennen mochte. Im stillen hoffte er noch immer auf Lores Rückkehr.

Mit dem Mut der Verzweiflung hatte Gabi ihn eines Abends vor die Alternative gestellt: »Entweder du heiratest mich, oder ick bin bloß wieder deine Sprechstundenhilfe, und mit Bett is nischt mehr.«

Seitdem war Gabi ihrem Vorsatz treu geblieben, aber tief im Inneren ihres Herzens hegte sie die Hoffnung, daß es sich Brockmann eines Tages doch noch anders überlegen könnte.

»Ja, das war's dann wohl«, sagte Brockmann in die Stille hinein und schob die leere Sektflasche zur Seite. Gabi musterte ihn mit einem forschenden Seitenblick und erkundigte sich: »Sag mal, läuft etwas schief mit Bea?«

Er stützte den Kopf in beide Hände und antwortete nicht. Draußen im Korridor klingelte das Telefon.

Ein paar Minuten lang taten beide so, als würden sie die Störung gar nicht wahrnehmen. Dann aber erhob sich Gabi langsam und fragte: »Soll ick?«

Brockmann schüttelte den Kopf. »Nee, laß mal! Ick geh' schon.«

Als er den Hörer abhob, erkannte er sofort die Stimme seines selbsternannten Schutzengels Gleisdreieck. Die gedämpften Motorengeräusche, die aus der Ferne zu hören waren, verrieten, daß er von einer Telefonzelle aus anrief. »Unten an de Türe bei Ihnen is wer, der braucht Ihnen, so wie ick det sehe, Herr Dokter«, meldete Gleisdreieck aufgeregt. »Und: Obacht! Ick hab mit den nischt zu tun. Nischt! Jute Nacht noch, Dokter, Ende.«

»Gute Nacht, Gleisdreieck«, rief Doktor Brockmann in die Muschel. Dann war nur noch das Besetztzeichen zu hören.

Durch den geheimnisvollen Anruf aufgeschreckt, rannten Brockmann und Gabi nach unten, schlossen die Eingangstür auf und stürmten auf die Straße. Suchend schauten sie sich um, konnten aber nichts Ungewöhnliches entdecken. Es war ein Abend wie tausend andere auch. Autos fuhren mit grellen Scheinwerfern vorbei, irgendwo grölte ein Betrunkener. Aus der Kneipe an der Ecke drang laute Musik.

Erst als sich Brockmann achselzuckend umdrehte, um in seine Wohnung zurückzukehren, sah er die Gestalt, die direkt neben dem Hauseingang fast regungslos in eine Nische gedrückt lehnte. Im fahlen Licht der Straßenlaterne sah er ein schmerzverzerrtes, schweißnasses Männergesicht. Dunkles Haar fiel wirr in die Stirn. Mit der Linken preßte der Unbekannte seinen rechten Arm gegen den Leib. Mit einer Handbewegung machte Brockmann Gabi auf den Mann aufmerksam und trat dann auf ihn zu. »Was machen Sie hier?«

»Ick warte uff den Doktor«, flüsterte der Unbekannte schwer atmend und deutete mit dem Kopf auf Brockmanns Praxisschild. »Der soll schon morjens um sie'me herkommen, hat mir eener erzählt.«

»Kommen Sie mit«, befahl der Arzt, ohne lange nachzudenken. Sofort hob der Fremde abwehrend die rechte Hand, und Brockmann sah, daß sie blutbeschmiert war. Auch auf das Pflaster war bereits Blut getropft.

»Wenn Se bis morgen früh um sieben hier warten wollen, sind Sie verblutet, Mann«, erklärte Brockmann und sah, wie ihn der Verletzte aus ängstlichen Augen mißtrauisch beobachtete. »Wer sind Sie denn?« erkundigte er sich mit schwacher Stimme. Das Sprechen schien ihn anzustrengen.

»Ich bin der Arzt, auf den Sie warten. Und nun kommen Sie endlich mit.«

Im Behandlungszimmer half Gabi dem unbekannten Patienten beim Ausziehen der blutbeschmierten, am Ärmel zerfetzten Jacke, wobei er ein paarmal laut vor Schmerzen aufstöhnte. Erschöpft ließ er sich auf einen Hocker fallen, beobachtete dabei aber aus unsteten listigen Augen, die ständig hin und her wanderten, die Umgebung.

Doktor Brockmann, der inzwischen seinen weißen Kittel angezogen hatte, begutachtete kopfschüttelnd die tiefe Fleischwunde am linken Unterarm, die von irgendeinem scharfkantigen, mit großer Gewalt geführtem Schlaginstrument stammen mußte. Stoffasern klebten an dem geronnenen Blut, so daß Gabi die Wunde erst einmal vorsichtig säubern mußte.

»Ick habe übrigens keenen Krankenschein und heißen möcht ick bei Ihnen ooch nich«, verkündete der Mann unsicher und drehte den Kopf zur Seite, um sich den Anblick seiner Verletzung zu ersparen.

Doktor Brockmann sah seinen Patienten prüfend an und hob die Augenbrauen. »Damit mußte ins Krankenhaus, Namenlos«, entschied er.

Für ein paar Sekunden sah es so aus, als würde der breitschultrige, kräftige Mann jeden Augenblick in Tränen ausbrechen. Er entzog Gabi den verletzten Arm, rang die Hände und flehte Brockmann weinerlich an: »Tun Se mir det nich an, Dokter. Ick kann nich in't Krankenhaus. Die wollen doch wissen, wo ick det herhabe.«

»Und wo hast' es her?«

»Det war 'ne Art Arbeitsunfall«, behauptete Namenlos.

»Und was war das für 'ne Arbeit? Wahrscheinlich eine, die nicht vom Arbeitsamt vermittelt wird.«

Der Mann nickte. »Die buchten mir ein, Herr Dokter«, beteuerte er.

Brockmann holte tief Luft, warf einen Blick auf seine Armbanduhr und gab dann Gabi mit einer Kopfbewegung zu verstehen, daß er bereit war, den Fall zu übernehmen.

Während Brockmann die Fleischwunde versorgte, wurde Namenlos, der inzwischen sichtlich Vertrauen zu dem Arzt gewonnen hatte, gesprächig und verriet, daß er von seinen Freunden Robby gerufen werde. Er biß die Zähne zusammen, als Brockmann aus der Tiefe des Einschnitts mit einer Pinzette eine winzige Stoffaser hervorzog, und berichtete dann mit schöner Offenheit von dem Unfall, zu dem es gekommen war, als er und sein Komplize einer Lagerhalle einen nächtlichen Besuch abgestattet hatten.

»Plötzlich jerät mein Kumpel in echte Panik, weil er wat jehört haben will, türmt und schmeißt det Scherenjitter zusammen. Könn' Se sich vorstellen, wat det für 'nen

Krach gegeben hätte, wenn mein armer Arm nich dazwischen jewesen wär? Die janze Nachbarschaft wär wach jewesen. Aber so: Janz leise war's, bloß 'n bißken jeknirscht hat et«, erzählte Robby weitschweifend.

»Du kannst einem richtig leid tun«, erwiderte Brockmann grinsend.

Robby dachte einen Augenblick lang angestrengt nach und fuhr dann fort: »Und wat lernt uns det?«

Brockmann fiel ihm ins Wort. »Daß du nicht einbrechen, sondern dein Jeld als Türpuffer bei der Wach- und Schließjesellschaft verdienen sollst.«

Robby senkte beschämt den Kopf und beteuerte zerknirscht: »Ehrlich, Herr Dokter, so wat mach ick nie wieder.« Und schnell fügte er mißtrauisch hinzu: »Sie verpfeifen mir doch nich, wenn ick hier raus bin?«

Doktor Brockmann begutachtete noch einmal den Sitz des Verbandes, dann empfahl er seinem Patienten mit gespielter Strenge: »Jetzt verpfeif *du* dich mal allmählich. Und bei dem geringsten Anzeichen von Fieber stehst du hier wieder auf der Matte.«

Mit vielen Verbeugungen und Dankesbeteuerungen zog sich Robby zurück. »Bedanken können Sie sich bei meiner Sprechstundenhilfe. Die hatte nämlich an ihrem Geburtstag etwas anderes vor«, erklärte Brockmann. Robby gratulierte Gabi und meinte dann mit einem anzüglichen Grinsen: »Wat Se vorhatten, könn' Se ja vielleicht noch nachholen.«

»Raus!« rief Brockmann und riß die Tür zum Treppenhaus auf.

Gabi hatte es bei Robbys zweideutiger Anspielung die Sprache verschlagen. »Hast du mitgekriegt, was der gedacht hat?« fragte sie empört.

»Wir beide wissen ja, daß er falsch gedacht hat«, stellte Doktor Brockmann schmunzelnd fest und warf einen

Blick auf seine Armbanduhr. »Komisch«, sagte er nachdenklich. »Bea hat noch gar nicht angerufen.«

»Fahr hin und kiek nach«, empfahl Gabi spitz. »Vielleicht ist se schon eingeschlafen.«

Brockmann schüttelte den Kopf. Er hatte plötzlich eine merkwürdige Vorahnung. »Nee, nee – das muß was anderes sein«, sagte er murmelnd und beschloß, Gabis Ratschlag zu befolgen.

Als Bea ihm öffnete und ihn nach einem flüchtigen Kuß in den kleinen Flur eintreten ließ, wirkte sie merkwürdig befangen und nervös. »Warum hast du dich überhaupt nicht gemeldet?« fragte Brockmann vorwurfsvoll, während er seinen Mantel an den Garderobenhaken hängte, so wie er es schon viele tausend Mal getan hatte.

Bea zuckte mit den Schultern. »Du, wir haben uns so angeregt unterhalten, da habe ich überhaupt nicht auf die Uhr geschaut.«

Brockmann musterte sie mit einem Seitenblick und sah, daß sich ihr Gesicht gerötet hatte. Sie verhielt sich so wie jemand, der einer möglichen Unterstellung von vornherein begegnen will und sie damit erst richtig heraufbeschwört.

»Wir?« fragte Brockmann erstaunt. »Wer ist wir?«

Bea führte Brockmann in das Wohnzimmer, in dem gedämpfte Barockmusik erklang. Am Tisch vor dem Sofa saß ein elegant gekleideter Mann, der demonstrativ einen dickleibigen Aktenordner durchblätterte. Jetzt erhob er sich, kam Brockmann mit federnden Schritten entgegen. Auf seinem glatten Gesicht lag das typische Siegerlächeln des vom Erfolg Verwöhnten.

»Das ist Marcel Rogener – mein neuer Steuerberater«, sagte Bea verlegen. »Und das ist Doktor Peter Brockmann.«

Während Brockmann Rogener die Hand gab, fiel sein

Blick auf den Tisch, auf dem zwischen mehreren Aktenordnern zwei Gläser sowie eine leere und eine halbvolle Rotweinflasche standen.

»Ich bekenne mich mitschuldig«, beteuerte Marcel Rogener gewandt.

Brockmann wurde hellhörig. »Mitschuldig, woran?«

»Ich mußte ja bei Adam und Eva anfangen, damit sich Marcel in die ganze Materie einarbeiten kann«, berichtete Bea und entwickelte hektische Betriebsamkeit. Mit nervösen Händen schob sie die Papiere hin und her, holte ein Glas aus dem Schrank und schlug vor, die angebrochene Flasche zu dritt zu leeren.

Rogener, der Steuerberater, winkte höflich, aber entschieden ab, behauptete, am nächsten Morgen einen Termin beim Finanzgericht wahrnehmen zu müssen, und meinte dann verbindlich lächelnd: »Vielleicht können wir das bei unserem Clubfest am Sonnabend nachholen.«

Brockmann verstand nicht und sah Bea ratlos an. »Ich habe dir doch erzählt, daß ich Marcel seit Jahren vom Tennisclub kenne«, meinte sie gereizt. »Hast du wieder einmal nicht zugehört?«

»Muß wohl so sein«, erwiderte Brockmann und beobachtete Rogener mit ablehnender Aufmerksamkeit.

Marcel Rogener klemmte sich die Aktenordner unter den Arm, verabschiedete sich von Brockmann und Bea, deren Hand er für Brockmanns Begriffe etwas zu lange festhielt. Dann begleitete sie ihn zur Tür.

Als Bea in das Wohnzimmer zurückkehrte, saß Brockmann auf dem Sofa und studierte aufmerksam das Etikett der leeren Weinflasche, so als gäbe es dort etwas Interessantes zu entdecken. Betretenes Schweigen lastete auf dem Paar.

»Netter Mann, dein Sportsfreund«, stellte Brockmann

plötzlich fest. Es hatte spöttisch klingen sollen, aber es hörte sich etwas lauernd an.

Bea drehte sich um und warf ihm einen ertappten Blick zu. »Ist jetzt Eifersucht angesagt, oder was?«

Brockmann gab sich überrascht. »Bei mir? Ich habe mich nur gewundert, daß du dich nicht gemeldet hast.«

»Du hättest ja auch mal anrufen können«, meinte Bea.

Peter Brockmann spürte, daß sie wenigstens in dieser Hinsicht recht hatte. »Mensch Bea, ich hatte noch 'ne Unfallsache in der Praxis«, sagte er ein wenig zu laut. Um dem Gespräch eine andere Wendung zu geben, berichtete Brockmann von seiner Begegnung mit dem Einbrecher Robby, der zu später Stunde draußen vor der Praxis gestanden hatte.

»Sag mal, was hast du eigentlich noch so spät in der Praxis gemacht?«

Er zögerte, druckste herum: »Du, nischt Besonderes. Gabi hat heute Geburtstag, und da haben wir, traditionell, noch mit 'nem Glas Sekt angestoßen.«

Jetzt übernahm Bea die Rolle des Anklägers. »Du stößt traditionell nachts mit deiner Sprechstundenhilfe mit Sekt an, und mir machst du eine Szene, wenn ich mit einem Clubkameraden bei einem Glas Wein geschäftliche Dinge bespreche.«

Entrüstet sprang Brockmann von seinem Platz auf und lief erregt im Zimmer hin und her. »Erstens war es nicht nachts, sondern abends, und zweitens weißt du, daß Gabi 'ne alte Liebe von mir ist. Das ist vorbei, gehört der Vergangenheit an.«

»Ja? Wirklich?«

Brockmann überhörte die Frage. »Ich habe dir keine Szene gemacht«, rechtfertigte er sich. »Ich habe nur nicht gewußt, daß dieser Steuerfritze in deinem Tennisclub ist.«

»Ich habe es dir aber gesagt«, behauptete Bea trotzig. »Und du hast dich aufgeführt, als hättest du mich in flagranti im Bett ertappt.«

Peter Brockmann winkte ab. »Ist ja lächerlich. Ick habe mich jewundert. Weiter nischt. Und ...« Er suchte nach den richtigen Worten. »Und außerdem: Ich weiß gar nicht, worüber wir uns aufregen. Wir haben verabredet, daß wir unabhängig sind, daß wir keine Ansprüche haben.«

Bea sah ihn traurig an. »Wir scheinen aber beide nicht besonders gut damit zu leben«, sagte sie leise. »Wir sind doch schon eingefahren wie ein altes Ehepaar.«

»Ich schätze eine gewisse Beständigkeit«, warf Brockmann bissig ein.

»Ist das beständig, wenn wir gar nicht mehr spontan sind?« fragte Bea nachdenklich. »Du könntest doch mal irgend etwas Unvorhergesehenes tun. Zum Beispiel: Du schaust bei mir in der Klause vorbei, sagst hallo, Liebes, ich habe eben an dich gedacht. Bussi, und gleich wieder tschüß. Das wäre doch mal eine Abwechslung.«

Brockmann verstand genau, was sie meinte, aber er war nicht in der Lage, ihr entgegenzukommen, Verständnis zu signalisieren. »Ich sage nie Liebes und Bussi auch nicht«, behauptete er starrköpfig.

Bea seufzte. »Eben! Und kapieren willste auch nicht, was ich meine.«

Doktor Brockmann ging auf die Tür zum Flur zu. »Dann kann ich ja gehen. Wird ja wohl nichts mehr.« Er schüttelte mißmutig den Kopf. »Bussi! Da mußt du mich mit jemandem verwechseln.«

Bea machte keine Anstalten, ihn zurückzuhalten. »Manchmal bist du sehr ungerecht, Peter, und rechthaberisch«, stellte sie enttäuscht fest und fügte mit müder Stimme hinzu: »Und jetzt möchte ich schlafen gehen.«

»Allein?« fragte Brockmann, der bereits in der geöffneten Tür stand. Bea nickte.

»Tja, da kann man wohl nichts machen.«

Er nahm den Mantel von dem Garderobenhaken, sah Bea an und fragte sie leise: »Dieser Marcel – gefällt er dir – irgendwo?«

Sie blieb ihm die Antwort schuldig und erkundigte sich: »Gefällt dir Gabi irgendwo immer noch – ein bißchen?«

Ohne Umarmung nahmen sie voneinander Abschied und fühlten sich plötzlich von der vorangegangenen zermürbenden Diskussion müde und deprimiert.

Als Brockmann an seinen Wagen herantrat, den er vor Beas Haus geparkt hatte, erkannte er im Schein der Straßenlaterne Gleisdreieck, der auf ihn gewartet hatte. »Du spionierst mir nach«, sagte Brockmann grantig.

Der Stadtstreicher machte eine abwehrende Handbewegung. »Aber ick doch nich, Herr Dokter, ick komm janz zufällich hier vorbei. Ick wollte nur noch mal sagen: Ick habe mit diese Leute wirklich nischt zu tun.«

Brockmann nickte. Und neugierig fuhr Gleisdreieck fort: War 't schlimm? Konnten Se dem helfen? Sie sind 'n juter Mensch, Herr Dokter.«

Peter Brockmann seufzte: »Danke! Nett, daß mir das heute noch einer sagt.«

Er zog den Autoschlüssel aus der Tasche, führte ihn in das Türschloß ein und spürte, daß sich eine Hand auf seinen Arm legte. »Nich lieber 'ne Taxe?« fragte Gleisdreieck besorgt.

»Nee, danke, Gleisdreieck, nur ein Glas Sekt«, erklärte Brockmann, und Gleisdreieck erwiderte großzügig: »Einverstanden, Herr Dokter!«

Am nächsten Morgen wirkte Peter Brockmann beim gemeinsamen Frühstück mit seiner Schwiegermutter auffällig einsilbig und mürrisch. Über den Rand ihrer Kaffeetasse hinweg musterte ihn Anna Maerker besorgt und fragte plötzlich in die Stille hinein: »Wie geht es eigentlich Bea?«

Brockmann zuckte zusammen und sah die alte Dame überrascht an. »Wie kommst du auf Bea?«

»Man braucht dich nur anzusehen und weiß: Rhythmusstörungen«, sagte Anna Maerker verständnisvoll lächelnd.

Brockmann fühlte sich durchschaut, griff über den Tisch hinweg nach Annas schmaler Hand, führte sie an seine Lippen und küßte sie zärtlich. »Du bist meine Lieblingsschwiegermutter«, sagte er gerührt.

»Wieso? Hast du mehrere?«

»Nur dich«, erklärte Peter Brockmann feierlich und erhob sich, um sich von seiner Schwiegermutter zu verabschieden.

Er stand bereits in der geöffneten Tür, als sich Anna Maerker ganz beiläufig erkundigte: »Weißt du, was das für eine außerordentliche Aktionärsversammlung ist, die der liebe Saalbach am nächsten Dienstag veranstalten will?« Sie schüttelte unwillig den Kopf. »Paßt mir gar nicht. Dienstag ist mein Stadt-Tag. Da geh ich bummeln, wie allgemein bekannt sein dürfte.«

Brockmann mußte zugeben, daß er von der geplanten Versammlung überhaupt nichts wußte. »Wenn's dir nicht paßt und mir vielleicht auch nicht, dann verschieben wir es eben«, meinte er, aber Anna Maerker behauptete: »Aus irgendwelchen Gründen soll das nicht gehen.«

Als Doktor Brockmann an diesem Morgen seine Praxisräume betrat, fand er in der Anmeldung das übliche

Gedränge vor. Mit einem lauten: »Morjen, meine Herrschaften«, bahnte er sich einen Weg durch die Menge und betrat sein Sprechzimmer. Gabi folgte ihm auf dem Fuß. Halb amüsiert, halb besorgt teilte sie ihm mit: »Unser nächtlicher Eingriff hat Folgen gehabt!«

Peter Brockmann zog seine Sprechstundenhilfe in das Zimmer und schloß hinter ihr die Tür. »Wat is los?«

»Jemand von der Kripo hat anjerufen«, berichtete Gabi aufgeregt. »Unser Freund Robby hat gestern abend nach der Behandlung der Lagerhalle einen zweiten Besuch abjestattet. Der von der Kripo hat angefragt, ob du netterweise nich so bald wie möglich mal vorbeikommen könntest.« Und verschwörerisch grinsend fügte Gabi Köhler hinzu: »Siehste, nun kommen wir in'n Knast.«

Erst am Nachmittag fand Doktor Brockmann Zeit, sich zwischen zwei Hausbesuchen im Polizeipräsidium zu melden. Er irrte durch lange Korridore, wurde von einem Zimmer ins andere geschickt und stellte verärgert fest, daß für seinen Fall niemand zuständig zu sein schien. Schließlich landete er bei Kommissar Weber, einem rundlichen, jovial wirkenden Mittfünfziger, der über den Vorgang informiert war.

Während er auf dem Stuhl vor Webers Schreibtisch Platz nahm, machte Brockmann seiner Verärgerung Luft und beschwerte sich über die Organisation der Polizei.

»Da haben Sie wenigstens auch mal erlebt, wie das ist, wenn man als Patient beim Arzt warten muß«, sagte Kommissar Weber.

»Ich hoffe, ich muß das nicht komisch finden«, erwiderte der Doktor gereizt. »Also was wollen Sie von mir?«

Weber zog die Akte aus einem großen Stapel hervor, blätterte die Unterlagen durch und sah dann Doktor Brockmann aus kleinen, stechenden Augen prüfend an. »Sie kennen einen Robert Kösel?«

»Nein«, antwortete Brockmann mürrisch.

»Ein Patient von Ihnen.«

»Selbst wenn er es wäre, dürfte ich Ihnen das nicht sagen. Ärztliche Schweigepflicht und Datenschutz. Wissen Sie ja sicher«, erklärte Brockmann und rutschte unruhig auf seinem Stuhl hin und her.

Weber lächelte und sagte nachdenklich: »Ja, ja, der Datenschutz und die ärztliche Schweigepflicht.«

Plötzlich war das Lächeln auf dem rundlichen, leicht geröteten Gesicht verschwunden. Mit dem Zeigefinger tippte Weber auf eine Seite in der Akte und erklärte mit scharfer Stimme: »Herr Kösel hat ausgesagt, er sei von Ihnen gestern nacht in Ihrer Praxis behandelt worden, Herr Doktor Brockmann. Wenn das nicht zutrifft, dann sagen Sie es mir bitte. Dann kommt bei Herrn Kösel zu Einbruch auch noch Falschaussage.«

Doktor Brockmann verlor die Beherrschung und sprang wütend auf. »Mann«, schrie er, »ick habe meine Praxis am Bülowbogen. Wissen Sie, was ich Tag für Tag sehe? Männer, die ihre Frauen prügeln; Eltern, die ihre Kinder vernachlässigen und verkloppen; Zuhälter, die Minderjährige auf den Strich schicken und junge Frauen aus Afrika und Asien in ihren miesen Hinterzimmerpuffs kasernieren.«

Er schüttelte verständnislos den Kopf. »Und da kommen Sie mir mit 'nem kleinen Gauner, dem ick 'ne Platzwunde jenäht habe, weil er sich nich zur Ersten Hilfe jetraut hat.«

Weber blätterte seine Unterlagen durch. »Der kleine Gauner ist achtmal vorbestraft – einmal wegen bewaffneten Raubüberfalls. Es tut mir leid, daß ich mich Ihrer Sozialromantik nicht anschließen kann. Aber ich habe nicht studiert. Vielleicht liegt das daran«, bemerkte der Kommissar gekränkt.

»Was hat das denn damit zu tun?« erkundigte sich Doktor Brockmann erstaunt. »Nun, wenn ich studiert hätte, würde ich vielleicht auch die großen gesellschaftlichen Zusammenhänge besser verstehen und kleine Gauner innig an mein Herz drücken können.«

Weber hatte seiner Verärgerung Luft gemacht; beide Männer schauten sich schweigend an. Erst ein paar Sekunden später stellte der Beamte nüchtern fest: »Ich entnehme Ihren Äußerungen, daß Sie Herrn Kösel behandelt haben und Ihnen bewußt war, daß Herr Kösel sich seine Verletzung im Zusammenhang mit einer strafbaren Handlung zugezogen hat.«

»Ich habe bereits auf meine ärztliche Schweigepflicht hingewiesen«, sagte Brockmann knapp.

Weber klappte die Akte demonstrativ zu. »Dann wünsche ich Ihnen viel Vergnügen mit der Staatsanwaltschaft, Herr Doktor,« erklärte er gereizt.

Und Peter Brockmann begriff plötzlich, daß die Sache Folgen haben würde.

Mit einem Besen in der Hand trat Sonja, der gute Geist des Hauses Maerker, vor die Tür der Villa, um die Freitreppe zu fegen. Ihr Blick fiel auf das Gartentor, vor dem eine merkwürdige Gestalt stand, die sich immer wieder auf die Zehenspitzen stellte und den Kopf reckte. Und jetzt rief der Unbekannte Sonja zu: »Entschuldigen Sie, darf ick Sie mal 'n Moment stör'n?«

Vorsichtig ging Sonja auf die Pforte zu, blieb aber ein paar Schritte von dem Fremden entfernt stehen, den sie mißtrauisch musterte.

»Hier wohnt doch ein jewisser Doktor Brockmann?« fragte der Mann, dessen Gesicht von einem breitkrempigen Hut überschattet wurde. »Den würde ick jerne mal dringend sprechen.«

»Der Herr Doktor ist zu dieser Zeit in seiner Praxis«, sagte die junge Frau zurückhaltend und machte Anstalten, sich abzuwenden. Doch der Mann, der eine Plastiktüte in der Hand hielt, ließ sich nicht abwimmeln. »Nee, heute is Mittwoch, da is keene Praxis.«

»Heute ist Donnerstag«, belehrte Sonja den ungebetenen Gast, den sie für einen besonders hartnäckigen Bettler hielt. Der schlug sich mit der flachen Hand gegen die Stirn und meinte verblüfft: »Wat, Donnerstag is heute? Denn muß mein Kalender falsch jeh'n.«

In diesem Augenblick tauchte in der geöffneten Tür der Villa Anna Maerker auf und rief ihrem Hausmädchen zu: »Was gibt es denn, Sonja?« Ohne Sonjas Antwort abzuwarten, näherte sie sich der Gartenpforte.

»Da will jemand unseren Doktor sprechen«, sagte das Hausmädchen und zuckte ratlos mit den Schultern.

Mit gelassener Selbstverständlichkeit öffnete Anna Maerker das Tor und ließ den wenig vertrauenswürdig aussehenden Besucher eintreten, um ihm mitzuteilen, daß Doktor Brockmann nicht zu Hause sei. Der Fremde seufzte. »Und dafür hab ick den weiten Weg jemacht.«

Plötzlich schien er sich daran zu erinnern, was er einer Dame schuldig war, zog den zerfetzten Hut und verbeugte sich. »Darf ick mich erst mal vorstellen: Igor Graf Rakoschnik.«

Sonja, die sich schützend neben ihre Chefin gestellt hatte, verzog das Gesicht und meinte verächtlich: »Und ich bin die Königin von Saba.«

Der Mann schien bereits daran gewöhnt zu sein, daß seine blaublütige Abstammung angezweifelt wurde. Aus der prall gefüllten Tüte zog er einen Ausweis hervor, der in einer sauberen Plastikhülle steckte, hielt ihn zuerst Anna Maerker, dann ihrem Hausmädchen vor die Nase und registrierte nicht ohne Genugtuung, daß beide Frauen sichtlich beeindruckt waren.

»Die Jrafen renn' eben nich immer mit 'ne Krone auf'm Kopp rum, junge Frau«, belehrte er Sonja und fügte dann hinzu: »Bürgerlich nennt man mich Gleisdreieck. Vielleicht hat der Dokter mich schon mal erwähnt.«

Anna Maerker schüttelte den Kopf, überhörte Sonjas geflüsterte Warnung und bat den Gast auf die Terrasse ihres Hauses.

Kaum hatte Gleisdreieck Platz genommen, verriet er mit wichtigtuerischer Miene: »Ja, also meine Informationen sind dahinjehend, daß der Doktor von der Kripo jesucht wird. Und da wollte ick ihn warnen, damit er sich seelisch darauf vorbereiten kann.«

Anna Maerker sah den Mann ungläubig an. »Wie denn, Doktor Brockmann wird von der Kripo gesucht? Ja, warum denn das?« fragte sie verwirrt.

»Er hat einem Einbrecher ärztliche Hilfe zuteil werden lassen, und den ha'm se jekriegt, und er hat jesungen. Und nu suchen se den Dokter – wenn meine Informationsquelle richtich jesprudelt hat.

Gleisdreieck hatte seinen Bericht beendet, sah sich schweigend in dem großen Garten um und fuhr dann fort: »Wissen Se, Frau Konsul, ick kümmer mich 'n bißken um den Doktor. Is ja keine sehr feine Jejend, in der er da seine Praxis hat. Und da schadet's nich, wenn eener 'n bißken obachtet.«

»Mein Schwiegersohn mag die Menschen dort«, sagte die alte Dame. Sie hegte immer noch Zweifel an dem Bericht des Fremden, bis Sonja aufgeregt meldete, sie habe soeben von Gabi telefonisch erfahren, daß Doktor Brockmann tatsächlich auf dem Weg zur Kriminalpolizei sei.

Während Gleisdreieck mit genießerisch geschlossenen

Augen den Kaffee trank, den Sonja auf Anordnung von Anna serviert hatte, berichtete er von den Anfängen seiner Bekanntschaft mit Doktor Brockmann und von seinem kleinen Paradies in der Nähe der U-Bahn-Station ›Gleisdreieck‹. »Is eine Idylle, mein Jelände, wo ick wohne. So wat ha'm Sie bestimmt noch nich jesehen, Frau Konsul«, berichtete Gleisdreieck schwärmerisch. »Sollte mich ehrlich freuen, wenn Sie mal...«

Er sprach nicht weiter, sondern schwieg verlegen, aber Anna Maerker hatte längst begriffen, daß der Graf sie hatte einladen wollen. Charmant lächelnd erwiderte sie: »Na ja, warum nicht. Dienstags bin ich immer in der Stadt.« Der seltsame Gast schien sie zu interessieren.

Mit dieser spontanen Reaktion hatte Gleisdreieck sichtlich nicht gerechnet. »Sie müssen sich ja nicht sofort entscheiden. Ick klingele nächsten Montag noch mal durch, wenn Sie jestatten. Ick will Sie ja nich überrumpeln, Frau Konsul«, beteuerte er hastig.

Bei der zweiten Tasse Kaffee bestand Anna Maerker temperamentvoll darauf, von ihrem Gast nicht länger »Frau Konsul« gennannt zu werden. Und Gleisdreieck erwiderte: »Na jut, denn dürfen Sie aber auch nich mehr Graf zu mir sagen.«

Von nun an nannten sie sich Anna und Igor, behielten aber das förmliche ›Sie‹ bei. Gleisdreieck äußerte allerdings anfangs noch gewisse Bedenken: »Ob det den Dokter jefallen wird, wenn ick seine Frau Schwiejermutter Anna nenne? Ick weeß nich.«

Anna Maerker lachte vergnügt: »Peter? Den wird das köstlich amüsieren. Wissen Sie, dieses ›Frau Konsul‹ habe ich eigentlich schon immer albern gefunden.«

Sie saßen noch lange auf der sonnenbeschienenen Terrasse, unterhielten sich prächtig, bis Gleisdreieck mit vielen Verbeugungen Abschied von seiner neuen Bekannten nahm, die ihm nachrief: »Wir sehen uns ganz bestimmt wieder, Igor.«

Ein strahlend blauer Himmel wölbte sich über Berlin. Es war Sonnabend, und Peter Brockmann wußte sehr genau, wo er Bea um diese Zeit suchen mußte: auf dem Tennisplatz. Ganz plötzlich hatte ihn eine seltsame Sehnsucht nach ihr überfallen – nach ihr, von der er seit einiger Zeit den beklemmenden Verdacht hatte, sie entziehe sich ihm mehr und mehr.

Unmittelbar nach der unerfreulichen Unterredung mit dem Kriminalbeamten war er in der Bülowklause aufgetaucht – ganz spontan, so wie es sich Bea immer gewünscht hatte. Aber sie war an diesem Spätnachmittag so beschäftigt gewesen, daß sie keine Zeit fand, ihm zuzuhören. »Ruf mich doch morgen mal an«, hatte sie gehetzt vorgeschlagen, während sie hinter dem Tresen Bier zapfte. Und er war enttäuscht gegangen.

Jetzt schlenderte Brockmann an den Tennisplätzen vorbei und hielt durch den Maschenzaun Ausschau nach Bea, die er aber nirgendwo entdecken konnte. Auf dem letzten Feld lieferte Brockmanns Nichte Annelie Saalbach einem hoch aufgeschossenen Jungen ein erbittertes Match, bei dem ihr Gegner kaum eine Chance hatte.

Kräftig schmetterte sie den Ball zu anderen Seite, so daß ihn der junge Mann verfehlte. Der lief zum Netz, küßte Annelie zärtlich auf den Mund, und als sie sich umdrehte, erkannte sie am Rand des Spielfeldes ihren Onkel, der ihr zuwinkte. Während sie lächelnd auf ihn zueilte, fiel es Dr. Brockmann wieder siedend heiß ein, daß er Annelie an dem Tag, an dem die kleine Gila ins Krankenhaus mußte, gar keine Gelegenheit gegeben hatte, über ihre Probleme zu reden.

»Du auf dem Tennisplatz? Das ist ja echt die Überraschung des Tages«, sagte Annelie erstaunt. Ihr hübsches Gesicht glühte vor Anstrengung.

Brockmann deutete mit einer Kopfbewegung zu dem Jungen, der sich abwartend im Hintergrund hielt und meinte: »Nett, dein Partner.«

»Wieso, du kennst ihn doch überhaupt nicht«, stellte Annelie mit verblüffender Logik fest.

Brockmann zuckte verlegen mit den Schultern und murmelte: »Na ja, so auf den ersten Blick...«

Selbstbewußt baute sich Annelie vor ihrem Onkel auf und sah ihm prüfend in die Augen. »Darf ich mal raten? Du hast Trouble mit Bea, nicht? Drum bist du hier.«

Der Doktor spielte Entrüstung, aber das junge Mädchen stieß ihm kumpelhaft den Ellbogen in die Rippen und sagte: »Kannst du doch ruhig zugeben: Verliebte unter sich.«

Annelie hakte sich bei ihrem Onkel ein und führte ihn ein paar Schritte von den Tennisplätzen fort. Ihr Gesicht wirkte jetzt ernst und nachdenklich. Verlegen druckste sie herum: »Was ich dir noch sagen wollte... versteh mich bitte nicht falsch. Ich hab meinen Vater irgendwie schon gern. Ich weiß, manchmal ist er ein Ekel, und vielleicht fall ich ihm jetzt in den Rücken.«

Brockmann spürte, wie schwer es dem Mädchen fiel, die richtigen Worte zu finden; und um Annelie eine Brücke zu bauen, alberte er herum: »Sie reden in Rätseln, mein Fräulein.«

Annelie fuhr nach kurzem Schweigen fort: »Jedenfalls habe ich neulich zufällig gehört...« Annelie hielt erneut inne, stampfte wütend mit dem Fuß auf und gestand: »Scheiße, ich hab ehrlich gelauscht. Papa hat da irgendwas vor mit deinen Stimmrechten bei der Maerker AG. Es gäbe da keine Unterlagen, und irgendwie habe ich das Gefühl, als ob er dir eins auswischen will.«

Sie hatte gesagt, was es zu sagen gab und fühlte sich sichtlich erleichtert. Peter Brockmann nahm das Gesicht seiner Nichte in beide Hände und küßte sie auf die Stirn. »Danke«, sagte er freundlich. »Und nun spiel mal weiter. Wirklich ein netter Junge. Bring ihn doch mal mit.«

Annelie lief auf den Platz zurück, drehte sich dann noch einmal nach ihrem Onkel um und rief ihm zu: »Übrigens, Bea ist im Clubhaus, falls du sie doch noch suchst.«

Vor der Bar des Clubhauses standen dicht gedrängt mehrere Damen und Herren in weißer Tenniskleidung, die ihre Gläser erhoben und sich zuprosteten. Peter Brockmann blieb in der geöffneten Tür stehen und beobachtete die fröhliche Runde. Jetzt erkannte er Bea, die inmitten der Gruppe auf einem Barhocker saß und ihrem Nebenmann Marcel Rogener zulächelte. Der schlug sich vor Vergnügen auf die Oberschenkel, bis er plötzlich Brockmanns Blick auffing. Sein Gesicht wurde ernst. Er stieß Bea verstohlen an, so daß sie sich zur Tür umdrehte. In ihren Augen spiegelte sich Erstaunen wider. Sofort kletterte sie von dem Hocker, lief auf Brockmann zu und stammelte ein bißchen verlegen: »Mensch, Peter, ich...«

»Ich störe schon wieder«, stellte Brockmann fest.

»Nein«, beteuerte sie und küßte ihn flüchtig auf die Wange. »Ich freue mich wahnsinnig. Ich habe nur nicht mit dir gerechnet.«

»Hab ick jesehen«, sagte Brockmann mit einem Blick zu Rogener.

Kumpelhaft griff Bea nach seiner Hand und wollte ihn zur Bar ziehen. »Komm doch zu uns«, schlug sie vor.

Er schüttelte den Kopf. »Ich habe das Gefühl, daß ich mich ›bei uns‹ nicht sehr wohl fühlen würde. Bißchen stickig hier, nicht?«

Bea sah ihn mit gerunzelter Stirn an. »Bist du gekommen, um mir die gute Laune zu verderben?«

Brockmann merkte, daß das Gespräch wieder einmal – wie so oft in der Vergangenheit – einen Verlauf nahm, den beide nicht wollten und den sie dennoch nicht mehr beeinflussen konnten.

In einem Anflug von Versöhnungsbereitschaft griff Bea nach Peters Arm und führte ihn nach draußen auf die Terrasse in eine ruhige Ecke.

Mit einem verstohlenen Seitenblick stellte Dr. Brockmann fest, daß Bea in ihrem Tennisdress besonders anziehend wirkte. Dieser Anblick machte ihn auf merkwürdige Weise noch trauriger und zugleich gereizter. Zwischen all den hell gekleideten Menschen, die auf dem Gelände des Clubs eine für seine Gemütslage seltsame Munterkeit an den Tag legten, kam sich Brockmann in seiner dunkelblauen Freizeitjacke fehl am Platz vor.

»Ich hätte wirklich nicht so einfach kommen sollen«, sagte er nachdenklich und hoffte im stillen, Bea würde ihm widersprechen. Aber Bea schwieg. »Ich habe dich beim Anstoßen gestört. Worum ging es denn?«

Bea zuckte mit den Schultern. »Wir sind eine sehr nette Clique, und wir haben beschlossen, für eine Woche nach Ibiza zu fliegen. Marcel hat da ein Ferienhaus – ein ziemlich großes Ding offenbar, und er hat uns alle eingeladen, dich übrigens auch.«

»Danke«, erwiderte Brockmann trocken.

Sie legte ihre Rechte auf seine Hand und erklärte beschwörend: »Mensch, Peter, wir waren noch nie zusammen verreist, und ich glaube, wir haben es beide mal nötig.«

Brockmann ließ sich auf einen der Terrassenstühle fallen. Sein Mund verzog sich zu einem spöttischen Lächeln. »Ick mache die Praxis dicht. Die Patienten sind mal für 'ne Woche jefälligst jesund. Ick kieke dir und dem guten Marcel beim Tennisspielen zu, und vielleicht gibt's ja auch mal 'n Tennisarm zu behandeln, damit ick mich nich zu sehr langweile.«

Er sprang auf, griff nach Beas Schulter und schüttelte sie, so als wollte er sie aus tiefem Schlaf aufwecken. »Was ist denn los mir dir, Bea? Hier ist doch nicht Traumland. Ick kann doch nich so einfach mal eben wegjetten. Und du kannst es eigentlich auch nicht, so wie ich das bisher verstanden habe.«

»Nein«, gab Bea kleinlaut zu. »Aber auch, wenn man was eigentlich nicht kann, muß man es manchmal machen.«

Beide schwiegen, bis Brockmann mit drohendem Unterton sagte: »Wenn du in das Ferienhaus von diesem Marcel...«

Bea hinderte ihn daran weiterzusprechen, indem sie ihm ins Wort fiel. »Peter, wir haben – hast du nicht neulich gesagt, daß wir keine Ansprüche aneinander haben?«

Brockmann senkte den Kopf und sagte leise: »Und du hast gesagt, wir leben nicht besonders gut damit.«

Er konnte nicht weiterreden, weil Marcel Rogener mit federnden Schritten und dem ihm eigenen Siegerlächeln aus dem Clubhaus trat und auf sie zusteuerte. »Wollt ihr nicht zu uns kommen?« fragte er, nachdem er Brockmann begrüßt hatte. »Man vermißt dich bereits, Bea.«

»Wenn man dich vermißt, mußt du gehen«, meinte Brockmann knapp, verabschiedete sich kühl und förmlich und verließ zutiefst enttäuscht das Gelände des Tennisclubs.

Seit jenem Sonnabend gingen Dr. Brockmann zwei Dinge nicht mehr aus dem Kopf: zum einen seine Beziehung zu

Bea, die in eine schwere Krise geraten war, zum anderen der Schachzug seines Schwagers Saalbach, von dem Annelie berichtet hatte.

Das zuletzt genannte Problem mußte sich verhältnismäßig rasch lösen lassen – vorausgesetzt, das Notariat Dr. Schumacher hatte eine Kopie der Vollmacht aufbewahrt, mit der Lore Brockmann geborene Maerker ihrem Mann Peter vor rund 20 Jahren ihre Anteile an der Maerker AG übertragen hatte. Unmittelbar nach der Unterschrift war sie mit dem anderen Mann weggegangen – irgendwohin, wo sie ihr Glück zu finden hoffte.

Nachdem Dr. Brockmann im Vorzimmer der Anwaltskanzlei einer jungen Sekretärin sein Anliegen vorgetragen hatte, erfuhr er, daß sich Dr. Schumacher aus Altersgründen aus seiner Praxis zurückgezogen habe. Seine Nachfolgerin, Rechtsanwältin Iris Pauli, werde ihm aber bestimmt weiterhelfen können.

Nach kurzer Wartezeit wurde er in das mit schweren, dunklen Stilmöbeln ausgestattete Büro gebeten, in dem die Anwältin hinter einem großen mit Akten beladenen Schreibtisch thronte.

Ihr streng nach hinten gekämmtes Haar, die große Brille und das dunkelblaue Jackenkleid verliehen der jungen Frau einen Hauch von Unnahbarkeit, die Brockmann verunsicherte.

Unbehaglich rutschte er auf seinem Stuhl herum, den ihm die Anwältin angeboten hatte, und trug ihr umständlich seine Bitte vor. Iris Pauli machte sich eine kurze Notiz und beauftragte dann über die Sprechanlage ihre Sekretärin mit der Suche nach der Vollmacht.

Brockmann, der sich über den Verlust seiner Selbstsicherheit ärgerte, versuchte, ein Gespräch in Gang zu bringen: »Haben Sie als Frau... Ich meine, wenn Sie vor Gericht auftreten, fühlen Sie sich da benachteiligt als Frau?«

Die Anwältin warf ihm über den Rand ihrer Lesebrille hinweg einen prüfenden Blick zu und fragte: »Wollen Sie das ernsthaft wissen?«

»Na ja, sonst hätt ich Sie nicht gefragt«, behauptete Dr. Brockmann verwirrt.

»Wenn Sie die Wahl hätten, sich vor Gericht von einer Frau oder von einem Mann vertreten zu lassen, wen würden Sie wählen?« erkundigte sich Iris Pauli mokant lächelnd.

»Kommt drauf an«, erwiderte Brockmann und hielt seine Antwort für sehr diplomatisch.

Iris Pauli lehnte sich in ihrem Sessel weit zurück, nahm ihre Brille ab, und Dr. Brockmann stellte erstaunt fest, daß ihr Gesicht mit den hochgestellten Wangenknochen nicht ohne Reiz war.

»Danke, das genügt schon. Ihre Frage ist wohl damit hinreichend beantwortet«, meinte sie.

Ihre Art, mit ihm zu reden verwirrte Dr. Brockmann mehr und mehr. »Ich wollte sagen, es kommt auf den Richter an. Wenn es eine Richterin ist, würde ich mich lieber von einem Mann vertreten lassen, wenn's ein Richter ist, lieber von einer Anwältin.«

Und unter Aufbietung seines ganzen Charmes fügte Brockmann hinzu: »Von Ihnen würde ich mich vermutlich in beiden Fällen vertreten lassen.«

Iris Pauli lächelte wieder. »Sie scheinen sich den deutschen Straf- und Zivilprozeß als eine Art Geschlechterkampf vorzustellen.«

Die Sekretärin betrat das Zimmer und legte der Anwältin eine Akte auf den Schreibtisch. Die blätterte das Schriftstück durch und las leise vor: »Ich, Lore Brockmann, geborene Maerker, übertrage hiermit Stimmrecht und Ertrag meiner Anteile an der Maerker AG an meinen Mann, Dr. Peter Brockmann.« Sie schaute auf und erkundigte sich: »Ist das die Vollmacht, nach der Sie gefragt hatten?«

»Ja, genau«, erwiderte er. »Das finde ich aber toll, daß das Ding noch da ist.«

»Wir sind eine ordentliche Kanzlei«, belehrte die Anwältin den Besucher mit spöttischem Unterton. »Was haben Sie erwartet? Daß wir unsere Unterlagen zur Sondermülldeponie geben?«

»Nein, nein, nur – das liegt über 20 Jahre zurück«, sagte Brockmann.

Iris Pauli warf einen Blick auf das Ausstellungsdatum der Firma. »Tatsächlich. Na ja, wenn das bei uns verlorengegangen wäre, hätte Ihnen Ihre Frau das Schriftstück sicher noch einmal gegeben.«

Nachdenklich betrachtete Brockmann seine Hände und meinte: »Na ja, also was meine Frau betrifft, so einfach wäre das mit einer neuen Vollmacht nicht.«

Iris Pauli schien darauf zu warten, daß ihr Mandant seine Bemerkung erläuterte, aber Brockmann brütete schweigend vor sich hin.

»Ja, soll ich Sie jetzt fragen, warum das nicht so einfach wäre?« erkundigte sie sich ungeduldig.

Dr. Brockmann wirkte plötzlich sehr hilflos. »Ich weiß nämlich nicht, wo meine Frau ist«, gestand er kleinlaut. Er gab sich einen Ruck und bat um eine Fotokopie der Vollmacht. Wieder wurde die Sekretärin in das Zimmer gerufen und gebeten, das Schriftstück zu kopieren.

»Würden Sie mich auch in einer anderen Sache vertreten?« fragte der Doktor, als die Mitarbeiterin der Rechtsanwältin verschwunden war.

»Wieso? Ich habe Sie doch bisher noch gar nicht vertreten«, erklärte Iris Pauli.

»Sie sind verdammt genau, was?« stellte Brockmann fest. »Würden Sie mich eventuell in einer Sache vertreten? Es gibt da einen Kriminalkommissar, der mir übelnimmt, daß ich einen Einbrecher behandelt und nicht angezeigt habe. Würden Sie das übernehmen?«

»Warum nicht? Schließlich lebe ich davon«, bemerkte die Anwältin, und wieder strahlte sie so viel Überlegenheit aus, daß sich Brockmann albern und ungeschickt vorkam.

Am Dienstag fanden sich Anna Maerker, ihr Sohn Georg, Gisela Saalbach und Brockmann in dem kleinen holzgetäfelten Konferenzraum der Maerker AG zu der außerordentlichen Aktionärsversammlung ein, die Peter Saalbach kurzfristig einberufen hatte.

Eine merkwürdige Spannung lastete auf der kleinen Runde, denn außer Gisela, die von ihrem Mann informiert worden war, wußte niemand genau, worum es bei dieser Besprechung gehen sollte.

Als letzter betrat Saalbach das Zimmer, blickte arrogant um sich und begrüßte dann seine Schwiegermutter Anna Maerker mit einer tiefen Verbeugung, die für Brockmanns Geschmack etwas zu liebedienerisch ausfiel. Für die übrigen Anwesenden hatte er nur ein kurzes Kopfnicken und ein einsilbiges »Tag« übrig.

Vieldeutig lächelnd nahm Saalbach an dem ovalen Konferenztisch Platz, ließ die Schlösser seines ledernen Aktenkoffers hörbar aufschnappen und kramte mehrere Papiere hervor. Auf diesen Tag, an dem er seinen Schwager Dr. Brockmann ein für allemal ausschalten wollte, hatte er lange gewartet.

Jetzt räusperte er sich laut und erklärte: »Ich will euch nicht lange aufhalten. Ich glaube, die Angelegenheit geht ziemlich schnell über die Bühne. Ich möchte...«

Brockmann, der seinen Schwager genau beobachtet hatte, unterbrach ihn mit einer lässigen Handbewegung.

»Bevor du weitersprichst. Es scheinen da irgendwo Zweifel aufgetaucht zu sein, daß ich keine Vollmacht für Lores Anteile habe.«

Ruhig zog er ein zusammengefaltetes Papier aus der Innentasche seines Jacketts und hielt es mit einem souveränen Lächeln in die Luft. »Hier ist die Fotokopie der notariellen Vereinbarung.«

Brockmann schob das Papier über den Tisch seinem Schwager zu, aber Saalbach saß stumm da und starrte nur auf das Blatt, ohne es zu berühren.

»Damit wäre das wohl ein für allemal geklärt«, meinte Brockmann und lehnte sich gelassen in seinem Sessel zurück.

Anna Maerker, die nicht begriff, daß Saalbach soeben eine empfindliche Niederlage hatte einstecken müssen, blickte sich hilfesuchend um. Sie sah, wie Gisela Saalbach beschämt den Kopf senkte und nachdenklich ihre Hände betrachtete.

»Können wir nun bitte endlich anfangen«, sagte Dr. Georg Maerker ungeduldig. Alle Augen richteten sich auf Peter Saalbach, der leicht zusammengesunken auf seinem Stuhl saß. Auf seiner blassen Stirn hatten sich kleine Schweißtropfen gebildet. Schließlich gab er sich einen Ruck und handelte rasch die weiteren Punkte der Tagesordnung ab. Mit monotoner Stimme verlas er einen nichtssagenden Zwischenbericht über das laufende Geschäftsjahr.

Bereits nach 20 Minuten war die außerordentliche Aktionärsversammlung beendet, so daß Brockmann beschloß, noch einmal in seine Praxis zu fahren.

An der Tür des Konferenzraumes ließ er seiner Schwiegermutter den Vortritt. Die alte Dame hatte es sichtlich eilig. »Kannst du mir vielleicht erklären, warum wegen eines simplen Zwischenberichts eine außerordentliche Aktionärsversammlung einberufen wird?« sagte sie verärgert.

»Nein, verstehe ich auch nicht«, behauptete Brockmann grinsend und verabschiedete sich von ihr mit einem Kuß. Doch Anna Maerker hielt ihren Schwiegersohn am Ärmel fest. »Ich habe noch etwas zu erledigen«, sagte sie. »Könntest du mich zur nächsten U-Bahn-Station bringen?«

Peter Brockmann sah die alte Dame erstaunt an. »U-Bahn? Wo willst du denn hin? Ich fahre dich.«

Aber Anna Maerker schüttelte den Kopf und behauptete: »Ich fahre sehr gerne U-Bahn.«

Auf dem U-Bahnhof ›Gleisdreieck‹ verließ Anna Maerker den Zug und stand ein paar Minuten lang verloren in der Menschenmenge, bis sie ihren Freund Igor entdeckte, der freudestrahlend auf sie zukam.

»Ick finde det janz jroßartig, daß Sie wirklich jekommen sind«, sagte Gleisdreieck und zog den zerfetzten Hut. Dann bot er der alten Dame galant den rechten Arm an und verkündete stolz: »Und nun entführe ick Sie in mein kleenes Paradies.«

Das Gartenfest

Der schlacksige, hoch aufgeschossene junge Mann sah blaß aus und wirkte für seine 17 Jahre viel zu ernst. Marc Zimmermann war erst seit ein paar Tagen Dr. Brockmanns Patient. Jetzt saß er dem Arzt im Behandlungszimmer gegenüber und sah ihn aus dunkelgeränderten Augen fragend an.

»Seit wann haben Sie Diabetes? Oder besser, seit wann wissen Sie es?« erkundigte sich Dr. Brockmann.

Marc zuckte mit den Schultern und erwiderte traurig lächelnd: »Seit ich denken kann.« Und rasch fügte er hinzu: »Vorausgesetzt, ich kann denken.«

Brockmann nickte ihm ermutigend zu. »Doch, den Eindruck hab ick schon. Und seit wann geben Sie sich die Depotinjektionen selbst?«

»Ich war sieben, glaube ich – kurz vor meinem achten Geburtstag«, berichtete der Patient.

Dr. Brockmann warf einen Blick auf das Patientenblatt. »Die zwölf Einheiten abends, das lassen wir auf alle Fälle. Und die 32 morgens – da sehen wir mal weiter, wenn wir die Laborwerte haben.«

Er legte die Karteikarte zur Seite und fragte beiläufig: »Wie gefällt's Ihnen denn so in Berlin? Vermissen Sie Lüneburg? Das Rathaus, die schönen, malerischen Gassen, den alten Kran?«

Marc Zimmermann, der mit dieser persönlichen Frage

nicht gerechnet hatte, sagte überrascht: »Sie kennen Lüneburg?«

»Hat mir immer sehr gefallen. Aber junge Leute sehen das wahrscheinlich anders.«

Der junge Mann schien seinen Erinnerungen nachzuhängen und erklärte leise: »Die meisten jungen Leute aus Lüneburg fahren nach Hamburg – in die Discos.«

»Sie nicht?«

Marc zuckte mit den Schultern. »Na jetzt sowieso nicht mehr, seit meine Eltern hierher gezogen sind. Aber vorher auch nicht.«

»Sie machen sich nichts aus Discos?«

Marc dachte einen Augenblick lang nach, dann antwortete er zögernd: »Nein, oder vielleicht doch. Aber wenn man immer erklären muß, daß man keinen Alkohol trinken darf und warum...«

Brockmann spürte, daß er den wunden Punkt des jungen Mannes berührt hatte. »Hatten Ihre Kumpels kein Verständnis dafür?«

Marc senkte den Kopf und starrte auf seine Schuhspitzen. »In der Grundschule haben sie mich ›Zuckerbubi‹ genannt. Und dann später...« Er sprach nicht weiter, sondern schluckte ein paarmal, so als habe er einen Kloß im Hals und meinte dann trotzig: »Es ist mir angenehmer, es weiß niemand, was mit mir los ist.«

»Und hier? Haben Sie schon Freunde gefunden?« wollte Brockmann wissen.

Marc schüttelte den Kopf. »Ich bin ja erst seit ein paar Wochen hier. Und außerdem: Ich bin ganz gern allein. In gewisser Hinsicht werde ich ja immer irgendwie isoliert bleiben.«

»Ich bin auch gerne mal allein. Aber Alleinsein und einsam – das sind zwei verschiedene Dinge, nicht wahr?«

Marc nickte stumm. Als Gabi das Behandlungszimmer

betrat, nutzte der junge Mann rasch die Gelegenheit, das Thema zu beenden, das ihm sichtlich unangenehm war. »Darf ich mich dann verabschieden, Herr Doktor?« fragte er mit leiser Stimme und ließ Brockmann kaum Zeit, ihm die Hand zu schütteln.

»Insulindepot allein reicht da nicht aus. Da muß mir noch wat für die Seele einfallen«, meinte Brockmann nachdenklich.

Gabi berichtete, Sigi habe angerufen. Diesmal sei es ihr Großvater, Opa Kaul, um den sie sich Sorgen mache. »Hörte sich ernst an«, fügte Gabi hinzu.

In seiner winzigen, aber mustergültig aufgeräumten Ein-Zimmer-Wohnung lag Opa Kaul in einem blütenweißen Bett, an dessen Fußende Oma Köster und Sigi mit besorgten Gesichtern standen und beschwörend auf den alten Mann einsprachen.

»Komm doch wenigstens rüber zu uns, Albert. Mir reicht det Sofa. Ick bezieh dir mein Bett«, schlug Oma Köster vor, die erst vor ein paar Tagen nach ihrer Gallenoperation aus dem Krankenhaus entlassen worden war.

Auf dem eingefallenen, blassen Gesicht des Alten lag ein dankbares Lächeln. »Laß ma, Hedwich! Is lieb jemeint«, flüsterte er mit schwacher Stimme.

Oma Köster wandte sich ratlos um und sagte: »Warum bist du bloß so dickköppich, Albert? Sigi, red du mal mit deinem Jroßvater. Vielleicht hört er auf dich.«

Vorsichtig nahm Sigi auf der Bettkante Platz und griff nach der Hand des alten Mannes. »Bei uns haste es doch viel besser, Opa. Oma hat dich immer in der Optik, und det Zimmer is auch viel jrößer als deine Wabe hier.«

Opa Kauls Augen waren zur Zimmerdecke gerichtet. »Im U-Boot war et noch viel enger. Und so 'ne Koje hatte nich mal der Kaleu«, flüsterte Opa Kaul.

Langsam bewegte er den Kopf hin und her und sagte:

»Nee, det mit den Treppen zu euch – ick gloobe, det schaff ick nich mehr.«

Sigi erhob sich, warf ihrem Großvater einen besorgten Blick zu und zog dann Oma Köster zur Seite. »Ick gloobe, Opa macht et nich mehr lange.«

Oma Köster sah ihre Enkeltochter strafend an. »Mußt du immer so roh sein? Wir müssen wat unternehmen. Der Dokter muß her.«

»Schon passiert! Wat gloobst du, wat ick vorhin jemacht habe«, erwiderte Sigi mit leisem Stolz über ihre Umsicht.

Schweigend standen die beiden Frauen am Fußende des Bettes und beobachteten den Alten, der jetzt mit geschlossenen Augen dalag und kaum noch zu atmen schien.

Als draußen an der Etagentür kurz geklingelt wurde, nutzte Sigi sofort die Gelegenheit, sich für einen kurzen Augenblick der beklemmenden Situation zu entziehen. Sie ließ Dr. Brockmann eintreten, der sich leise dem Bett näherte und über seinen Patienten beugte.

Opa Kaul schlug die Augen auf, erkannte lächelnd den Arzt und zeigte mit einer schwachen, fahrigen Handbewegung auf sein kleines Reich. »Logis appellfähich, Herr Dokter«, sagte er. »Aber ick brauche keen Dokter mehr.«

Der ausgemergelte Arm fiel zurück auf die Bettdecke, die er noch einmal mit einer behutsamen, fast zärtlichen Geste glatt strich.

Brockmann fühlte den Puls, der bereits sehr schwach war. »Ihr von der Marine seid doch zäh«, meinte Brockmann, und seine Stimme klang plötzlich ganz sanft. »Und Sie als Obermaat ...«

Opa Kaul machte einen Versuch, sich aufzurichten. »Nee, es is soweit. War allet in allen jar nicht so schlecht.

Nach de Azor'n wollt ick immer noch mal. Aber na ja, wat nich is. Dafür hat mir der Herrjott denn in't Lotto jewinn' lassen.«

Erschöpft sank er in die Kissen zurück, und Sigi warf ihrer Großmutter, die tapfer gegen die Tränen ankämpfte, einen fragenden Blick zu. Aber Oma Köster schüttelte den Kopf und gab ihrer Enkeltochter damit zu verstehen, daß der Sterbende phantasierte.

»Ja, die Azor'n – die kenn ick bloß durch det Sehrohr. 'ne Unmenge Hortensien soll et da jeben. Die sind bei mir uff'm Fensterbrett immer nich jeworden«, flüsterte Opa Kaul, und nach einer kurzen Pause fügte er kaum hörbar hinzu: »Zu ville Schatten hier.«

Rasselnd atmete er noch einmal aus, dann blieb der Mund geöffnet, so als wolle er noch etwas sagen.

Ängstlich trat Sigi neben das Bett, berührte mit den Fingerspitzen die Hand des alten Mannes, die auf der Bettdecke lag. »Opa?« sagte sie leise. Doch Opa Kaul antwortete nicht mehr.

Dr. Brockmann legte die Spritze zur Seite, die er soeben seiner Tasche entnommen hatte, griff nach dem Arm des alten Mannes, suchte den Puls und konnte nur noch den Tod feststellen. Ein paar Sekunden lang stand er mit gesenktem Kopf an dem Sterbebett und ahnte, daß er Opa Kaul, diesen liebenswerten Sonderling, vermissen würde. Dann wandte er sich den beiden Frauen zu.

Oma Köster stützte sich mit der Rechten auf dem Fußteil des Bettes ab, zog mit der Linken ein Taschentuch aus der Kittelschürze und weinte leise vor sich hin.

»Nu heul ma nich. Hat ihm jefallen, alles in allem. Habt ihr doch jehört. Kann nich jeder von sich sagen«, sagte Brockmann tröstend und legte seinen Arm um Oma Kösters Schultern.

Sie schniefte und befreite sich aus der Umarmung.

»Danke, Herr Dokter. Lassen Se man. Ick hab mir jleich wieder«, sagte sie. Sie hatte in ihrem schweren Leben manche Menschen sterben sehen und begriff, daß Opa Kaul mit seinem sanften Tod eine Gnade widerfahren war.

Sigi aber konnte nicht verstehen, was da soeben passiert war. Hilflos stand sie in dem kleinen Zimmer, schlug die Hände vor das Gesicht und schluchzte laut auf. Dr. Brockmann führte sie behutsam zu einem Stuhl und meinte: »Im Sitzen heult sich's besser.«

Durch einen Schleier von Tränen schaute das Mädchen zu dem Doktor auf und stammelte: »Wie is denn sowat möglich? Opa war doch so jut wie nie krank. Der kann doch nich so einfach ...«

»Kein Altersheim, kein Krankenhaus – einfach zu Hause einschlafen – is das nich schön?« sagte Brockmann.

Sigi schüttelte trotzig den Kopf. »Nee, schön is wat anderes«, meinte sie und wischte sich mit dem Handrükken die Tränen ab.

Oma Köster, die jetzt wieder einen gefaßten Eindruck machte, legte ihre Hand auf Sigis Schultern. »Der Dokter hat recht.«

Sie warf einen nachdenklichen Blick auf den Toten. »War'n anständiger Kerl, der Albert. Seinem Sohn hab ick meine Tochter bloß seinetwegen jejeben, weil ick dachte: Vielleicht wird er doch mal so wie sein Vater.«

Dr. Brockmann nahm Oma Köster zur Seite . »Es gibt jetzt noch ein paar Dinge zu bedenken. Ihr Schwiegersohn und Ihre Tochter in Westdeutschland müssen benachrichtigt werden.«

Oma Köster nickte, und Sigi schluchzte erneut laut auf. Sie erhob sich von ihrem Stuhl, stand fröstelnd neben dem Bett, bis Brockmann sie behutsam in den Arm nahm und im Tonfall eines Wiegenliedes zu ihr sagte: »Nu weene man nich, nu weene man nich, im Ofen steh'n Klöße, die siehste bloß nich.«

Ein kleines Lächeln huschte über Sigis verweintes Gesicht. »So'n Quatsch«, sagte sie leise.

Als Dr. Brockmann aus Opa Kauls Sterbezimmer in seine Praxis zurückkehrte, fand er in der Anmeldung eine aufgeregte junge Frau vor, die ein schreiendes Kind auf dem Arm hielt. Vergeblich hatte Gabi versucht, die aufgebrachte Frau zu beschwichtigen und das weinende Kind zu trösten.

»Ick kann mir det nich erklären, Herr Dokter, stopft die sich einfach 'ne Perle in die Neese. So wat hat unsere Carmen noch nie jemacht«, berichtete die Mutter.

Das Gesicht des kleinen Mädchens war vom Weinen bereits gerötet und geschwollen. Brockmann führte die Frau und die kleine Patientin in das Behandlungszimmer, aber als er sich über Carmen beugte, um den Fall genauer zu untersuchen, begann das Kind erneut laut zu brüllen und stieß den Arzt mit den geballten Händchen fort.

»Sie war mit zwei in't Krankenhaus wejen 'ne Gehirnerschütterung. Seitdem schreit sie, wenn sie nur 'nen weißen Kittel sieht«, sagte die völlig verstörte Frau achselzuckend, so als müsse sie sich für das Verhalten ihres Töchterchens entschuldigen.

Mit Kennerblick erkannte Dr. Brockmann, daß es sich hier um einen typischen Fall für Schwester Edeltraut handelte, und bat Gabi, die bewährte Mitarbeiterin zu holen. Inzwischen zog er seinen Kittel aus, der das Mädchen sichtlich in Angst und Schrecken versetzt hatte. Schwester Edeltraut entpuppte sich als eine Handpuppe mit freundlichem rosigem Holzgesicht und einem

Schwesternhäubchen auf dem Kopf, die schon manches ängstliche Kinderherz beruhigt und getröstet hatte.

»Nu steh mir aber nicht bei der Arbeit im Weg«, ermahnte Dr. Brockmann die Puppe, die er über die rechte Hand gestülpt und vor Carmens Gesicht hin und her tanzen ließ.

Jetzt schlüpfte der Doktor in die Rolle der energischen Schwester Edeltraut und ließ sie mit näselnder Stimme sprechen: »Quatschen Sie mal nicht andauernd dazwischen, Herr Dokter. Ick will mir nur mal Carmens Neese ansehen.«

Ein glückliches Lächeln huschte über das verweinte Kindergesicht, und blitzschnell erkannte Dr. Brockmann, daß die kleine Glasperle tief im linken Nasenloch saß.

»Nu paß mal auf, Carmen«, sagte die Puppe. »Wetten, du kannst dir nicht den Mund zuhalten und durch die Nase pusten.«

Brockmann hielt Schwester Edeltraut mit der linken Hand den Mund zu und machte ein schnaufendes Geräusch.

»Doch, det kann ick«, behauptete Carmen.

»Zeigen! Bitte vormachen!« rief Schwester Edeltraut.

Das Kind preßte die flache Hand gegen den Mund und stieß die Luft durch die Nase aus, so daß Schwester Edeltraut völlig aus dem Häuschen geriet.

»Donnerwetter, Donnerwetter«, rief die Puppe anerkennend. »Kannste dir dabei jetzt auch noch das eine Nasenloch zuhalten und dann noch mal durch die Nase pusten?«

Carmen nickte und hielt sich gleichzeitig Mund und rechtes Nasenloch zu. Sie pustete mit ganzer Kraft. »Bravo, bravo«, rief Schwester Edeltraut. »Det machst du prima.«

»Pling«, machte die Glaskugel und flog in hohem Bogen in die Metallschale, die Brockmann dem Mädchen schnell unter die Nase gehalten hatte.

Genau in diesem Augenblick klingelte draußen in der Anmeldung das Telefon. Bea Knapp bat darum, den Doktor in einer äußerst wichtigen Angelegenheit sprechen zu dürfen. Und wieder einmal bereitete es Gabi eine gewisse Genugtuung, Bea mit gespielter Freundlichkeit eröffnen zu können: »Das geht im Augenblick schlecht. Der Doktor macht gerade einen sehr komplizierten Eingriff. Ich sage ihm, daß Sie angerufen haben.«

Erst als sich die kleine Carmen, die die Perle als Souvenir mitnehmen durfte, gebührend von Schwester Edeltraut verabschiedet hatte, fand Dr. Brockmann Zeit, Bea anzurufen.

»Du erinnerst dich doch noch an diese Idee mit Ibiza. Also, das ist jetzt konkret geworden«, berichtete Bea. »Es sind da kurzfristig noch ein paar ganz billige Flüge frei. Wir müßten uns nur schnell entscheiden.«

»Wir? Was heißt wir?« erkundigte sich Dr. Brockmann gereizt.

»Na ja, die ganze Tennisclique und du natürlich auch. Wie gesagt, man muß nur schnell zugreifen.«

»Na dann greif mal, Mädel. Jute Reise«, sagte Brockmann verärgert und betroffen und hatte plötzlich den Eindruck, Bea telefoniere aus einem Ort, der ganz weit von Berlin und dem Bülowbogen entfernt lag.

Einen Augenblick lang hörte er nur das Rauschen in der Leitung, dann meldete sich Bea wieder. »Peter, du willst mich ins Unrecht setzen. Das lasse ich mir nicht gefallen«, protestierte sie.

»Ich finde solche Spielchen haben wir beide nicht nötig. Wenn du eifersüchtig bist, dann sag's, dann blas ich die Sache ab. So wichtig ist mir das auch wieder nicht.«

Brockmann lachte gequält. »Ick und eifersüchtig? Soll ick dir mal sagen, wie alt ick bin? Nee, is wirklich in Ordnung so. Flieg mal.«

Noch einmal machte Bea Anstalten, die verfahrene Situation zu retten. »Kommst du heute abend in die Klause? Dann können wir alles noch einmal besprechen.«

»Nee, ick hab keine Zeit«, behauptete Brockmann kühl.

Bea hängte ein. »Trottel«, murmelte sie und hatte Mühe, ihre Tränen zu unterdrücken.

Erschöpft von einem langen, anstrengenden Tag, der für ihn kein guter gewesen war, ging Dr. Brockmann auf sein Häuschen am See zu und stieß vor der Tür mit seiner Schwiegermutter zusammen, die eine prall gefüllte Plastiktüte hinter ihrem Rücken verbarg.

»Guten Abend, Peter«, sagte sie freundlich und versuchte, ihr schlechtes Gewissen durch ein burschikoses Auftreten zu vertuschen. »Ich habe nur ein bißchen Ordnung in deiner Räuberhöhle gemacht.«

Brockmann versuchte, einen Blick auf die Plastiktüte zu werfen, und erkundigte sich: »Hast du mir wieder was weggeräumt?«

»Ich doch nicht«, behauptete die alte Dame, und um von dem Thema abzulenken, stellte sie fest: »Du siehst blaß aus. Dir geht's nicht gut, nicht wahr?«

»Stimmt«, gab Brockmann leise zu. »Ich werd jetzt mit dem Kahn 'ne Runde auf dem See machen, dann geht es mir bestimmt wieder besser.«

»Tu das«, rief ihm Anna Maerker zu und trat rücklings den Weg zur Villa an. Erst nach ein paar Schritten drehte sie sich um und lief mit erstaunlicher Behendigkeit über den Rasen zum Haus.

Brockmann schlenderte zu dem Bootsanleger und

stellte verstimmt fest, daß sein Kahn verschwunden war. Am Ende des Bootssteges hockte der kleine Florian, sah mit ernstem, verschlossenem Gesicht auf den See und hielt eine Nylonschnur ins Wasser.

Brockmann trat auf den Jungen zu. »Petri Heil«, sagte er.

»Petri Dank«, erwiderte Florian.

»Weißt du, wer mit dem Kahn unterwegs ist?«

Florian zuckte mit den Schultern und schwieg. »Nach der Flappe zu urteilen, die du ziehst, deine Cousins. Und die haben dich nicht mitgenommen«, vermutete Brockmann und nahm neben dem kleinen Jungen auf dem Anleger Platz.

Florian schüttelte den Kopf.

»Du, mit den Würmern, die ick dir aus der Nase zieh'n muß, kannste 'ne janze Woche angeln. Also wer hat den Kahn?«

Ohne Brockmann anzuschauen, antwortete das Kind traurig: »Mama und Olaf. Aber die haben mich auch nicht mitgenommen.«

»Und wer ist Olaf?«

»Einer, der mit Mama Kahn fährt«, antwortete das Kind.

»Aha«, sagte Brockmann. Wer immer auch dieser Olaf war, fest stand, daß Florian ihn nicht leiden konnte.

Peter Brockmann blickte über den See und erkannte jetzt seinen Kahn, der langsam Kurs auf den Bootssteg nahm. Der Mann, der mit Regine im Boot saß, schien das Rudern nicht gewöhnt zu sein. Vor allem beim Anlegen gab es einige Schwierigkeiten, so daß Brockmann helfend einspringen mußte.

»Da haste aber Glück, daß der Dampfer rechtzeitig hier ist. Fünf Minuten später, und du wärst die längste

Zeit meine Lieblingsnichte gewesen«, rief Brockmann Regine zu.

Sie merkte, daß der Vorwurf nicht ernst gemeint war, tippte sich mit zwei Fingern gegen die Stirn und meldete lachend: »Klar bei Vorleine.«

Umständlich kletterte der Begleiter an Land und half dann Regine beim Aussteigen, wobei sie, wie beabsichtigt, stolperte, so daß er sie auffangen mußte. Ein paar Sekunden lang verharrten die beiden in zärtlicher Umarmung, und das Gesicht des kleinen Florian, der die Szene genau verfolgt hatte, verfinsterte sich.

Seine Mutter richtete sich auf und stellte Brockmann ihren etwas linkisch wirkenden Begleiter vor: »Das ist Dr. Olaf Ladewig, wissenschaftlicher Mitarbeiter am Ethnologischen Institut, wo er mir bei meinen Studien hilfreich zur Seite steht.«

»Und nicht nur bei den Studien, wie man sieht«, stellte Dr. Brockmann amüsiert fest.

Olaf Ladewig ging vor Florian in die Hocke und erkundigte sich: »Na, hast du etwas gefangen?«

Der Junge musterte den Freund seiner Mutter feindselig und schüttelte stumm den Kopf.

»Kannst du nicht antworten, wenn man dich fragt, Flo?« sagte Regine vorwurfsvoll. Brockmann legte in einem Anflug von Mitleid seine Hand auf die Schulter des Jungen und lud ihn spontan zu einer Kahnfahrt ein. Er erntete dafür einen dankbaren Blick aus blauen Kinderaugen.

Die Abenddämmerung senkte sich bereits über den See, als Peter Brockmann nach einer ausgedehnten Bootsfahrt mit langen, kräftigen Schlägen zu dem Anleger zurückruderte. Florian beugte sich über den Rand des Kahns, ließ einen Ast durch das Wasser gleiten und fragte ganz unvermittelt: »Wie funktioniert ein U-Boot?«

Brockmann schreckte aus seinen Gedanken auf und sah Flo entgeistert an.

»Wie ein U-Boot funktioniert! Weißt du das nicht?« beharrte der Junge.

»Doch, doch«, beteuerte Dr. Brockmann. »Es ist nur komisch. Ich hab nämlich gerade an jemanden gedacht, der in einem U-Boot gefahren ist.«

»Kennst du den?« fragte Florian interessiert.

»Ich kannte ihn«, sagte Brockmann traurig und fügte dann in sachlichem Tonfall hinzu: »Also, ein U-Boot ist meistens ein Kriegsschiff und deshalb nicht so 'ne anjenehme Sache.«

Er machte den Kahn am Anleger fest, schickte Florian zurück in die Villa und betrat das kleine Haus, in dem er es sich im Laufe der Jahre nach eigenem Geschmack behaglich gemacht hatte. Das warme Licht der Stehlampe verlieh dem Wohnzimmer mit seinen Holzwänden eine höhlenhafte Gemütlichkeit.

Brockmann öffnete die Tür zum Nebenzimmer – eine Art Rumpelkammer –, in der er all seine Schätze verwahrte, von denen er sich nicht trennen mochte: Berge von Schuhen, Hemden, Pullover, Zeitschriften, Bücher, Kisten und Kästen. Schmunzelnd nannte Brockmann diese Sammelleidenschaft sein ›Kriegskind-Syndrom‹ und behauptete steif und fest, alle Angehörigen seines Jahrganges hätten diesen Hortungsdrang, um für schlechte Zeiten gewappnet zu sein.

Systematisch suchte er die Regale nach einer blauen Strickjacke ab und konnte sie nicht finden. Zugegeben, sie war nicht mehr sehr modern, aber er liebte sie, weil sie bequem und warm war – kurz eine Jacke zum Darinwohnen.

Und während er, leise, vor sich hinfluchend, seine Schatzkammer durchstöberte, wurde in ihm der schreckliche Verdacht wach, seine Schwiegermutter könnte sich im Rahmen ihrer Aufräumungsarbeiten an dem guten Stück vergriffen haben.

Das mußte sofort geklärt werden und duldete keinen Aufschub. In böser Vorahnung verließ er die Hütte am See und strebte mit schnellen, energischen Schritten zu der hell erleuchteten Villa. In dem kleinen, mit zierlichen Stilmöbeln ausgestatteten Salon führte Anna Maerker eine hitzige Debatte mit ihrer Enkeltochter Annelie, bei der es – wie Brockmann sofort verstand – um eine Party ging, die Annelie am nächsten Sonnabend in dem Maerkischen Garten veranstalten wollte.

»Du, Schwiegermutter«, unterbrach Brockmann Anna Maerkers Ausführungen über die Schattenseiten derartiger Freiluftveranstaltungen, und die alte Dame seufzte laut. »Oje, wenn du Schwiegermutter zu mir sagst, hat das nichts Gutes zu bedeuten.«

»Ich vermisse eine blaue Strickjacke – ein fabelhaftes Ding, das ick sehr gerne trage«, sagte Brockmann anklagend.

Anna Maerker sah Brockmann mit sehr echt wirkender Überraschung an: »Falls du das verschossene Stück Wolle meinst, an dem sämtliche Knöpfe fehlen und bei dem die Ellenbogen dünn wie Seidenpapier sind, das habe ich tatsächlich in die Altkleidersammlung gegeben.«

Peter Brockmann rang nach Luft, sah Annelie, die laut kicherte, tadelnd an und wollte gerade seiner Empörung Luft machen, als Anna Maerker diplomatisch das Thema wechselte. »Annelie hat ein Anliegen. Sie möchte Sonnabend bei uns im Garten ein Fest geben. Georg und Rebekka sind an diesem Tage verreist. Wir brauchen also bloß noch dich rumzukriegen.«

»Nur ’ne ganz kleine Fete«, bettelte Annelie und schenkte ihrem Onkel ihr charmantestes Lächeln.

Auf Brockmanns Stirn hatte sich eine steile Zornesfalte gebildet. »Eure kleinen Feten kenn ick doch. 3000 halbnackte Wilde toben auf meinem Steg und in meinem Kahn rum, und meine Wochenendruhe ist im Eimer.«

»Es werden bestimmt nicht mehr als 14, höchstens 20«, beteuerte Annelie. »Warum machst du das nicht bei euch zu Hause? Ihr habt doch auch einen Garten«, wollte Brockmann wissen.

Seine Nichte zuckte mit den Schultern und winkte ab. »Du kennst doch Papa – Saalbach, der Stimmungskiller. Mit dem kannst du doch sowas nicht durchziehen.«

Das klang glaubhaft, und plötzlich erinnerte sich Brockmann wieder an seinen jungen Patienten Marc Zimmermann. »Du, Annelie, ich kenne da jemanden, einen sehr netten Jungen – neu in Berlin. Könnte der bei der Party mitmachen?«

Annelie hielt diese Frage für eine stillschweigende Zustimmung und meinte erfreut: »Na, logo.«

Annelie hatte es plötzlich sehr eilig, sich von ihrer Großmutter und von Brockmann zu verabschieden, denn im stillen befürchtete sie, ihr Onkel könnte sich die Sache doch noch anders überlegen. Der aber rief ihr nach: »Ich möchte aber nicht, daß während der Fete Alkohol getrunken wird.«

Unschlüssig stand das Mädchen in der geöffneten Tür und sagte verlegen: »Na klar, von mir aus auch 'ne Saftparty. Ich brauch das nicht, aber da sind welche dabei, die sind 18. Wenn da einer eine Flasche mitbringt, ich weiß nicht, verstehste?«

Und um das Verständnis ihres Onkels zu werben, fügte sie hinzu: »Wärst du mit 18 oder 19 auf 'ne Fete gegangen, bei der es keinen Alkohol gibt?«

»Mit 18 hab ick in Oranienburg in Flakstellung gesessen. Da war ick froh, wenn's heißen Tee gab.«

Einen Augenblick lang war Brockmann versucht, seiner Nichte zu erklären, warum Marc Zimmermann auch bei fröhlichen Partys auf Alkohol verzichten mußte. Aber dann dachte er daran, daß der junge Mann gesagt hatte: »Es ist mir lieber, wenn die anderen nichts von meiner Zuckerkrankheit wissen.« Und so schwieg er.

Annelie versprach mit ernstem Gesicht: »Ich behalte das mit dem Alkohol im Griff. Ist doch Ehrensache.«

Lächelnd sah Dr. Brockmann dem Mädchen nach und nahm sich fest vor, Marc Zimmermann bei der nächsten Untersuchung mitzuteilen, daß er bei einer gewissen Annelie Saalbach zu einer Gartenparty eingeladen war. Er ahnte, daß es viel Überredungskunst kosten würde, den etwas schüchternen jungen Mann dazu zu bewegen, sein Schneckenhaus zu verlassen und die Einladung anzunehmen.

Seit gut 20 Minuten saß Sigi zusammengesunken, mit starrem Gesicht auf einem Stuhl im Wartezimmer, das sich auch an diesem Morgen rasch füllte. Als Dr. Brockmann endlich die Praxis betrat, bat sie höflich, aber bestimmt, sofort vorgelassen zu werden, und versprach Gabi: »Es dauert ooch nich lang.« Gabi Köhler spürte, daß sie etwas sehr Ernstes auf dem Herzen hatte.

Nun saß Sigi im Sprechzimmer dem Arzt gegenüber und wirkte trotz ihres starken Make-ups angegriffen und müde. »Det Wartezimmer is voll, ick will Sie nich aufhalten«, sagte sie mit stockender Stimme.

»Denn mach's kurz«, forderte Brockmann Sigi auf.

Sie starrte auf ihre Hände, und dann brach aus ihr hervor, was sich in den letzten Stunden in ihr angestaut hatte: »Opa war Millionär. Papa hat jeerbt und hat sich sofort 'n Porsche jekooft. Ende der Durchsage.« Sie biß sich auf die Unterlippe, senkte den Kopf und kämpfte gegen die Tränen an.

»'n bißchen ausführlicher darf's schon sein«, meinte Brockmann.

»Det wat Opa, kurz bevor er...« sie mochte das Wort ›sterben‹ nicht aussprechen und fuhr unvermittelt fort: »Also, det hat jestimmt, wat er da jesagt hat vom Lottojewinn. Dreimal Hauptjewinn auf dieselben Zahlen.«

»Und das hat keiner von euch gewußt?« fragte Brockmann erstaunt.

Sigi schüttelte den Kopf und fuhr sich mit dem Handrücken über die Augen. »Nee, er hat es janz für sich behalten. Vielleicht hat er Angst jehabt, Papa knöppt ihm das Jeld ab. Jedenfalls hat er sich zwee olle Mietshäuser gekauft.«

Sie starrte schweigend vor sich hin und fuhr dann wütend fort: »Warum hat sich Opa nicht mit den vielen Kohlen 'nen schönen Lenz jemacht?«

»Manche Menschen können das nicht. So was muß man auch lernen«, gab Brockmann zu bedenken.

»Nee, det kann jeder. Ick könnt's auch. Jeld ausjeben – det bräuchte mir keener lernen«, behauptete Sigi trotzig.

»Wir hatten von leben gesprochen, nicht vom Geldausgeben.«

»Det is doch detselbe«, meinte Sigi. »Ohne Jeldausjeben kann man nicht leben.«

Dr. Brockmann mußte erkennen, daß Sigi ihn nicht verstehen konnte. »Na ja, nu habt ihr ja Jeld«, sagte er.

»Wir? Mein Vater?. Der hat doch jeerbt«, erklärte Sigi voller Empörung. Ihr hübsches Gesicht verzerrte sich. Sie beugte sich nach vorne: »Wissen Sie, daß ick meine Eltern praktisch überhaupt nicht kenne? Als Kind ham se mich bei Oma abjelegt. Drüben in Westdeutschland det jroße Jeld machen, ja, det wollten se. Pleite ham se jemacht. Mit drei Kneipen hintereinander. Meine Mama, det is doch Oma. Und wissen Se, wat mein Oller mit der jeerbten Kohle macht? Glooben Sie, der sagt als erstet ›Hier, Schwiegermutter, hast ’n paar Tausender dafür, daß du dich um Sigi gekümmert hast?‹ Nee! ’n Porsche hat er sich jekooft als erstet. Und jetzt sind se unterwegs hierher. Absahnen. Aber wat ick dem erzähle, det weeß ick schon.«

Beschwichtigend legte Dr. Brockmann seine Hand auf Sigis Arm. »Oma und du, wenn ihr mich braucht, denn rufste an, hörste? Auch bei mir zu Hause. Und wenn’s janich mehr weitergeht, dann kommste.«

Sigi gab Dr. Brockmann die Hand und sah ihn voller Dankbarkeit an, und dieser Blick war nicht mehr der einer flapsigen Göre, sondern der einer reifen Frau, so daß sich Brockmann auf merkwürdige Weise irritiert fühlte.

Während des ganzen Tages hatte Dr. Brockmann an die Unterredung mit Sigi denken müssen, und die Vorstellung, daß Opa Kaul, der so bescheiden in seiner winzigen Kajüte gehaust hatte, ein Millionär gewesen war, ließ ihn bis zum Abend nicht mehr los. Immer hatte er sich eingebildet, alle seine treuen Patienten genau zu kennen. Und nun war ihm klargemacht worden, wie wenig er mitunter von ihnen wußte; daß sie ihre großen und kleinen Geheimnisse mit sich herumtrugen, die sie auch ihrem Arzt nicht offenbarten.

Nachdenklich stieg Brockmann vor der Maerkerschen Villa aus seinem Auto und erlebte noch mit, wie sich Regine und ihr Freund Olaf in der geöffneten Tür von dem kleinen Florian verabschiedeten.

»Wann kommst du wieder, Mama?« fragte Florian ängstlich.

Olaf, der sich angestrengt bemühte, die Sympathien des Kleinen zu erobern, ging umständlich vor ihm in die Knie und erklärte ihm: »Wir gehen ins Kino, dann trinken wir noch ein Glas Wein, und danach bringe ich Regine wieder nach Hause.«

Feindselig wandte sich Florian von Olaf ab. Der packte den Jungen an den Schultern und drehte ihn zu sich. »Einverstanden, Flo?«

Mit einem Ruck befreite sich der Junge aus dem Griff und behauptete: »Ich bin doch kein Baby mehr.«

Regine sah ihren kleinen Sohn hilflos an. »Mensch, Flo, nun zieh nicht so 'ne Flappe. Ich bin doch schon öfter ins Kino gegangen.«

Dr. Brockmann trat auf Florian zu, legte beschützend seinen Arm um das Kind und versprach ihm mit warmer Stimme: »Wenn du im Bett liegst, lese ich dir noch was vor.«

»Au ja, fein«, sagte Florian freudestrahlend, und Brockmann spürte, wie sich eine kleine Kinderhand vertrauensvoll in seine Rechte schob. Ohne Regine und ihren Freund eines Blickes zu würdigen, ging Florian dann ins Haus zurück.

Nachdem Peter Brockmann in seinem Haus am See einen kleinen Imbiß aus dem Kühlschrank zu sich genommen hatte, machte er sich auf den Weg zur Villa, um sein Versprechen einzulösen.

Auf Zehenspitzen betrat er Florians Zimmer in der Dachetage, das mit viel Geschmack eingerichtet worden war. Das Muster der blaugeblümten Tapeten kehrte in den bodenlangen Vorhängen wieder. In den Regalen stapelte sich das Spielzeug. Auf dem Bett hockten unzählige Stofftiere und blickten aus starren Glasaugen auf Florian, der frisch gewaschen in den Kissen lag. Er hielt das aufgeschlagene Buch in der Hand, aus dem ihm Brockmann vorlesen sollte.

Doch bevor er mit der Lektüre beginnen konnte, verwickelte ihn das Kind in eine philosophische Unterhaltung über die Liebe. Ob er auch jemanden liebhabe, wollte Flo von seinem Onkel wissen. Und der anwortete: »Ja, natürlich.«

»Und liebt die, die du liebhast, auch noch einen anderen?«

»Na ja, nee, ick hoffe nich«, erwiderte Brockmann verstört.

»Siehste, aber meine Mama, die Regine...«

»Moment mal«, unterbrach Brockmann den Kleinen. »Das ist was ganz anderes.«

Florian richtet sich im Bett auf, blätterte in dem Buch, bis er die richtige Stelle gefunden hatte. »Hier, das ist, wo Tom Sawyer und Huck in die Kirche kommen und ihre eigene Grabrede hören. Das sollst du mir vorlesen.«

»Ihre wat? Ihre Grabrede?« fragte Brockmann betroffen.

Florian nickte eifrig: »Die sind ja mit dem Floß abgehauen. Und nun denken alle, sie sind ertrunken, Tom und Huck, weißte.«

»Ja, ja, ick erinnere mich dunkel«, gab Dr. Brockmann zu, nachdem er die Seite überflogen hatte.

Florian schien ganz in dieser Geschichte versunken zu sein. »Und jetzt hält der Pfarrer 'ne Rede, wie lieb sie waren. Und vorher hat er sie überhaupt nicht lieb gefunden. Aber sie sind ja überhaupt nicht tot. Sie sind in die Kirche geschlichen und hören sich das an.«

Er deutete mit dem Zeigefinger auf eine bestimmte Stelle im Buch und sagte sehr bestimmt: »Hier!«

Dann legte er sich mit aufmerksamen, großen Augen zurück ins Bett.

Brockmann las: »Tante Polly, Mary und die Harpers stürzten sich auf die Auferstandenen, erstickten sie fast unter Küssen und ließen ihren Dankesausbrüchen freien Lauf, während der arme Huck verlegen und verwirrt daneben stand. Er wollte sich schon davonschleichen, da packte ihn Tom und sagte: ›Tante Polly, das ist doch nicht richtig. Jemand muß sich auch freuen, daß er Huck wiedersieht.‹

›Das soll gewiß jemand! Ich freue mich, daß ich ihn wiedersehe, das arme mutterlose Kerlchen.‹«

Brockmann hielt inne und warf dem still daliegenden Florian einen besorgten Blick zu. »Wollen wir nicht 'ne andere Stelle vorlesen?« schlug er zaghaft vor.

Florian schüttelte energisch den Kopf. »Nee! Da weiter. Das arme mutterlose Kerlchen.«

Zögernd nur setzte Brockmann die Lektüre mit gedämpfter Stimme fort, bis der Kleine endlich eingeschlafen war. Behutsam deckte er ihn zu, bevor er das Licht löschte und sich aus dem Zimmer schlich.

Am nächsten Morgen äußerte Anna Maerker beim gemeinsamen Frühstück mit ihrem Schwiegersohn erneut den Wunsch, in die Stadt mitgenommen zu werden. Und wieder bestand sie zu Brockmanns Verwunderung darauf, an einer U-Bahn-Station abgesetzt zu werden.

Als Brockmann seinen Wagen über die kiesbestreute Auffahrt zu dem großen Gartentor lenkte, bog ein nicht mehr ganz neuer Sportwagen mit überhöhter Geschwindigkeit auf das Grundstück ein.

»Kommen Regine und ihr Freund jetzt erst nach Hause?« fragte Dr. Brockmann erstaunt.

Anna Maerker, die neben ihm saß, nickte. »Regine hat mich gegen Mitternacht angerufen. Die beiden haben sich wohl verplaudert. Und weil sie was getrunken haben, hat sie bei ihm übernachtet.«

Sie musterte ihren Schwiegersohn spöttisch lächelnd. »Findest du das falsch?«

»Grundsätzlich überhaupt nicht«, meinte Brockmann und fädelte sich in die Autobahnauffahrt und dann in den fließenden Verkehr der Autos ein. »Ick find's schön für Regine, daß sie jemanden gefunden hat. Was hat Florian denn heute morgen gesagt?«

Der Junge sei über die Abwesenheit seiner Mutter nicht gerade begeistert gewesen, mußte Anna Maerker zugeben.

»Und das ist der Haken. Ich find's auch richtig, daß Florian mit der Tatsache konfrontiert wird: Seine Mutter hat einen Freund. Bloß die Art und Weise, wie Regine das macht... Da muß man vielleicht mal drüber reden. So jedenfalls ist das Ganze für Florian nicht sehr übersichtlich«, gab Brockmann zu bedenken.

»Dann red du mal mit ihr«, schlug Anna Maerker vor. »Mit unübersichtlichen menschlichen Beziehungen hast du ja Erfahrung.«

Brockmann warf der alten Dame einen entrüsteten Seitenblick zu und wollte gerade gegen diese Unterstellung laut protestieren, da wurde seine Aufmerksamkeit durch das zuckende Blaulicht eines Polizeiwagens abgelenkt, der am Rand der Fahrbahn stand. Ein Polizist hob warnend die Kelle und forderte so die Verkehrsteilnehmer auf, ihre Fahrt zu verlangsamen. Brockmann trat auf die Bremse.

Im Schrittempo passierte er die Unfallstelle. Er sah einen völlig zerbeulten Porsche, der sich überschlagen hatte und jetzt auf dem Verdeck lag. Polizisten und Feuerwehrleute umringten das Fahrzeug und bemühten sich um die Insassen. Ganz in der Nähe stand ein Notarztwagen.

Im Vorbeifahren wurde in Brockmann für einen Augenblick ein absurder Verdacht wach. Hatte Sigi nicht davon gesprochen, daß sich ihr Vater von dem Erbe sofort einen Porsche gekauft hatte und damit in Richtung Berlin unterwegs war? Er verdrängte diesen Gedanken gleich wieder, denn schließlich gab es Tausende von Wagen dieses Typs. Nach ein paar Minuten hatte er die Szene wieder vergessen.

Vor der U-Bahn-Station setzte er Anna Maerker ab. Ratlos blickte sich die alte Dame um, die wieder eine prall gefüllte Plastiktüte bei sich trug, und strebte dann mit schnellen Schritten dem Bahnhof zu.

Nach ein paar Minuten sah sie sich noch einmal um, winkte ihrem Schwiegersohn zu, bevor sie völlig verschwand.

Auch an diesem Vormittag stieg Anna Maerker auf der Station ›Gleisdreieck‹ aus, stand einen Augenblick einsam auf dem verwaisten Bahnhof und sah sich suchend um. Lautlos trat Igor, der die Einfahrt des Zuges von einem sicheren Versteck hinter einem Automaten beobachtet hatte, auf die alte Dame zu, so daß sie zusammenzuckte, als sie von Igor freundlich begrüßt wurde.

Erschrocken ließ Anna Maerker die Plastiktüte fallen, die durch die Wucht des Aufpralls platzte. Ein schwarzer Schuh mit weißer Kappe kullerte über den Bahnsteig.

»Igor, müssen Sie immer so schlagartig aus dem Nebel auftauchen?« tadelte Anna Maerker mit einer Strenge, die nicht besonders glaubhaft klang.

»Ich habe Sie doch nicht etwa erschreckt?« fragte Gleisdreieck und senkte beschämt den Kopf. »Det war nich meine Absicht jewesen«, beteuerte der Stadtstreicher.

»Ich habe nu mal so wat Plötzliches an mir.«

»Und meine Überraschung haben Sie mir auch noch verdorben«, beklagte sich Anne Maerker und zeigte auf den Schuh.

»Den hab ick ja nich jesehen«, behauptete Gleisdreieck verschmitzt lächelnd. »Obwohl er mir jefällt.«

»Es gibt zwei davon, und eine blaue Strickjacke dazu.« Gleisdreieck gab sich überrascht. »Ooch det noch.«

Sie schlenderten Igors Paradies entgegen und erreichten bald das verwilderte Gelände in der Nähe des Bahnhofs ›Gleisdreieck‹.

Vor einer aus Brettern, Wellblech und Abbruchfenstern zusammengezimmerten Baracke, die Gleisdreieck hochtrabend ›Stützpunkt Nummer eins‹ nannte, hatte er auf einer zum Gartentisch umfunktionierten Kabelrolle liebevoll eine Kaffeetafel für zwei Personen gedeckt.

Höflich bot er Anna einen Stuhl an, lief dann aufgeregt zu einer hölzernen Kiste, der er eine angeschlagene Kaffeekanne entnahm. Und während er den dampfenden Kaffee eingoß, erklärte er stolz: »Kochkiste, Baujahr 1942. Hält prima warm. So 'ne Kostbarkeiten liejen hier noch überall auf'm Jelände rum.«

Sichtlich gerührt bewunderte Anna Maerker die Wunderkiste. »Herrgott, ja, das gab's ja mal«, sagte sie nachdenklich. »Das hatte ich längst vergessen.«

Unter grünen Laubbäumen saßen Anna Maerker und Gleisdreieck wie ein friedliches, altes Paar, tranken Kaffee und hingen ihren Erinnerungen nach, bis Anna darauf bestand, daß Igor die Schuhe und die Jacke anprobierte. Er schlüpfte in die schwarz-weißen Slipper, machte ein paar vorsichtige Schritte und zog dann noch die blaue Strickjacke an. Mit schräg gelegtem Kopf bewunderte ihn Anna und fand, daß der Graf in Brockmanns alter Strickjacke eine fabelhafte Figur machte. Die altmodischen scharzen Schuhe mit den weißen Spitzen gaben ihm etwas Verwegenes.

»Eigentlich weiß ich gar nichts von Ihnen«, stellte Anna Maerker fest. »Erzählen Sie doch mal ein bißchen von sich.«

Gleisdreieck schaute gedankenverloren in die Weite

und schien keine große Neigung zu verspüren, über seine bewegte Vergangenheit zu reden. »Wissen Sie, Anna, unser Woher und unser Wohin, det is alles so flüchtich, stimmt's?« Anna verstand zwar nicht ganz, was Gleisdreieck damit meinte, aber sie fand, daß er recht hatte.

Gleisdreieck lehnte sich auf seinem Stuhl weit zurück und zitierte mit feierlicher Stimme: »Und uns bleibt nichts als mutig gefaßt die Zügel festzuhalten.

Vom Sturze hier, vom Steine da
die Räder wegzulenken.
Wohin es geht, wer weiß es;
erinnert er sich doch kaum,
woher er kam –

Egmont – leider etwas ungenau zitiert«, meinte Gleisdreieck und wirkte auf einmal richtig verlegen.

Über den Tisch hinweg griff Anna Maerker spontan nach seiner Hand und sagte: »Sie sind ein Philosoph, Igor. Das gefällt mir an Ihnen.«

Am Sonnabendvormittag hatte Dr. Brockmann einige Patienten einbestellt, deren Untersuchungen längere Zeit in Anspruch nahmen oder die während der Woche an ihren Arbeitsplätzen unabkömmlich waren, so daß sie dankbar die Chance nutzten, den Doktor auch am Wochenende konsultieren zu können. Und wieder einmal hatte sich Gabi mit großer Selbstverständlichkeit bereit erklärt, ihm dabei zur Hand zu gehen.

Als der letzte Patient gegangen war, verschloß Gabi Köhler ihren Schreibtisch und den Karteischrank und zog dann ihren weißen Kittel aus. Brockmann lehnte in der Tür zu seinem Behandlungszimmer und beobachtete sie aufmerksam. »Hübsches Kleid haste da an.«

»Danke«, erwiderte Gabi amüsiert und geschmeichelt.

Dr. Brockmann seufzte laut und sagte nachdenklich: »Ja, wat macht man nu mit so'm angebrochenen Tag?«

Gabi, die nie um einen guten Ratschlag verlegen war, schlug ihm vor, sich dem Garten hinter der Maerkerschen Villa zu widmen oder sich ein bißchen von Bea Knapp verwöhnen zu lassen.

Die letzte Anspielung überhörte Brockmann, und was die Gartenarbeit betraf, so meinte er: »Annelie gibt heute im Garten ein Fest. Da stör ick bloß.«

Unschlüssig stand er in der Anmeldung herum, bis er einen Vorschlag machte, über den er bereits seit Minuten nachgedacht hatte, von dem er aber dennoch hoffte, er höre sich wie ein ganz spontaner Einfall an: »Du, wir haben doch noch 'ne ganze Menge Konserven hinten in der Küche. Und Wein ist auch da. Wir könnten uns einen kleinen Imbiß zaubern.«

Er sah sie fragend an und merkte sofort, daß er sie gekränkt hatte. »Weißte, Peter, ick finde das nich besonders attraktiv, daß es bei mir immer ans Einjemachte jehen soll, wenn bei Bea die Küche kalt bleibt«, erklärte sie.

Dr. Brockmann erhob Protest, der allerdings nicht sehr überzeugend ausfiel. Gabi zeigte auf das Telefon. »Außerdem habe ich eben von diesem Apparat ein Privatgespräch geführt. Und in genau drei Minuten steht unten ein netter junger Mann, der mich zum Essen abholt.«

»So«, sagte Brockmann enttäuscht. Ein paar Sekunden lang konnte er seine kleine Eifersucht und Neugier unterdrücken. Dann erkundigte er sich: »Wer ist denn das?«

Sie sah ihn lange schweigend an, und er zuckte mit den Schultern. »Entschuldige, man kann ja mal fragen«, stammelte er verlegen.

Brockmann wirkte so hilflos und traurig, daß Gabi ganz gegen ihren Willen Mitleid mit ihm empfand und sich besorgt erkundigte: »Was ist denn mit Bea?«

Brockmann antwortete nicht.

»Rhythmusstörungen?« fragte Gabi.

Nach kurzem Zögern entschloß sich Brockmann, Gabi ins Vertrauen zu ziehen. »Bea will mit so 'ner Truppe aus ihrem Tennisclub nach Ibiza fliegen.«

»Na und? Du hast doch immer gesagt, ihr habt 'ne offene Beziehung.«

Brockmanns Gesicht verfinsterte sich.

»Verstehe, so offen nun auch wieder nicht – obwohl, das war doch damals das starke Argument, das für Bea sprach. Ick hatte ja mal die Kühnheit anzufragen, wie's mit Heiraten wär«, meinte Gabi ironisch.

»Bitte, Gabi«, rief Brockmann gequält.

»Ja, ick weiß. Lore! Das Phantom in Amerika, von dem du dich nicht scheiden lassen kannst.«

Nachdem sie ihrer Verärgerung Luft gemacht hatte, war es plötzlich wieder da – dieses warme Gefühl der Verbundenheit. Sie legte ihre Hand auf Brockmanns Arm und schlug ihm vor: »Weißt du was? Du machst dir jetzt selbst 'ne Büchse auf, trinkst 'n Schluck Wein, und dann legste dich hinten auf die Liege und machst 'n schönen Mittgsschlaf. Und anschließend gehste bei Bea vorbei und sagst ihr, daß 'ne kleine Beziehungspause euch gar nicht schaden kann. Und dann siehst du mal, wie sie darauf reagiert.«

Sie schaute auf die Armbanduhr und meinte: »Wenn ick Zeit hätte, würd' ick dir erklären, wie Frauen auf solche plötzlichen Erkenntnisse reagieren. Kurz jesagt: mißtrauisch. Und dann fährste nach Wannsee, und inzwischen ist Annelies Fest bestimmt zu Ende und du hast deine Ruhe.«

Sie stellte sich auf die Zehenspitzen, hauchte ihm einen Kuß auf die Wange und rauschte dann aus der Praxis – ihrem Rendezvous entgegen.

Mürrisch entschloß sich Brockmann, Gabis Ratschläge zu beherzigen.

Prüfend sah sich Annelie Saalbach noch einmal in dem gepflegten parkähnlichen Garten ihrer Großmutter um und war mit dem, was sie sah, mehr als zufrieden. Bunte Lampions, die wie Perlen aufgereiht zwischen den Bäumen hingen und sanft im lauen Sommerwind hin und her schwangen, warfen ein warmes Licht auf den kurzgeschorenen Rasen, auf dem mehrere junge Paare barfuß nach den Klängen eines Kassettenrekorders tanzten. Mitten unter den jungen Leuten standen engumschlungen Regine und Olaf, die sich kaum von der Stelle bewegten und die die Welt um sich herum vergessen zu haben schienen.

Das kalte Büfett, das Anna Maerker für die Gartenparty gestiftet hatte, reichte aus, um hundert Hungrige satt zu machen. Nur der Anblick der Bierkiste sowie der Wein- und Schnapsflaschen, die einige Gäste mitgebracht hatten, erfüllte Annelie mit Unbehagen.

Dennoch war sie fest dazu entschlossen, diesen Abend zu genießen. Sie drehte sich um, erkannte Marc Zimmermann, der sie aus der Ferne bewundernd beobachtete und ging lächelnd auf ihn zu. »Gefällt es dir bei uns?«

»Ja, klar. Ich find's okay«, antwortete Marc etwas befangen. Sie griff nach seiner Hand, zog ihn zum Rasen und schlug ihm vor: »Komm, tanz mal mit mir!«

Marc folgte ihr, aber im Gehen fiel sein Blick auf den hochaufgeschossenen jungen Mann, der ihn mißtrauisch musterte. »Ich glaube, dein Typ findet das nicht so gut«, sagte er zu Annelie.

»Mein Typ? Ach, du meinst Sebastian, meinen Tennispartner«, erwiderte Annelie. Mit Marc im Schlepptau steuerte sie auf Sebastian zu und machte die beiden miteinander bekannt. »Marc ist ein Bekannter von Onkel Peter – aus Lüneburg zugewandert.«

»Lüneburg? Heißes Pflaster, viel Heide, wa?« sagte Sebastian spöttisch.

Marc konterte: »Kalter Kaffee gegen hier. Wenn man bedenkt, daß die Leute bei uns noch glauben, die Erde ist 'ne Scheibe.«

Lässig hielt Sebastian Marc eine Bierflasche entgegen. »Na, denn Prost, alter Heidjer.«

Marc schüttelte den Kopf. »Danke, ich trinke keinen Alkohol«, sagte er bestimmt.

»Bier ist doch kein Alkohol«, warf Sebastian ein.

»Medizinisch schon«, meinte Marc Zimmermann und biß sich sofort auf die Unterlippe, weil er befürchtete, sich durch diese Bemerkung verraten zu haben.

Sebastian musterte den Jungen abfällig von Kopf bis Fuß. »Zukünftiger Landarzt, ja? Haarscharf am Numerus clausus vorbei.«

»Komm, wir tanzen«, schlug Annelie vor, die sich über Sebastians großspuriges Auftreten geärgert hatte, und zog Marc zu dem Rasenstück, das als Tanzfläche diente. Fast wäre sie dabei über Florian gestolpert, der verloren herumstand und sich nach der kleinen Rempelei mit Annelie sofort in die Dunkelheit des Parks zurückzog.

Annelie legte ihre nackten Arme um Marcs Hals, bewegte sich mit geschlossenen Augen nach den Klängen der Musik, bis Sebastian auf das Paar zutrat und Marc auffordernd zur Seite drängte. Achselzuckend gab der Annelie frei.

Und während Sebastian das Mädchen besitzergreifend an sich zog, zischelte er: »Du, was läuft hier eigentlich? Ich dachte, wir sind 'n bißchen mehr als Tennispartner.«

»Sind wir doch auch«, erklärte Annelie.

»Sieht nicht so aus.«

»Nur weil ich mal mit Marc tanze?« zischte Annelie unterdrückt. »Das ist hier 'ne Fete. Und zwar meine. Und da tanz ich mit wem ich will. Also mach bitte keinen Terror.«

Sebastian blieb stehen. »Was heißt hier Terror? Der kleine Lüneburger Antialkoholiker fängt an, mir auf die Nüsse zu gehen.«

Auf dem von Lampions erhellten Kiesweg rief plötzlich ein junger Mann laut: »Alle mal herhören. Männer vor! Damen natürlich auch. Die große Weinprobe. Eine Flasche ex! Hauptgewinn: Ein Riesenapplaus und eine Eintragung im Guinnessbuch der Rekorde.«

Mit seiner marktschreierischen Ankündigung zog der junge Mann die Aufmerksamkeit der Tanzenden auf sich. Annelie ließ Sebastian einfach stehen, lief auf den Gast zu und versuchte, ihm die Flaschen zu entwinden, die er lachend über seinen Kopf hielt. »Laß den Scheiß, Ulf. Das können wir hier nicht gebrauchen«, rief Annelie wütend.

Sebastian war ihr gefolgt und nahm jetzt eine der beiden Flaschen an sich. »Warum denn so spießig? Ich trete an«, verkündete er großspurig.

Er baute sich vor Marc auf, der sich bis dahin im Hintergrund gehalten hatte. »Na, wie ist es, Kumpel aus dem Reich des reinen Quellwassers?« sagte er provozierend und hielt ihm die Weinflasche vor die Nase.

Energisch ging Annelie dazwischen. »Laß das, Sebastian, du hast doch gehört, daß er keinen Alkohol trinkt, und ich finde das okay. Was soll das überhaupt?«

Sebastian brach in ein spöttisches Gelächter aus. »Kumpel, du hast 'ne Mama erobert, die für dich sorgt«, sagte er voller Verachtung zu Marc.

»Sebastian, wenn du den Mist nicht sofort läßt, kannst du die Kurve kratzen«, rief Annelie und warf ihrem

Freund einen vernichtenden Blick zu. Doch Sebastian ließ sich nicht mehr bremsen. »So'n echter Heidjer trinkt wohl nur Honigmilch.« Er kam ganz dicht auf Marc zu, so daß sich ihre Körper berührten. »Oder etwa doch nicht?«

Marcs Gesicht war wie versteinert. Blitzschnell entriß er Sebastian die Flasche und setzte sie unter dem Gejohle der übrigen Gäste an den Mund. Und mit triumphierendem Grinsen folgte Sebastian seinem Beispiel. Während die beiden jungen Männer mit zurückgelegten Köpfen die Flaschen leerten, klatschten die anderen Gäste, die die beiden Kontrahenten umringten, rhythmisch Beifall.

»Absoluter Gleichstand. Beide haben gewonnen«, schrie Ulf, der den verhängnisvollen Wettkampf erfunden hatte.

Marc ließ die leere Flasche fallen, warf Annelie einen traurigen Blick zu und flüsterte: »Tut mir leid. Ich habe nicht gewonnen. In deinen Augen hab ich wahrscheinlich sogar verloren.«

»Du kannst nichts dafür«, stellte das Mädchen fest. »Und ich möchte jetzt erst recht, daß du weiter mit mir tanzt.«

Schwankend folgte Marc ihr auf den Rasen, wo sie wieder ihre Arme um seinen Hals legte. Und während er die Wärme ihres Körpers spürte, begannen sich die bunten Lampions vor seinen Augen zu drehen.

Unten auf dem Bootssteg stand inzwischen einsam und verlassen der kleine Florian, starrte auf das Wasser, sah am anderen Ufer die funkelnden Lichter. Langsam zog er seinen Pullover über den Kopf, dann das Hemdchen, dann die Hose. Sorgfältig faltete er die Kleidungsstücke zusammen und legte sie auf den Anleger. Und während er fröstelnd in seinem Unterhemdchen dastand, trug der Sommerwind die Musik aus dem Park zu ihm herüber. »Are you lonely tonight...«

Nach einem langen, wohltuenden Mittagsschlaf, den er sich auf Gabis Anraten in der Wohnung hinter den Praxisräumen gegönnt hatte, fühlte sich Dr. Brockmann ausgeruht und gut gelaunt, so daß er spontan beschloß, noch einmal mit Bea über die geplante Ibiza-Reise zu reden. Längst war er zu der selbstkritischen Erkenntnis gekommen, daß er sich bei dem Telefonat mit seiner Freundin wie ein eifersüchtiger Trottel benommen hatte.

Als er die Bülowklause betrat, in der Bea hinter der Theke alle Hände voll zu tun hatte, begegneten sich über die Köpfe der übrigen Gäste hinweg ihre Blicke, und ein erstauntes Lächeln huschte über Beas Gesicht. Sofort kam sie auf ihn zu, führte ihn in eine stille Ecke ihres Lokals und setzte sich zu ihm – so als würde sie der Betrieb um sie herum gar nichts mehr angehen.

Brockmann griff über den Tisch hinweg nach ihren Händen, drückte sie fest und bekannte verlegen: »War wohl ein bißchen albern, wie ich reagiert habe wegen dieser Reise nach Ibiza.«

Bea protestierte halblaut und klagte sich dann selber an: »Ich habe dich damit überfallen. Aber ich habe mich im Augenblick so gefreut – mal raus hier, aber wahrscheinlich war es 'ne Schnapsidee.«

Beide waren bemüht, den häßlichen Streit beizulegen, und Brockmann ermunterte sie: »Flieg mal ruhig! Ein bißchen Entspannung kann dir nicht schaden.«

Das Verständnis, das er plötzlich an den Tag legte, kam Bea verdächtig vor. »Hast du 'ne andere?« fragte sie in scherzhaftem Ton, der darüber hinwegtäuschen sollte, daß die Frage ernst gemeint war.

Brockmann brach in ein gequältes Gelächter aus und

fragte: »Wie kommste denn da drauf? Nich, daß ick wüßte.«

Zärtlich streichelte er ihre Wange und bekannte leise: »Ick habe dich sehr jerne.«

»Ich dich auch«, beteuerte Bea. Und während sie sich suchend in dem Lokal umschaute, stellte sie schmerzlich fest: »Und nu' ist wieder kein Bett in der Nähe.«

Brockmann runzelte die Stirn und meinte mit gespielter Entrüstung: »Bea, du bist ja triebhaft!«

Inzwischen war die Menschentraube vor der Theke noch größer geworden. »Ich glaube, ich muß jetzt mal ein bißchen zupacken«, griente Bea und erhob sich.

»Mach das! Ich muß auch gehen«, kündigte Brockmann an und gab ihr schnell einen Kuß auf den Mund.

Es dämmerte bereits, als er ins Freie trat. Auf der gegenüberliegenden Straßenseite erkannte er Gleisdreieck, der sich lässig gegen Brockmanns Wagen lehnte und den Ausgang der Bülowklause beobachtete. Beim Anblick des Arztes machte er rasch kehrt und räumte das Feld.

Dr. Brockmann, dem die Fürsorge des Stadtstreichers sonst häufig auf die Nerven ging, rief ihm laut hinterher: »Gleisdreieck!«

Gleisdreieck blieb stehen und ging langsam auf den Doktor zu. Auf merkwürdige Weise wirkte er an diesem Abend befangen, so daß ihn Brockmann mißtrauisch von Kopf bis Fuß musterte. Sein Blick fiel zuerst auf die viel zu weite blaue Strickjacke, in die Gleisdreieck trotz sommerlicher Temperaturen gehüllt war, dann auf die Schuhe mit den weißen Kappen, die ihm sehr bekannt vorkamen.

»Hübsche Schuhe haste an«, stellte Brockmann fest und sah, wie Gleisdreieck verlegen auf das Straßenpflaster starrte.

»Ja, wat manche Menschen so wegwerfen«, erwiderte

Gleisdreieck, und um rasch das Thema zu wechseln, erkundigte er sich: »Und Sie? Sie wirken so rund. Schönen Tach jehabt?«

Schon wollte sich Brockmann mit einem zustimmenden Kopfnicken in sein Auto setzen, da bog Sigi mit schnellen Schritten um die Ecke. Ihr Gesicht sah kreideweiß aus, ihre Augen waren vom Weinen gerötet. Das Mädchen zitterte vor Aufregung am ganzen Körper und berichtete atemlos, sie habe Dr. Brockmann bereits überall gesucht und sich dann gedacht, daß sie ihn in der Bülowklause finden würde.

»Normalerweise hätte ick mir det nich jetraut, aber wo Sie jesagt haben, wenn's janz schlimm kommt«, stammelte sie und brach dann in Tränen aus.

Brockmann stand Sigi hilflos gegenüber und sagte beschwörend: »Nu beruhige dich doch erst mal, Mädel! Was is denn?« Er legte beschwichtigend seine Hand auf ihre Schultern und spürte, wie sie unter dieser Berührung etwas ruhiger wurde.

»Ick kann's wieder janz kurz machen«, flüsterte sie schluchzend. »Mama und Papa sind tot. Unfall auf der Avus.«

Ein paar Sekunden lang standen sie schweigend auf der belebten Straße, bis sich Brockmann mit belegter Stimme erkundigte: »Seit wann weißt'n das?«

»Seit 'n paar Stunden. Die ha'm so lange jebraucht, weil – Mama und Papa konnten ja nich mehr sagen, wo se hinwollten«, stammelte Sigi und schlug die Hände vor ihr verweintes Gesicht.

Brockmann entging es nicht, daß ihn Gleisdreieck fragend anschaute, so als erwarte er von ihm die richtigen Worte. Aber ihm fiel in dieser Situation nicht mehr ein als: »Komm, ich bring dich nach Hause, Sigi.«

Das Mädchen schüttelte energisch den Kopf. »Nee,

bloß nich«, widersprach sie und schneuzte sich. »Zu Hause heult Oma. Da kann ick jetzt nich hin.«

Gleisdreieck zupfte den Doktor am Ärmel und flüsterte ihm verschwörerisch zu: »Stützpunkt sechs ist als Jästezimmer ausjebaut. Ick meine, falls so wat jebraucht wird.«

Fröstelnd stand Sigi vor Dr. Brockmann, legte ihren Kopf gegen seine Schulter und weinte wieder leise vor sich hin. Er legte seinen Arm um sie, zog sie tröstend an sich. »Meine Schwiegermutter hat auch ein Gästezimmer. Willste mitkommen?«

Sigi nickte und ließ sich wie eine Schlafwandlerin zu Brockmanns Wagen führen. Gleisdreieck, der sichtlich erleichtert war, endlich etwas tun zu können, versprach, Oma Köster zu informieren, damit sie sich keine Sorgen um ihre Enkeltochter machen mußte. Und während er im Laufschritt, die Plastiktüten schwenkend, um die Ecke bog, nahm Brockmann neben Sigi am Steuer Platz.

Als er etwa 20 Minuten später auf das Maerkersche Grundstück einbog, bot sich ihm eine gespenstische Szene dar, die ihn sofort mit schlimmen Vorahnungen erfüllte. Vor dem Haus standen ein Notarztwagen mit zuckendem Blaulicht und mehrere hellerleuchtete Fahrzeuge der Feuerwehr. Männer mit Handscheinwerfern huschten durch den dunklen Park. Irgendwo rief eine verzweifelte Frauenstimme: »Florian! Florian!«

Ohne sich um Sigi zu kümmern, sprang Brockmann aus seinem Wagen und hetzte über den Rasen zum See. »Was ist denn los?« rief er Anna Maerker zu, die mit versteinertem Gesicht unter der bunten Kette der Lampions stand. Sie wollte antworten, öffnete den Mund, aber ihre Stimme versagte.

Brockmann lief weiter zum Ufer. Irgend jemand rief ihm zu: »Der kleine Florian – er ist verschwunden.«

Scheinwerfer warfen ihr gebündeltes helles Licht auf das aufgewühlte Wasser, in dem mehrere halbnackte junge Leute aufgeregt und ziellos hin und her wateten. Andere standen in kleinen Gruppen am Ufer und beobachteten die Feuerwehrleute, die in Schlauchbooten den See absuchten. Und immer wieder hörte man das Rufen: »Florian, Florian!«

Brockmann hatte jetzt den Bootssteg erreicht und sah Regine, die mit nassen Kleidern, die ihr am Leib klebten, aus dem Wasser wankte. Olav, der nur mit einer Hose bekleidet war, versuchte sie zu stützen.

Regines Zähne schlugen vor Kälte und Erschöpfung zusammen. Sie zitterte am ganzen Körper, schaute mit flackerndem Blick zurück auf den See und wollte sich aus Olavs Umklammerung befreien.

Brockmann rannte ans Ufer, zog sie mit sanfter Gewalt in sein kleines Haus. Im Wohnzimmer riß er die zusammengefaltete Decke vom Sofa, warf sie Olav zu und befahl ihm: »Los, einwickeln.«

Dann lief er in die angrenzende Kammer, die von einer schirmlosen Glühbirne nur schwach erhellt wurde, und suchte nach weiteren wärmenden Decken und nach einem Pullover. Als er in die Hocke ging, um auch in die unteren Regale zu sehen, erstarrte er. In einer Ecke kauerte halbnackt der kleine Florian, der seinen Onkel mit großen ängstlichen Augen ansah.

»Florian«, rief Brockmann verwirrt aus. Der Kleine legte den Zeigefinger auf die Lippen und lächelte ihn gequält an. »Mensch, die suchen dich doch«, sagte Brockmann.

Mit einem lauten Aufschrei stürmte Regine, die Brockmanns Worte gehört hatte, in die Kammer, riß den Jungen an sich und bedeckte sein Gesicht mit Küssen, während Olav hilflos nebenbei stand.

Brockmann rannte ins Freie, legte beide Hände an den Mund und rief in die Dunkelheit: »Wir haben ihn. Florian ist wieder da.«

Die Nachricht verbreitete sich wie ein Lauffeuer. Die jungen Leute brachen die Suche ab und kamen frierend aus dem Wasser. Brockmann näherte sich dem Einsatzleiter der Feuerwehr und erklärte ihm mit knappen Worten die Situation. Der murmelte »Na, det is wieder so'n Ding« und gab dann seinen Männern den Befehl, die Suchaktion abzubrechen und abzurücken.

Erschöpft lehnte sich Brockmann gegen die Wand seines Hauses, zündete sich eine Zigarette an und atmete den Rauch tief ein. Erst als Sigi aus der Dunkelheit auf ihn zutrat, fiel ihm ein, daß er sie in den letzten Minuten völlig vergessen hatte.

Sigi zeigte aufgeregt zu den Bäumen, an denen die Lampions befestigt waren, und erklärte verwirrt: »Herr Dokter, ick weeß ja nich, wat hier los war. Aber da drüben liegt eener mit 'ner Spritze. Sieht nach joldenem Schuß aus.«

Sie zog ihn zum Rasen, auf dem sie Minuten zuvor einen regungslos liegenden jungen Mann entdeckt hatte. Brockmann erkannte sofort seinen Patienten Marc Zimmermann. Und als er sich über den Bewußtlosen beugte, schlug ihm der Geruch von Alkohol entgegen.

»Los, renn den Feuerwehrleuten hinterher«, rief er Sigi zu. »Wir brauchen den Notarztwagen *doch*.«

Mit Sirenengeheul und Blaulicht rollte der Wagen Minuten später vom Grundstück, beschleunigte dann sein Tempo, so daß Brockmann Mühe hatte, ihm in seinem Auto zu folgen.

Es dämmerte bereits, als Dr. Brockmann die Maerkersche Küche betrat, wo er eine schweigsame, verstört wirkende Runde antraf. Anna Maerker, Annelie, Sigi,

Regine und Olaf saßen mit ernsten Gesichtern am Tisch, während Sonja Kaffee kochte. Nur der kleine Florian war – in Decken gehüllt – friedlich auf dem Schoß seiner Mutter eingeschlafen.

Alle Blicke richteten sich auf Brockmann, der in der geöffneten Tür stand und die Runde nachdenklich betrachtete. »Habt ihr eure Betten nich jefunden, oder is irgendwas passiert?« fragte er mit müdem Lächeln.

Annelie hielt es nicht länger auf ihrem Stuhl aus. Sie lief ihrem Onkel entgegen und sah ihn ängstlich an. Anne Maerker schüttelte den Kopf und stellte tadelnd fest: »Dein Humor läßt mitunter zu wünschen übrig, Peter.«

Brockmann nahm Annelie behutsam in den Arm und gestand: »Ja, manchmal passiert mir das. Also, der Marc liegt in einem erstklassigen Drei-Bett-Zimmer, und es geht ihm gut.«

Er führte Annelie zurück zum Tisch und warf dabei einen Blick voller Mitgefühl auf den kleinen Florian, den Regine in den Armen hielt. »Und Flo?«

»Er wollte sehen, ob ich ihn wirklich liebhabe, wenn ich denke, daß er tot ist«, antwortete Regine, der man die vorangegangenen Strapazen und die Aufregung ansah. »Er hat da so'ne Stelle aus ›Tom Sawyer‹ im Kopf gehabt.«

Um sich seine Erschütterung nicht anmerken zu lassen, flüchtete sich Brockmann in selbstkritischen Sarkasmus. »Und da sagen manche Leute, Weltliteratur bewirkt nischt«, sagte er leise und erntete erneut einen tadelnden Blick seiner Schwiegermutter.

»War auch wieder nicht gut, was?« gab er kleinlaut zu, und Anna Maerker bestätigte: »So ist es.«

Während er den heißen Kaffee trank, den ihm Sonja serviert hatte, erkundigte sich Brockmann beiläufig:

»Sag mal, Anna, was ich dich fragen wollte. Kennst du zufällig einen gewissen Gleisdreieck?«

»Nein«, behauptete Anna Maerker. »Ich finde auch, daß jemand nicht wie ein U-Bahnhof heißen sollte. Aber wenn du Igor Graf Rakoschnik meinst, den kenne ich wirklich zufällig. Aber warum und wie, das möchte ich jetzt nicht erklären.«

Die alte Dame erhob sich und verließ aufrecht die Küche, um sich in ihr Schlafzimmer zurückzuziehen

Brockmann blickte angestrengt in seine halbleere Kaffeetasse und bekannte leise: »Wenn ick 's mir richtig überlege, bin ick an allem schuld.« Er spürte, daß sich alle Augen auf ihn richteten und ihn fragend ansahen. Aber Brockmann gab keine weiteren Erklärungen und verließ langsam die Küche.

Nach Sonjas starkem Kaffee und all den Aufregungen der letzten Stunden mochte Brockmann nicht schlafen gehen. Er setzte sich draußen auf den Anleger, ließ die Beine baumeln und sah auf die friedlich daliegende Havel, über der die Sonne glutrot aufging.

Als er hinter sich auf dem hölzernen Steg Schritte hörte, drehte er sich um und erkannte Sigi, die übernächtigt und frierend hinter ihm stand.

»So sollten Patienten ihren Arzt eigentlich nicht sehen. Ich meine, so schwach«, bekannte der Doktor.

Sigi nahm neben ihm Platz. Schweigend blickten beide aufs Wasser, bis Dr. Brockmann nachdenklich bekannte: »Florian hab ick zuviel erzählt und Annelie zu wenig. Ick hätte ihr sagen müssen, was mit Marc Zimmermann los ist. Andererseits: Wenn ick Florian nicht vorgelesen hätte, hätte er sich nicht versteckt. Und dann wäre der Notarztwagen nicht da gewesen, und vielleicht wär's dann für Marc...«

Er vollendete den Satz nicht, sondern meinte leise: »So

kann man sich selber trösten. Trotzdem, es bleiben zwei Niederlagen.«

»Jibt Schlimmeres«, flüsterte Sigi. So, als nehme er das Mädchen an seiner Seite jetzt erst wahr, sah er Sigi erstaunt an und gab verlegen zu: »Du hast völlig recht. Daß ich bei dem Ganzen nicht mehr an dich gedacht habe...« Er schüttelte den Kopf und murmelte: »Entschuldige! Tut mir leid.«

Zusammengesunken hockte Sigi auf dem Anleger und versuchte, trotz ihres Kummers Haltung zu bewahren. »Wissen Se noch, damals, als ick Ihnen mal zu nahe jekommen bin? Da haben Sie später zu mir jesagt: Wenn du wenigstens 'ne Million hättest, dann könntest du mich aus dem Knast holen – wegen Abhängige oder so. Die Millionen hab ick jetzt. Ick bin Alleinerbe.«

Diese Worte hatten wie ein Selbstgespräch geklungen. »Da kannste doch jetzt leben – Geld ausgeben«, sagte Dr. Brockmann.

»Aber nu is mir bange«, bekannte Sigi und wirkte plötzlich sehr klein und schutzbedürftig.

Mal drüber reden

Am Dienstagmorgen flogen Bea und ihre Clique aus dem Tennisclub nach Ibiza. Sie und Brockmann standen inmitten der aufgeregt hin und her eilenden, drängenden Menschen, die an diesem Vormittag die große Halle des Flughafens Tegel bevölkerten, und wußten nicht recht, was sie sich zum Abschied sagen sollten. Bea, die eine Reisetasche in der Hand hielt, blickte sich ein paarmal nervös um und sah, daß sich Marcel Rogener und die anderen aus dem Club bereits an der Paßkontrolle angestellt hatten. Jetzt deutete Marcel auf seine Armbanduhr und winkte ihr zu.

»Also dann, bis bald«, sagte Bea und lächelte verkrampft.

»Na ja, also dann«, erwiderte Brockmann.

Bea glaubte zu wissen, was in diesem Augenblick in Brockmanns Kopf vorging. »Du kannst ganz beruhigt sein. Marcel hat es auf 'ne ganz andere abgesehen.«

»Biste darüber traurig?« fragte Brockmann.

Sie gab ihm einen sanften Stoß in die Rippen und murmelte: »Trottel! Wer weiß, was du hier treibst, wenn ich weg bin.«

»Ich treibe nie. Wenn, dann werde ich getrieben«, behauptete Peter Brockmann und gab ihr einen Kuß.

Sie schlang ihre Arme um seinen Hals, hatte plötzlich Tränen in den Augen, schluckte ein paarmal und schlug dann vor: »So, jetzt gehn wir bitte ganz schnell in verschiedene Richtungen und drehen uns nicht mehr um.«

Dr. Brockmann nickte dankbar. Nichts war ihm so zuwider wie Abschiedsszenen.

Sie lächelten sich noch einmal an, wandten sich dann fast gleichzeitig voneinander ab, und während Bea mit schnellen, entschlossenen Schritten auf die Polizeikontrolle zuging, strebte er dem Ausgang entgegen, wobei er sich einen Weg durch eine Gruppe braungebrannter Urlauber bahnen mußte, die unmittelbar vor der Tür von Angehörigen und Freunden stürmisch und mit großem Hallo begrüßt wurden.

»Herr Dr. Brockmann!«

Er hörte die Anrede, drehte sich erstaunt um und sah eine hübsche, sonnengebräunte Frau mit einem großen Strohhut, die verlegen ihre Hand gegen den Mund preßte, so als bedaure sie ihren spontanen Ausruf. »Entschuldigen Sie, Herr Doktor. Das war so ein Reflex«, erklärte sie und zuckte befangen mit den Schultern.

Und jetzt erst erkannte Dr. Brockmann in der jungen Frau seine Patientin Claudia Lehnert wieder, die von ihrem Mann Kai auf dem Flughafen abgeholt wurde.

»Wenn man seinen Arzt ruft, dann ist das kein Reflex, sondern hat meistens einen guten Grund. Manchmal auch nur einen unterbewußten«, scherzte der Doktor und registrierte erstaunt, daß Frau Lehnert auf diese Bemerkung mit einem nervösen, gekünstelten Lächeln reagierte, so als fühle sie sich von Brockmann durchschaut.

Auch Kai Lehnert begrüßte jetzt den Arzt. »Meine Frau kommt gerade aus südlicher Sonne zurück.«

»Und Sie aus nördlichem Schatten, was?« erwiderte Brockmann mit einem prüfenden Blick auf den Mann, der blaß und überanstrengt aussah.

Brockmann hatte es eilig, in die Praxis zu kommen.

Um die Unterhaltung mit den Lehnerts zu beenden, meinte er beiläufig: »Na, so wie Sie aussehen, Frau Lehnert, werde ich Sie wohl so bald nicht bei mir sehen. Also gute Nacherholung!«

»Doch, doch«, sagte Claudia Lehnert hastig. »Ich müßte dieser Tage mal vorbeikommen. Ich hab mir da so 'ne Magen-Darm-Sache geholt.«

Brockmann ermahnte sie, in diesem Fall den Besuch in seiner Praxis nicht auf die lange Bank zu schieben, verabschiedete sich und setzte seinen Weg fort.

Auf der Rückfahrt zur Praxis ertappte er sich dabei, daß er viel zu schnell fuhr. Die Tachonadel bewegte sich zitternd zwischen 70 und 75 Stundenkilometer hin und her. Selbstkritisch schüttelte Brockmann den Kopf, so als sei er über seinen eigenen Leichtsinn erstaunt, und trat kurz auf die Bremse.

Zu spät! Ein Streifenpolizist auf einem Motorrad überholte Brockmanns Wagen, setzte sich vor ihn und gab ihm durch ein Handzeichen zu verstehen, daß er rechts ranfahren und anhalten sollte. Brockmann stieß einen saftigen Fluch aus.

Betont lässig stieg der Polizist von seiner schweren Maschine und kam langsam auf Brockmann zu, der inzwischen das Seitenfenster heruntergekurbelt hatte.

»Na – ein bißchen schweren Fuß jehabt, was?« fragte der Beamte mit unnötigem Sarkasmus.

Brockmann bemühte sich, seine Nervosität zu unterdrücken. »Ja, tut mir leid. War ja nur 'n kurzer Moment.«

Der Streifenpolizist runzelte die Stirn. »Der kurze Moment hat jenau vom Schloß Charlottenburg bis hierher jedauert.«

Irgend etwas hatte dieser Bursche an sich, was Brockmann gereizt und wütend machte. Dennoch zwang er sich zur Ruhe. »Ick hab's eilig. Ich bin Arzt, in meinem Wartezimmer sitzen sie übereinander.«

Mit einem energischen Kopfschütteln gab ihm der Polizist zu verstehen, daß er dieses Argument nicht gelten lassen wollte. »Seit wann jilt für Ärzte, die in ihre Praxis wollen, nicht mehr Tempo fünfzig in jeschlossenen Ortschaften?«

»Herrgott ja, ich halte mich ja sonst grundsätzlich an die Geschwindigkeitsbegrenzung«, behauptete Brockmann verärgert.

Höflich, aber sehr bestimmt fragte der Beamte nach den Papieren des Fahrers, die er mißtrauisch und genau prüfte. Sprachlos vor Erstaunen sah Dr. Brockmann, wie der Polizist mit seinem Ausweis, dem Führer- und Kraftfahrzeugschein in der Hand zu seiner Maschine zurückkehrte und sich dort an dem Funkgerät zu schaffen machte.

Jetzt war Brockmanns Geduld am Ende. Mit einem Satz sprang er aus dem Wagen, rannte hinter dem Polizisten her, der bereits Kontakt zu seiner Anlaufstelle aufgenommen hatte. Umständlich buchstabierte er den Namen des Verkehrssünders und gab dessen Geburtsdatum durch, wobei er sich um eine besonders deutliche Aussprache bemühte.

»Was machen Sie denn da?« fragte Brockmann gereizt und sah plötzlich rot. Bevor der Polizist antworten konnte, riß er ihm wütend die Papiere aus der Hand und lief damit zu seinem Wagen zurück.

»Stehenbleiben! Bleiben Sie sofort stehen«, rief der Polizeibeamte drohend. Er folgte dem Flüchtigen, holte ihn ein und stellte sich ihm in den Weg. Blitzschnell nahm er die Papiere wieder an sich, lief zu seiner Maschine zurück und forderte über Funk Verstärkung an.

Minuten später war Brockmanns Auto von drei Streifenwagen umzingelt, so als gelte es, einen gefährlichen Bankräuber dingfest zu machen. Mit vor Wut hochrotem Kopf beschimpfte Brockmann die soeben eingetroffenen Polizisten, denen dieser übertriebene Einsatz sichtlich peinlich war, bis ihn der Beamte mit dem Motorrad barsch anfuhr: »Nun hören Sie endlich mal auf zu randalieren! Wahrscheinlich haben Sie getrunken.«

Brockmann rang nach Luft und sah die Männer, die ihn umringten, entgeistert an. Schließlich wandte er sich einem jungen Beamten zu, der direkt neben ihm stand, hauchte ihn mit voller Kraft an und schrie: »Hier, hab ick jetrunken? Riechen Sie irgendwas?«

Der junge Mann in der Polizeiuniform zuckte verlegen mit den Schultern und sagte dann zu seinem Kollegen, der den Stein ins Rollen gebracht hatte: »Nee, ich rieche nichts. Sieht wirklich nicht so aus.«

»Na also«, brüllte Brockmann und versuchte, dem Beamten seine Papiere erneut zu entreißen. Der hob rasch den Arm. Brockmann holte zum Schlag aus, aber der junge Mann, der sich eben noch um eine Vermittlung bemüht hatte, griff in letzter Sekunde nach seiner geballten Hand und hielt sie zurück. »Nun beruhigen Sie sich mal, Herr Doktor.«

Mit kalter Sachlichkeit stellte der andere Polizist fest: »Sie befinden sich in einem gefährlichen Erregungszustand und sind deshalb zur Zeit nicht in der Lage, ein Kraftfahrzeug zu führen.«

Mit diesen Worten steckte er die Papiere in die Seitentasche seiner Jacke, zog den Zündschlüsssel von Brockmanns Wagen ab, verschloß die Tür und schwang sich dann auf sein Motorrad. Auch die Streifenwagen setzten ihren Weg fort. Nach ein paar Minuten war der ganze Spuk zu Ende.

Fassungslos stand Peter Brockmann am Straßenrand

und sah den Fahrzeugen nach, die sich schnell in den fließenden Verkehr einordneten. Es dauerte eine ganze Weile, bis er sich in der Lage sah, eine vorbeifahrende Taxe anzuhalten, die ihn zum Bülowbogen brachte.

Als er vor seiner Praxis aussteigen wollte, wurde die Tür von außen aufgerissen. Gleisdreieck half seinem Schützling beim Aussteigen und erkundigte sich: »Auto in der Werkstatt? Panne?«

»Ja, Panne«, erwiderte Brockmann, während er dem Fahrer das Geld durch das geöffnete Seitenfenster zusteckte. »Aber nicht der Wagen, sondern ick. Erzähl ick dir 'n anderes Mal.«

Oben in der Praxis wurde Dr. Brockmann bereits sehnsüchtig erwartet. Von ihrem Schreibtisch aus warf ihm Gabi einen besorgten Blick zu, und als er dicht an ihr vorbeiging, flüsterte sie ihm zu: »Wat war denn? Ick hab mir schon Sorgen jemacht.«

»Erzähl ick dir nachher«, erwiderte Dr. Brockmann gehetzt.

»Ärger mit Bea?«

»Nee, mit Beamten.«

Er konnte nicht weiterreden, weil Herr Brandner, ein weißhaariger Patient, energisch darauf bestand, sich persönlich bei dem Doktor für die fabelhafte neue Rheumasalbe zu bedanken. »Wenn ick Sie nich hätte, Herr Dokter, könnt ick überhaupt nich mehr krauchen«, sagte der alter Herr und zog umständlich seine Börse aus der Tasche. Er fingerte ein nagelneues Fünfmarkstück hervor, hielt es mit feierlichem Gesicht Dr. Brockmann entgegen und meinte: »Hier, trinken Se mal 'n Schnaps auf mir.«

Brockmann winkte gerührt ab. »Nee, Herr Brandner, fünf Mark sind viel Geld für Sie.«

Der alte Herr, der sich für den Besuch beim Arzt

sichtlich extra fein gemacht und eine weinrote Krawatte umgebunden hatte, nickte ernst und drückte Brockmann die Münze in die Hand. »Se haben es verdient, Herr Dokter!« beteuerte er. Und ehe Gabi das Geld für die allgemeine Kaffeekasse beanspruchen konnte, ließ Dr. Brockmann schmunzelnd das Fünfmarkstück in seiner Hosentasche verschwinden.

Die erste Patientin dieses Tages, der so turbulent begonnen hatte, war Frau Soltau, eine abgehärmt wirkende Frau mit traurigen, glanzlosen Augen, die Dr. Brockmann schon seit langem wegen eines schweren Nierenleidens behandelte. Zusammengesunken saß sie dem Arzt gegenüber, massierte ihre geschwollenen, verarbeiteten Hände und jammerte: »Wissen Se, Herr Dokter, det mit meine Nieren, die Dialyse, daran hab ick mich ja nu jewöhnt. Aber wenn se mir bloß nich die Berufsunfähigkeitsrente kürzen. Wenn se das machen, dann sitz ick da. Denn weeß ick och nich mehr weiter.«

Plötzlich unterbrach sie ihren Redeschwall und meinte entschuldigend: »Ick belämmer Se hier mit meine Sorjen.«

Um ihr Mut zu machen, über ihre Probleme offen zu reden, erkundigte sich Brockmann nach ihrem Sohn, den er ebenfalls schon seit Jahren kannte.

»Der Pit? Der is 'n lieber, anständiger Junge«, behauptete Frau Soltau etwas zu hastig. »Der wohnt immer noch bei mir. Aber der hat's ja och schwer. Immer wieder arbeitslos. Is ja nischt mehr los auf'm Bau. Und jelernt hat er auch nischt. Ick hab ja immer jepredigt: Bleib auf der Schule, Junge. Mach 'ne Lehre. Aber Se kennen ja die Jugend heute. Die wollen bloß leben. Wovon, det fragen se nich. Aber 'n anständiger Junge isser, wenn er bloß nich ...«

Frau Soltau sprach nicht weiter, sondern brütete

schweigend vor sich hin, und Dr. Brockmann spürte, daß es da irgend ewas gab, was sie sehr bedrückte und was sie dennoch nicht aussprechen wollte. »Was macht er denn so den ganzen Tag?« erkundigte er sich beiläufig.

Die Patientin schreckte aus ihren Gedanken auf. »Der Pit?« fragte sie erstaunt. »Na, Arbeit suchen.« Verstohlen wischte sie sich mit dem Handrücken über die Augen, Brockmann verzichtete auf weitere Fragen.

In einer kurzen Pause zwischen zwei Behandlungen rief Dr. Brockmann Rechtsanwältin Iris Pauli an, um ihr sein Abenteuer mit der Polizei zu erzählen und sie um ihren juristischen Rat zu bitten. Während er den Hörer an das Ohr hielt, hörte er leises Rascheln, dann meldete sich Iris Pauli wieder: »Ich habe eben mal auf meinen Terminkalender geguckt. Morgen sieht es gar nicht gut aus. Höchstens am Abend so gegen sechs.«

Dr. Brockmann war mit diesem Termin sofort einverstanden, gab aber zu bedenken, daß er unter Umständen durch Hausbesuche bei Patienten aufgehalten werden könne.

»Ist doch klar. Dann sagen Sie mir einfach ab«, meinte Iris Pauli unbekümmert und versprach, sich inzwischen bei der Polizei nach dem Stand der Angelegenheit zu erkundigen. »Ja, dann sag ich Ihnen einfach ab«, wiederholte Brockmann am Telefon und war erstaunt, wie schnell und einfach sich manche Probleme lösen ließen.

Zur gleichen Zeit saß Anna Maerker wieder einmal vor dem ›Stützpunkt Nummer sechs‹ unter schattigen Bäumen und ließ sich von Gleisdreieck mit heißem Kaffee verwöhnen, den er aus der angeschlagenen Kanne einschenkte. Und während er seinem Gast die gefüllte Tasse zuschob, betonte er: »Ick fühle mich sehr jeschmeichelt, Anna, wenn Sie Ihr Weg hin und wieder bei mir vorbeiführt.«

Anna Maerker schenkte dem Grafen ein bezauberndes Lächeln. »Ich unterhalte mich gerne mit Ihnen, Igor«, sagte sie. Dann dachte sie einen Augenblick lang schweigend nach und bekannte: »Allerdings mache ich mir allmählich ein bißchen Sorgen.«

»Wegen dem Doktor«, vermutete Gleisdreieck völlig richtig. Die alte Dame nickte zustimmend.

»Ick übrigens ooch«, behauptete er und berichtete von seiner Begegnung mit Dr. Brockmann am Vormittag. »Ick frage: Wagen kaputt? Panne? Und er sagt: Panne ja, aber nicht der Wagen, sondern ick. Und dabei war er regelrecht verwirrt.«

»Ach, und was kann er damit gemeint haben?« fragte Anna Maerker nachdenklich.

Gleisdreieck nutzte die Gelegenheit, seinem Gast eine Lektion in deutscher Umgangssprache zu erteilen. »Na ja, wie man so sagt. Man hat 'ne Panne. 'n Rad ab. Das sagt man so, wenn einem was schiefjegangen is.«

»Ich glaube, ich habe 'ne Panne«, wiederholte die alte Dame und meinte dann lächelnd: »Klingt irgendwie gut.«

Sie versuchte, sich daran zu erinnern, was man in ihrer Jugendzeit statt ›Ich hab 'ne Panne‹ gesagt hatte, aber es fiel ihr nicht mehr ein. So kam sie auf das Thema zurück, das ihr seit einiger Zeit im Kopf herumging: »Wissen Sie, Igor, Sie haben mich damals gebeten, ich meine damals, als Sie rauskamen nach Wannsee, um meinen Schwiegersohn vor der Kripo zu warnen, also damals haben Sie mich gebeten, ihm nichts davon zu sagen, weil Sie nicht wollten, daß er denkt, Sie mischen sich in seine Angelegenheiten. Aber nun ist so eine Geheimniskrämerei daraus geworden. Und so was liegt mir nicht. Irgendwann kommt es immer raus, und dann ist es peinlich. Die Leute denken sich alle möglichen Sachen.«

Ein Lächeln huschte über ihr Gesicht. »Die denken vielleicht: Die hat 'ne Panne.«

Aufgeregt schlenkerte Gleisdreieck seine rechte Hand hin und her, so als habe er sich an einem Ofen verbrannt. »Au! Nee! Det woll'n wir nich. Det muß umjangen werden.«

»Richtig«, sagte Anna Maerker. »Und deshalb muß ich Peter bei Gelegenheit von unserer netten Freundschaft erzählen.«

Gleisdreieck schien von dieser Aussicht wenig begeistert zu sein. »Na ja, wat sein muß, muß sein«, meinte er kleinlaut.

Der letzte Patient war gegangen. Dr. Brockmann saß noch hinter seinem Schreibtisch und ordnete ein paar Papiere, als Gabi das Zimmer betrat, um sich zu verabschieden. Sie trug bereits ihren hellen Sommermantel und sah sehr unternehmungslustig aus. »Also tschüß dann, Peter«, rief sie Brockmann zu. »Und vergiß nicht abzuschließen. Die anderen sind auch schon weg.« Er sah sie traurig an und sagte zerstreut: »Ach so, na ja.«

»Was falsch?« erkundigte sich Gabi, die seine Reaktionen ganz genau kannte.

»Nee, nee, ich hatte mich bloß auf 'ne Tasse Tee mit dir jefreut.«

Gabi trat an das Fenster, schob die Gardine zur Seite und blickte nach unten auf die Straße. »Tut mir leid, ich werde abgeholt.«

»Was Ernstes?« wollte Brockmann wissen und trat hinter sie. Auch er sah jetzt auf der Straße den jungen Mann, der sich lässig gegen einen offenen Sportwagen lehnte und nach oben schaute.

»Laß dir doch mal 'ne andere Frage einfallen«, riet ihm Gabi spöttisch und merkte, daß ihr seine Eifersucht guttat.

Er zuckte mit den Schultern und murmelte: »Na denn tschüß. Also kein heißer Tee, sondern kalter Kaffee. Heute ist eben alles kalter Kaffee.«

Mit einem ein wenig schadenfrohen Lächeln verließ Gabi das Sprechzimmer, und wie immer, wenn sich Peter Brockmann einsam und verlassen fühlte, beschloß er, raus an den Wannsee zu fahren und ein bißchen zu rudern.

Wie sie es auf dem Flughafen versprochen hatte, erschien Claudia Lehnert in Brockmanns Praxis. Obwohl sie noch immer auffällig bedrückt und befangen wirkte, beteuerte sie, es gehe ihr schon viel besser. Die Magen- und Darmbeschwerden seien fast vollständig abgeklungen.

»War's denn wenigstens schön da unten?« erkundigte sich Dr. Brockmann.

Frau Lehnert seufzte und geriet dann ins Schwärmen: »Herrlich, Herr Doktor. Man kann sich ja so was kaum vorstellen. Jeden Tag Sonne. Das Wasser immer warm. Man wird bedient, darf den ganzen Tag faulenzen.«

Sie sprach nicht weiter und hing schweigend ihren Urlaubserinnerungen nach. Dann aber fuhr sie plötzlich hastig fort: »Eigentlich wär's natürlich schöner gewesen, wir hätten beide fliegen können – Kai und ich. Aber wir sind eben bloß zu zweit. Wir haben uns unseren Autoverleih aufgebaut, die letzten sechs Jahre nie Urlaub. So was geht eben nicht in der Anfangsphase. Wir haben immer wieder investiert. Aber dieses Jahr habe ich gesagt: Kai, du mußt mal raus. Aber er hat gemeint: Wenn einer fährt, dann fährst du. Aber jetzt ist der Kai dran. Er muß unbedingt mal raus.«

»Jeder muß mal raus«, sagte Dr. Brockmann und dachte einen Herzschlag lang an Bea, die sich jetzt auf Ibiza sonnte.

Claudia Lehnert nickte zustimmend, gab sich dann einen Ruck und gestand: »Herr Doktor, da ist noch was, was ich mit Ihnen besprechen möchte.«

Während sie krampfhaft nach den richtigen Worten suchte, zupfte sie nervös an ihrem geblümten Rock und warf dem Arzt einen hilflosen Blick zu. »Wissen Sie noch, vor zwei Jahren. Da bin ich mal bei Ihnen gewesen, weil – Kai und ich – wir hatten uns ja immer ein Kind gewünscht. Aber es hat nie geklappt.«

Dr. Brockmann erinnerte sich wieder. Er hatte seine Patientin an einen Gynäkologen überwiesen, und dessen Untersuchung hatte eindeutig ergeben, daß die junge Frau durchaus in der Lage war, ein Kind zu bekommen. Daraufhin hatte Brockmann vorgeschlagen, daß sich auch der Ehemann untersuchen lassen sollte.

»Er ist nicht hingegangen – damals«, berichtete Claudia Lehnert mit leiser Stimme und rutschte unruhig auf ihrem Stuhl hin und her. »Er wollte nichts von der Untersuchung wissen. Richtig stur hat er sich angestellt.«

Plötzlich glaubte Dr. Brockmann zu wissen, was seine Patientin auf dem Herzen hatte. »Und nun soll ich ihm noch einmal zureden«, vermutete er und lächelte verständnisvoll.

Claudia Lehnert schüttelte den Kopf. »Ich habe mir in der Apotheke so einen Schwangerschaftstest geholt. Und der ist positiv.«

»Gratuliere«, sagte Brockmann lächelnd, nachdem seine Untersuchung den Schwangerschaftstest bestätigt hatte.

Die Patientin aber sah an ihm vorbei, ernst und

bedrückt. Jetzt erst ahnte Dr. Brockmann, was passiert war. »Der sonnige Süden?« fragte er behutsam.

Frau Lehnert nickte. »Ich hab mich einsam gefühlt ohne meinen Mann. Und dann ist es eben passiert. Er ist Versicherungskaufmann aus Frankfurt. Jünger als ich, sehr höflich. Ich fand es am Anfang witzig. Es war wie ein Spiel. Verliebt war er in mich. Unheimlich verliebt. So was schmeichelt auch.«

Sie sprach immer schneller, so als sitze sie auf einer Anklagebank und müsse sich verteidigen. »Ich hab mit so was überhaupt nicht mehr gerechnet. Seit Jahren nehme ich nicht mehr die Pille. Und dann ...«

»Und Ihr Mann, weiß der inzwischen, daß der Grund für Ihre Kinderlosigkeit wahrscheinlich bei ihm zu finden ist?« fragte Brockmann, nachdem sich seine Patientin wieder ein bißchen gefaßt hatte. Die winkte müde ab. »Ach, Herr Doktor, so einen Gedanken würde der doch nie zulassen. Schon aus Stolz.«

Brockmann holte tief Luft, trat auf die Frau zu und legte ihr besänftigend die Hand auf die Schulter. »Na ja, dann könnte das Kind ja theoretisch auch von ihm sein.«

Fast tonlos murmelte Frau Lehnert: »Daran hab ich auch schon gedacht. Was denken Sie, was in meinem Kopf los ist, seit ich das weiß. Und ich habe es gleich gewußt, sofort gefühlt: Jetzt ist es passiert.«

Sie schüttelte den Kopf. »Aber wie soll das denn gehen? Soll Kai sein Leben lang denken, das Kind ist von ihm? Und ich weiß mein Leben lang, daß das nicht stimmt. Mit so 'ner Lüge kann man doch nicht leben.«

Laut aufschluchzend sprang sie plötzlich von ihrem Stuhl auf. »Das beste ist, ich mache einfach Schluß.«

Dr. Brockmann drückte sie behutsam auf den Stuhl, auf dem sie bis eben wie erstarrt gesessen hatte. »Da würden mir vorher allerdings noch ein paar andere Lösungen einfallen«, meinte der Arzt beschwichtigend.

Claudias ratlose, verzweifelte Augen waren fragend auf den Arzt gerichtet. »Was denn für welche?« sagte sie ungläubig.

»Wie wär's denn zum Beispiel, wenn die Eheleute Lehnert mal ein Jespräch führen würden?«

Claudia Lehnert rang nach Fassung. »Ein Gespräch? Ach, Herr Doktor, Sie wissen doch, wie Männer sind. Wann reden denn Männer gerne, wenn es ein bißchen problematisch wird.«

»Da is was dran«, mußte Dr. Brockmann zugeben.

Claudia Lehnert erhob sich und sagte mit traurigem Lächeln: »Danke, Herr Doktor. Sie haben mir geholfen.« Und schon machte sie Anstalten, das Sprechzimmer zu verlassen.

In dieser Verfassung ließ Brockmann seine Patientin nur ungern gehen. »Lassen Sie mich mal 'n Tag nachdenken, Frau Lehnert. Kommen Sie morgen nachmittag wieder, ja?«

Er legte seine Hände auf ihre Schultern und zwang sie, ihm in die Augen zu schauen. »Und Sie machen keine Dummheiten. Versprochen?« sagte Dr. Brockmann beschwörend.

»Versprochen«, flüsterte Frau Lehnert und nickte tapfer.

Spätestens bis zum Nachmittag mußte Dr. Brockmann das Problem gelöst haben, wie er ohne Führerschein bei sieben weit auseinanderwohnenden Patienten seine Krankenbesuche machen konnte. Zwar hätte er ohne große Umstände auf einen Dienstwagen der Maerker AG mit Chauffeur zurückgreifen können, aber es widerstrebte ihm, den Maerker-Clan um Hilfe zu bitten. Nach längerem Nachdenken fiel ihm eine Lösung ein, mit der unter Umständen zwei Menschen geholfen war.

Brockmann ging in die Anmeldung und fragte Gabi: »Sag mal, die Frau Soltau, hat die Telefon?«

»Ja, Sozialtelefon«, antwortete Gabi wie aus der Pistole geschossen.

»Was für eins ist mir ejal. Die Hauptsache: Es funktioniert«, meinte Brockmann gereizt.

Gabi schüttelte den Kopf. »Nee, nich ejal. 'n normales könnte se sich nämlich keins leisten von ihrer Rente.«

»Jut, ein Punkt für dich«, gab sich Brockmann geschlagen. »Aber darum geht's im Grund. Ruf doch mal an und frag sie, ob ihr Sohn Pit 'n Führerschein hat.«

Grinsend erkundigte sich Gabi: »Wieso, willste dir den pumpen? Du hast dich zwar ganz gut gehalten, aber bei 'ner Kontrolle gäb's doch wohl Schwierigkeiten mit dem Foto. Der Junge ist Anfang zwanzig.«

»Bist du fertig?« fragte Brockmann und machte kehrt, um in sein Sprechzimmer zurückzukehren.

»Und wenn der Pit 'n Führerschein hat?«

»Dann stell zu mir durch.«

Frau Soltau wußte sehr genau, wo sie ihren großen Jungen um diese Zeit suchen mußte – in der Spielhalle gleich an der Ecke. Seit Stunden stand Pit Soltau in dem schummrigen Raum zwischen blinkenden, piepsenden Automaten und starrte mit angespanntem Gesicht auf die sich rasch drehenden Scheiben mit Zahlen und Glückssymbolen. Nervös fingerte er an den Tasten herum, aber der Automat kam zum Stillstand, ohne auch nur einen Pfennig auszuspucken.

Mit den Fäusten hämmerte Pit auf den an der Wand befestigten Kasten ein und fluchte laut: »Scheiße, so eine verdammte Scheiße.«

Dabei hatte der Tag für Pit Soltau so gut angefangen – mit einer goldenen Serie. Wie der Goldesel aus dem Märchen hatte der Automat klirrend die Fünfmarkstücke ausgespuckt. Aber in kürzester Zeit war fast der ganze Gewinn wieder im Bauch des gefräßigen Automaten verschwunden.

Mit zitternder Hand schob Pit sein letztes Geldstück in den Schlitz. Er verdeckte mit der flachen Hand die rasch rotierende Scheibe, so als könne er ihren Lauf mit magischen Kräften beeinflussen.

Als er die letzte Münze verspielt hatte, drehte sich Pit um und erkannte seine Mutter, die hinter ihm stand und ihn traurig beobachtete. Sie fühlte sich sichtlich unwohl in der lauten, gut besuchten Spielhalle. »Pit, komm jetzt«, sagte sie zu ihrem Sohn, griff nach seiner Hand und versuchte, ihn mit sanfter Gewalt ins Freie zu ziehen. Aber Pit schrie: »Mama, hau ab. Wenn du nich jehst, verjeß ick mich. Ick bin kurz vor 'ner neuen Serie. Det laß ick mir nich von dir vermasseln.«

Mit einem schrillen Piepston kam die Scheibe des Automaten zum Stehen, aber der Geldschlitz blieb leer.

Pit schlug gegen das Gerät. Dann überlegte er es sich plötzlich anders. »Nur zwee Mark, Mama«, bettelte er. »Ick weiß jenau, heute klappt es.«

»Zwee Mark, fünf Mark, zwanzich Mark, fuffzich«, sagte Frau Soltau verbittert.

Aber Pit beteuerte: »Heute hab ick 'ne Glückssträhne. Ick spür es im Urin.«

»Denn jeh pinkeln«, schlug ihm seine Mutter vor.

Wieder verlegte sich Pit Soltau aufs Betteln. »Nächste Woche jibt's doch Rente, Mama. Du hast doch immer noch 'ne eiserne Reserve im Topf.«

Hilflos stand Frau Soltau vor ihrem Sohn. »Es jibt 'ne Arbeit für dich, wo du was verdienen kannst«, erklärte sie. »Dr. Brockmann braucht jemanden, der ihn fährt für'n paar Tage. Er hat anjerufen und jefragt, ob du das machst.«

Noch war Pit mißtrauisch. »Und det soll ick machen? Warum denn ausgerechnet ick?«

Frau Soltau ließ sich in keine langen Diskussionen ein, packte Pit am Ärmel und zog ihn zum Ausgang. »Komm jetzt«, befahl sie mit fester Stimme. Und drohend fügte sie hinzu: »Wenn du dir det versaust...«

Widerstrebend nur folgte der junge Mann seiner Mutter ins Freie. Der Automat, der direkt neben der Tür stand, spuckte rasselnd eine Handvoll Münzen aus, so daß Pit zusammenzuckte und sich noch einmal sehnsüchtig umschaute. »Komm jetzt endlich«, wiederholte Frau Soltau.

Von nun an fuhr Pit Soltau Dr. Brockmann in dessen Wagen zu den Patienten, wartete geduldig vor grauen Mietskasernen, bis der Doktor wieder neben ihm Platz nahm, um zum nächsten Hausbesuch zu starten. Pit war von seiner Aufgabe so erfüllt, daß er es strikt ablehnte, irgendwelche Lohnforderungen zu stellen.

»Wat Sie mir jeben, damit bin ick zufrieden«, meinte er bescheiden, während er den Wagen sicher durch den dichten Feierabendverkehr lenkte.

Dr. Brockmann ließ nicht locker. »Willste wenigstens 'n Vorschuß? So dicke habt ihr es doch auch nicht, deine Mutter und du.«

Der junge Mann winkte ab. »Mama hat Rente jekriegt.«

»Und du willst überhaupt nicht wissen, wieviel du bei mir verdienst?« fragte Brockmann kopfschüttelnd.

Pit nahm hinter dem Steuer straffe Haltung an und behauptete pathetisch: »Ick hab schon zu Mama jesagt: Sie helfen den Menschen bei Wind und Wetter. Und ick helfe 'n bißken mit. Det is mir Lohn jenug.«

Brockmann musterte seinen Fahrer lächelnd. »Denn halt mal an der nächsten Drogerie an«, schlug er vor.

»Mach ick«, sagte Pit eilfertig. »Wat brauchen Sie denn? Ick hol's Ihnen.«

»'n Putzmittel für unsere Heiljenscheine«, erwiderte der Doktor grinsend. Es dauerte ein paar Sekunden, bis Pit den Scherz verstanden hatte, dann brach er in lautes Gelächter aus.

Mit seiner Feststellung, Dr. Brockmann sei bei Wind und Wetter unterwegs, hatte Pit Soltau an diesem Tag genau ins Schwarze getroffen. Über dem Bülowbogen ballten sich drohend schwarze Gewitterwolken zusammen. Als der Doktor aus dem Haus trat, in dem er den letzten Patienten dieses Nachmittags besucht hatte, ging ein schwerer Regenschauer nieder. Rasch bildeten sich große Pfützen auf den Straßen.

Ein paar Minuten lang stand Dr. Brockmann in dem überdachten Hauseingang, dann klemmte er sich die Arzttasche schützend unter den Arm und rannte mit großen Sprüngen durch den prasselnden Regen auf sein Auto zu, das an der gegenüberliegenden Straßenseite stand. Er sah, wie Pit aus dem Wagen sprang, blitzschnell das Fahrzeug umrundete und die Beifahrertür aufriß.

»Nun sind wir wenigstens beide naß«, sagte Brockmann vorwurfsvoll, als er sich schwer atmend auf den Sitz fallen ließ.

Pit Soltau schwang sich hinter das Steuer und meinte grinsend: »Aber Sie sind 'n bißken weniger naß. Ick meine, 'n Arzt kann sich auch erkälten. Und 'n kranker Arzt hat ja irjendwo seinen Zweck verfehlt.«

Der Regen klatschte gegen die Windschutzscheibe, so daß die sich schnell hin und her bewegenden Scheibenwischer kaum noch für freie Sicht sorgen konnten. »Schirm wär jut«, stellte der junge Mann nach einigen Minuten des Schweigens fest.

»Mit Schirmen, die ick in meinem Leben stehen gelassen habe, könnte man 'n janzes Jeschäft aufmachen«, bekannte Brockmann.

Vor der Kanzlei der Rechtsanwältin Iris Pauli ließ Brockmann Pit anhalten und bot ihm wegen des schlechten Wetters an, mit dem Wagen nach Hause zu fahren. Pit aber lehnte entschieden ab und bestand darauf, die S-Bahn zu nehmen. Mit einem Blick auf den völlig durchnäßten jungen Mann, dessen feuchte Haare wirr in die Stirn hingen, sagte der Doktor: »Du erkältest dich nich, nee? Du hast die berühmte Pille gegen Schnuppen, auf die die Menschheit schon so lange wartet.«

Pit schüttelte den Kopf und schlug vor, das Auto vor der Praxis abzustellen und den Schlüssel in den Briefkasten zu werfen. »Ick loofe unterm Regen durch«, erklärte er. »Und ick habe auch 'ne andere Jesundheit. Ick habe mein Leben lang draußen jearbeitet – wenn ick wat hatte.«

Als Dr. Brockmann beteuerte, er habe zu Pit großes Vertrauen, wurde der Fahrer rot und meinte: »Sie kennen mich nich, Herr Dokter. Ick bin viel schwächer, wie Sie denken. Ick kenne mir. Wenn ick den Wagen habe – alleene, denn jeb ick an. Nee, is besser so.«

Iris Pauli hatte an diesem Spätnachmittag eine schlechte und eine gute Nachricht für ihren Klienten Dr. Peter Brockmann. Und genau in dieser Reihenfolge eröffnete sie ihm, die Akten wegen des Führerscheinentzugs seien inzwischen bei der Staatsanwaltschaft gelandet, so daß sie erst einmal abwarten müsse, wie man bei dieser Behörde entscheiden werde.

»Aber ick brauche den Wagen beruflich«, protestierte Brockmann temperamentvoll.

»Das ist den Behörden ziemlich egal«, behauptete Iris Pauli. Dann huschte ein kleines Lächeln über ihr Gesicht. »Ich habe aber auch eine erfreuliche Mitteilung für Sie. In der Sache, in der Sie den Einbrecher behandelt haben, hat die Staatsanwaltschaft das Verfahren eingestellt.«

Brockmann lehnte sich befriedigt in seinem Stuhl zurück und schlug strahlend vor: »Darauf sollten wir anstoßen.« Und sofort hatte er das Gefühl, etwas Falsches gesagt zu haben, so daß er betreten ein Wort der Entschuldigung murmelte.

Zu seinem Erstaunen erhob sich Iris Pauli sofort aus dem Sessel hinter dem breiten Schreibtisch und holte eine Sherryflasche und zwei Gläser aus dem Schrank. Einen Augenblick lang glaubte Brockmann, in ihren klugen Augen einen Anflug von Sympathie für ihn entdeckt zu haben, und das verunsicherte ihn noch mehr.

»Nun gucken Sie nicht so erschrocken. Um Ihren Führerschein brauchen Sie keine Angst zu haben. Den sind Sie doch sowieso los«, meinte die Anwältin spöttisch lächelnd und goß beide Gläser voll.

Dr. Brockmann schaute hilflos zur Tür, die in das Wartezimmer der Anwältin führte, und so, als habe sie seine Gedanken erraten, sagte Iris Pauli: »Ach so, das meinen Sie. Nein, Sie sind heute mein letzter Klient.« Sie griff nach dem Glas, prostete ihm zu: »Na denn auf Ihren Führerschein.«

Am Ende der Unterredung bot die Anwältin Brockmann an, ihn mit ihrem Wagen nach Hause zu fahren. Als sie vor dem Tor des Maerkerschen Grundstücks anhielt, machte Brockmann keine Anstalten auszusteigen. Er spürte, daß ihn Iris Pauli fragend und verwundert ansah, gab sich einen Ruck und schlug ihr vor: »Wie wär's, wenn wir in meinem Häuschen noch ein Glas Silvaner leerten? Schließlich habe ich Grund zu feiern.«

Sofort nahm Iris Pauli hinter dem Steuer eine Abwehrhaltung ein und sagte: »Ich hab meinen Führerschein noch. Darum habe ich an dem Sherry auch nur genippt.«

Nach einer kurzen Pause fügte sie mit unerwartet warmer Stimme hinzu: »Vielleicht ein anderes Mal.«

Brockmann nickte zustimmend und versuchte, aus dem engen Sportwagen zu klettern, was auf erhebliche Schwierigkeiten stieß. Während er sich mit großer Kraftanstrengung aus dem Fahrzeug zwängte, meinte er keuchend: »Normalerweise bin ick sehr sportlich.«

»Gute Nacht«, sagte Iris Pauli, die seine Anstrengungen mit spöttischem Lächeln beobachtet hatte.

»Gute Nacht«, wiederholte Brockmann und sah ihr nach, wie sie schnell davonfuhr.

Als er auf die Villa zuging, erkannte er im Schein der Terrassenbeleuchtung Anna Maerker, die in Gedanken versunken vor ihrem Haus saß und die von dem Gewitter gereinigte, klare Luft genoß. Sie begrüßte ihren Schwiegersohn mit gewohnter Herzlichkeit und erkundigte sich dann beiläufig: »Wann bekommst du eigentlich deinen Führerschein zurück?«

»Meine Anwältin sagt, in den nächsten Tagen«, behauptete Brockmann, der sofort spürte, daß die alte Dame etwas auf dem Herzen hatte.

»Der junge Mann, von dem du dich fahren läßt, er...« Anna Maerker suchte nach den richtigen Worten und fuhr dann fort: »Er soll auf dem ganzen Kiez als Spieler bekannt sein.«

Das Wort ›Kiez‹, das Anna Maerker so flüssig über die Lippen ging, verriet Brockmann sofort, woher diese Information stammte. »Was Gleisdreieck nicht alles weiß«, sagte er verärgert und machte eine unwirsche, abwehrende Handbewegung. »Der muß ja nu seine Neese nich unbedingt in alle meine Angelegenheiten stecken. Warum sagt er mir das nich selbst?«

Sofort ergriff Anna Maerker Partei für ihren Freund: »Igor redet eben nicht gern direkt über Menschen.«

»Aber indirekt ja«, stellte Brockmann gereizt fest.

Anna schien angestrengt über die Angelegenheit nachzudenken. »Dieser Pit soll schon mal die ganze Rente seiner Mutter verspielt haben.« Die alte Dame schüttelte mit dem Kopf. »Warum machen die Menschen so was, wenn sie sowieso so wenig Geld haben?«

Brockmann zuckte mit den Schultern. »Warum saufen sie, warum rauchen sie? Spielen ist 'ne Sucht. Und 'ne Sucht ist 'ne Krankheit.«

Auf der einen Seite ärgerte er sich über Gleisdreiecks ständige Einmischungen in seine Privatangelegenheiten, auf der anderen Seite war Brockmann dankbar, weil er jetzt zu wissen glaubte, was Frau Soltau so bedrückt hatte, als sie in der Praxis über ihren Sohn sprach. Und Brockmann beschloß, ein bißchen auf Pit aufzupassen.

Die Zeit ohne Bea verging wie im Flug. Brockmann ertappte sich dabei, daß er einen ganzen Tag lang überhaupt nicht an sie gedacht hatte. Einmal traf eine Ansichtskarte aus Ibiza mit einem kurzen, nichtssagenden Gruß ein.

»Bißken wortkarg, die Dame, nicht wahr«, stellte Gabi bissig fest, als sie Dr. Brockmann die bunte Karte zwischen zwei Behandlungen auf den Schreibtisch legte.

»Seit wann liest du meine Privatpost?« fragte er verärgert und überflog Beas Zeilen.

»Post nennst du det?« sagte Gabi verächtlich und kündigte dann den nächsten Patienten an: »Herr Lehnert wartet draußen.« Brockmann glaubte, sich verhört zu haben. »Herr Lehnert? – Nicht seine Frau?«

»Nee, det kann ick noch auseinanderhalten«, erwiderte Gabi und verließ das Sprechzimmer. Seit ihrem freimütigen Geständnis war Claudia Lehnert nicht mehr in die Praxis gekommen und hatte die Besuche immer wieder unter fadenscheinigen Einwänden verschoben.

Jetzt saß Kai Lehnert mit nacktem Oberkörper dem Arzt gegenüber und schilderte stockend seine Beschwerden: Herzschmerzen, Schlaflosigkeit, Schwindelgefühl.

Nachdem Dr. Brockmann den Patienten gründlich untersucht hatte, schlug er ihm vor: »Wir machen noch ein EKG. Lassen Sie sich von Gabi einen Termin geben. Doch eins kann ich Ihnen schon jetzt sagen: Kürzer treten! Das mit Ihrem Urlaub, das machen Sie möglichst bald. Das sieht Ihre Claudia ganz richtig.«

Kai Lehnert vermied es, dem Arzt in die Augen zu schauen, und starrte angestrengt in eine Ecke des Zimmers. Völlig unvermittelt sagte er plötzlich mit brüchiger Stimme: »Die Claudia ist schwanger, nicht?«

Brockmann drehte sich um und fragte erstaunt: »Woher wissen Sie das? Hat sie's Ihnen gesagt?«

Lehnert saß zusammengesunken auf einem Hocker und schüttelte traurig den Kopf. Stockend berichtete er: »Die Claudia hat 'ne sogenannte beste Freundin.« Er lachte kurz und höhnisch auf. »Und diese sogenannte beste Freundin ist seit Jahren scharf auf mich. Aber das weiß Claudia nicht. Und der hat sie das mit der Schwangerschaft anvertraut. Und die Freundin hat es mir erzählt – vielleicht hat sie gedacht, damit kriegt sie uns auseinander, Claudia und mich.«

»Wieso auseinander?« fragte Brockmann mit schlecht

gespieltem Erstaunen. »Wenn Ihre Claudia schwanger ist, ist das doch kein Grund...«

Kai Lehnert winkte müde ab. »Ach, Herr Doktor, ich weiß doch, daß es an mir gelegen hat, daß meine Frau kein Kind bekommen konnte.«

Er hob den Kopf, sah den Arzt offen an und erklärte trotzig: »Ich möchte, daß Claudia das Kind kriegt. Aber wie soll ich ihr das sagen, wo ich doch nichts davon weiß?«

Brockmann meinte kopfschüttelnd: »Ihr seid Weltmeister im Miteinanderreden, wat?! Hat euer Fernseher keen Knopp zum Abstellen?«

Das Telefon klingelte. Brockmann nahm den Hörer ab, nickte ein paarmal und sagte kurz: »Ja, ist in Ordnung, Gabi.« Dann wandte er sich wieder Kai Lehnert zu und teilte ihm mit: »Ihre Frau ist draußen im Wartezimmer.«

Der Patient warf seinem Arzt einen bittenden Blick zu und murmelte: »Wär nett, wenn Sie dabeibleiben.«

Brockmann öffnete die Tür zum Nebenzimmer und schlug Lehnert, der sich mit zitternden Händen wieder anzog, vor: »Na, dann wollen wir mal rüberjehn. Da redet es sich besser.«

Einen Augenblick lang standen sich die beiden Eheleute stumm in dem Raum gegenüber. Dann lief Claudia mit schnellen Schritten auf ihren Mann zu, schlang laut aufschluchzend die Arme um seinen Hals und preßte sich schutzsuchend an ihn. Minuten vergingen, bis sich Kai Lehnert aus seiner Erstarrung löste und ihre Umarmung erwiderte.

Leise zog sich Brockmann zurück. Er wußte, daß er im Augenblick nicht gebraucht wurde. Claudia und Kai Lehnert hatten den ersten Schritt zur Bewältigung ihrer Ehekrise getan. Aber Dr. Brockmann ahnte, daß die beiden noch viel Kraft brauchen würden, bis sie sagen konnten: »Das ist unser Kind.«

Einige Tage später rief Iris Pauli Brockmann an und teilte ihm mit, daß sein Führerschein zurückgegeben sei. Brockmann nahm das zum Anlaß, seine Einladung zu wiederholen.

Mit übertriebener, nicht ganz ernst gemeinter Zuvorkommenheit bot Dr. Brockmann Iris Pauli seinen Arm an und führte sie durch das kleine Haus am See, in dem er zuvor aus Anlaß ihres bevorstehenden Besuches gründlich Ordnung gemacht hatte. Und während sie lächelnd sein kleines Reich betrachtete, das mehr über ihn verriet als tausend Worte, bewunderte er sie mit einem verstohlenen Seitenblick. Iris Pauli trug an diesem Abend ein schwarz-weiß gestreiftes, weit geschnittenes Seidenkleid, das ihren Bewegungen Anmut verlieh. Das Haar fiel offen auf ihre Schultern, so daß ihr Gesicht nicht mehr so herb wirkte wie bei der ersten Begegnung in der Kanzlei.

Brockmann begleitete seinen Gast ins Freie vor das Haus, wo er liebevoll einen Tisch für zwei Personen gedeckt hatte. »So, das war die Schloßbesichtigung. Und nun kommt das Diner im Park«, kündigte er gut gelaunt an und rückte Iris Pauli einen Stuhl zurecht.

Mit einer großen Geste zeigte Brockmann auf die Platte mit geräuchertem Lachs und auf den Sekt, der in einem silbernen Kühler stand, und erklärte: »Zum Kochen hat es heute leider nicht mehr gereicht, aber ich dachte mir, Lachs und Champagner – das paßt vielleicht auch viel besser zur Situation.«

»Aber Sie haben mir doch ein selbstgekochtes Menü versprochen«, stellte die junge Rechtsanwältin mit gespielter Enttäuschung fest. »Das nennt man Erschleichung eines Besuchs unter Vorspiegelung falscher Tatsachen.«

»Und in betrügerischer Absicht«, fügte Brockmann grinsend hinzu und entkorkte die Sektflasche.

Ihr Gesicht verfinsterte sich. »Wie meinen Sie das?« fragte sie und wirkte plötzlich wieder sehr ernst.

Ihre Reaktion verwirrte Brockmann. »Ich meine, wir feiern zwar heute auch die Rückgabe meines Führerscheins, aber...« Er geriet ins Stocken und suchte verzweifelt nach den richtigen Worten.

Die Stimme der Rechtsanwältin klang leise, aber dennoch sehr bestimmt. »Damit von Anfang an nicht irgendwelche Mißverständnisse aufkommen. Ich habe einen festen Freund – jedenfalls mehr oder weniger. Und so, wie Sie aussehen, gehen Sie sicher auch nicht allein durchs Leben.«

»Nee, nee, in jewisser Weise stimmt das«, gab Brockmann ehrlich zu und goß Sekt in die Gläser.

»Dann ist ja alles klar«, stellte Iris Pauli seltsam kühl fest und griff nach ihrem Glas. »Also, dann auf die Wiedererlangung Ihres Führerscheins«, sagte sie lachend und prostete ihm zu.

Diesmal hielt Brockmann ihrem Blick stand. »Dann werden wir uns ja jetzt, nachdem ich meinen Führerschein wiederhabe, nicht mehr so häufig sehen«, sagte er traurig.

Sie schüttelte den Kopf. »Wieso? Bei dem Blödsinn, den Sie andauernd anstellen, können Sie doch ohne Anwalt gar nicht leben.«

»Auch wieder richtig«, meinte Brockmann und blickte zufrieden auf die Havel, die spiegelglatt vor ihm lag.

Es fiel Dr. Brockmann nicht leicht, Pit Soltau am nächsten Morgen zu eröffnen, daß er von nun an wieder allein zu seinen Patienten fahren werde. Der junge Mann ließ sich seine Enttäuschung nicht anmerken und beteuerte mit verkrampftem Lächeln: »Nee, det freut mich doch für Sie, Herr Dokter. War ja von Anfang an klar, daß det nur vorüberjehend war.«

Und als ihm Gabi den Umschlag mit dem Geld in die Hand drückte, das Dr. Brockmann für ihn zurechtgelegt hatte, wurde er rot wie ein Schuljunge und protestierte energisch: »Det is zuviel, Herr Dokter. Det is viel zuviel.«

»Nein, Pit, das ist überhaupt nicht zuviel«, meinte der Doktor und warf einen flüchtigen Blick in das vollbesetzte Wartezimmer. Allzu gerne hätte er seinem Schützling ein paar Ermahnungen mit auf den Weg gegeben, aber dazu reichte die Zeit nicht.

Triumphierend hielt Pit Soltau dem Doktor einen nagelneuen Herrenschirm vor das Gesicht, den er bis dahin krampfhaft hinter dem Rücken zu verstecken versucht hatte, und sagte verlegen: »Ick weeß, Sie können sich alleen 'n Schirm koofen. Aber ick hab ja nu jesehen, wie Sie durch die Jejend flitzen, und da dachte ick mir, den würde ick Ihnen jerne schenken.«

Gerührt betrachtete Brockmann den Schirm. »Danke«, sagte er. »Und wenn sie mir wieder mal die Pappe abnehmen ...«

»Sie sind echt in Ordnung, Herr Dokter«, stellte Pit voller Bewunderung fest, und Brockmann hatte plötzlich das Gefühl, daß er sich um den jungen Mann keine Sorgen zu machen brauchte. Er würde seinen Weg machen.

Zwischen zwei Behandlungen blickte Brockmann gedankenverloren aus dem Fenster seines Sprechzimmers, vor dem wieder ein sintflutartiger Regen niederging, und schmunzelnd mußte er daran denken, was Opa Schnabel kurz zuvor während der Untersuchung gesagt hatte: »Jetzt schifft det schon wieder. Wenn det so weiterjeht, jibts Kundschaft, Herr Dokter: Sommerjrippe!«

Brockmann schreckte aus seinen Gedanken auf, als Gabi den Kopf in das Zimmer steckte, um ihm zu melden: »Frau Bea Knapp!«

Er sah seine Sprechstundenhilfe triumphierend an. »Na siehste – von wegen wortkarg. Man ruft mich quer über den Kontinent an. Stell sie rein!«

»Ick hebe nich jerne schwer«, erwiderte Gabi spitz und genoß Brockmanns Verwirrung. »Frau Knapp steht nämlich draußen.«

Langsam ging Dr. Brockmann auf die Tür zur Anmeldung zu, öffnete sie und stand Bea gegenüber. Er starrte sie ungläubig an, bis sie enttäuscht feststellte: »Du scheinst nicht gerade begeistert zu sein.«

»Doch, doch«, beteuerte er, »ick bin bloß überrascht. Ick hab dich erst nächste Woche erwartet.«

Sie zuckte nervös mit den Schultern. »Ich weiß, aber es hat andauernd geregnet. Schließlich hatten wir alle die Nase voll. Der Wetterbericht versprach keine Besserung, und es gab zufällig noch ein paar Plätze in einer Chartermaschine. Da sind wir halt kurzentschlossen zurückgeflogen.«

Beas Stimme klang belegt. »Es ging eben alles sehr schnell. Hals über Kopf.«

Beas Redeschwall wurde unterbrochen, als Gabi mit Brockmanns Mantel und dem neuen Schirm in der Hand das Zimmer betrat und dem Doktor aufgeregt mitteilte: »Gleisdreieck war da. Ich glaube, es brennt. Pit hat Ärger in der Spielhalle.«

Während er hastig den Trenchcoat überzog, warf

Dr. Brockmann Bea einen hilflosen Blick zu. »Warte einen Augenblick, ja?« bat er sie gehetzt.

Sie rollte mit den Augen und seufzte laut: »Können wir nicht mal einen Augenblick lang in Ruhe miteinander reden?«

Ohne auf diese Bemerkung einzugehen, stürmte der Doktor aus dem Zimmer. Gabi sah ihm nach, schaute dann Bea an und meinte: »Ick kenn das. Ich war ja lang genug mit ihm zusammen.«

Mit versteinertem Gesicht starrte Pit Soltau auf den leeren Umschlag, in dem die Scheine gewesen waren, die er bei Brockmann verdient hatte. Er knüllte das Papier zusammen und warf es zu Boden. Mit fahrigen Händen durchwühlte er seine Hosentaschen. Ohne Erfolg!

Jetzt trat ein älterer Mann, der bis dahin abwartend hinter Pit gestanden hatte, an den Automaten heran, steckte eine Münze in den Schlitz und setzte die rotierenden Scheiben in Bewegung.

»He, Alter, spinnst du?« schrie Pit und schob den Mann zur Seite. Mit der flachen Hand trommelte er gegen die Glasscheibe des Automaten und mit jedem Schlag verstärkte sich die Wucht, bis er wie besessen auf das Gerät einhämmerte.

Durch den Lärm, der das Piepen und Summen der Spielgeräte übertönte, wurde der Kassierer auf Pit aufmerksam. Er reckte den Kopf und kam dann schnell auf den Aufgebrachten zu.

»Aufhören! Was soll denn das?« rief er und versuchte, den jungen Mann zur Seite zu drängen.

Mit einem einzigen Faustschlag streckte Pit Soltau den Kassierer zu Boden. Sekunden später war er wieder auf den Beinen, griff nach einem Stuhl und näherte sich damit drohend Pit.

Andere Spieler umringten jetzt den tobenden jungen Mann, wobei sie sich in respektvoller Entfernung hielten und dennoch das Schauspiel mit unverhohlener Neugier beobachteten.

Pit entriß dem Kassierer den Stuhl, wirbelte ihn durch die Luft und schleuderte ihn gegen den Automaten. Der Kassierer lief zum Telefon, um die Polizei anzurufen, und während er die Nummer wählte, forderte er die anderen Spieler auf: »Festhalten, den Kerl!«

Minuten später stürmten mehrere Polizeibeamte in die Spielhalle, überwältigten Pit und zerrten ihn ins Freie, wo bereits ein Polizeibus bereitstand.

Brockmann, der mit wehendem Mantel und aufgespanntem Schirm um die Ecke bog, sah die Menschenmenge, die trotz des heftigen Regens das Polizeifahrzeug umringte. Mit den Ellenbogen bahnte er sich einen Weg durch die Gaffer zu dem Bus, dessen Türe bereits geschlossen war. Er klopfte gegen die Scheibe, hinter der er schemenhaft Pits blasses Gesicht erkannte.

Schließlich öffnete ein Polizeibeamter die Tür und sah Brockmann verärgert an. »Überlassen Sie mir den Mann. Er ist krank«, sagte der Arzt und rang nach Luft.

Der Polizist schob Brockmann sanft zur Seite und meinte gönnerhaft: »Nu jeh mal zurück an deine Wurschtbude, Opa, und sei friedlich.«

Hilflos deutete Brockmann auf seinen weißen Kittel, den er unter dem Mantel trug. »Ich bin Arzt. Dr. Brockmann. Herr Soltau ist mein Patient.«

Der Beamte schüttelte unwirsch den Kopf. »Herr Doktor, der Mann da hat die Spielhalle auseinandergenommen. Sachbeschädigung, Nötigung, Körperverletzung, Widerstand gegen die Staatsgewalt. Und wenn Se der Innensenator wären – ick kann den Mann nicht freilassen.«

Pit, der bis dahin angestrengt zur Seite geschaut hatte, sah jetzt Brockmann mit großen, traurigen Augen an, deutete auf den Schirm. »Jut?« fragte er leise.

Dr. Brockmann nickte stumm. Die Tür des Polizeifahrzeugs wurde zugeschlagen, dann fuhr der Wagen davon.

Als Dr. Brockmann in seine Praxis zurückkehrte, stellte er fest, daß Bea bereits gegangen war. Er nahm hinter seinem Schreibtisch Platz, brütete vor sich hin, bis Gabi hinter ihn trat. »Lach mal«, forderte sie ihn freundschaftlich auf. Aber er schüttelte den Kopf. Irgend etwas hatte sich zwischen Bea und ihm verändert, nur konnte er noch nicht sagen, was das war.

Kein Fest für Brockmann

Während er die bunten Flanellhemden sorgfältig in den kleinen Handkoffer legte, spürte Rolf Hallwachs, daß ihn seine Frau aus großen dunklen Mandelaugen anklagend beobachtete. Klein und verloren hockte sie zusammengekauert auf dem breiten Sofa unter dem grellbunten Poster, das eine asiatische Tempellandschaft zeigte, und spielte nervös mit ihrem hüftlangen schwarzen Haar. Er warf ihr ein ermunterndes Lächeln zu, aber ihr hübsches Puppengesicht blieb starr. Schließlich ertrug Hallwachs ihr Schweigen nicht mehr.

»Mensch, Mynah, nun zieh nich so ne Flappe«, sagte er gereizt und schloß den Deckel des Koffers.

»Mynah sehr traurig«, flüsterte die junge Frau.

»Ja, weeß ick. Denkste, ick bin froh?« erwiderte er.

»Warum nicht hier arbeiten?«

Hallwachs nahm neben seiner Frau Platz, legte seinen Arm um ihre schmalen Schultern und sprach behutsam auf sie ein: »Firma von Rolf hat Auftrag in Westdeutschland. Und da muß Rolf nu auf Montage. Sonst kein Geld für Klein-Oliver und Mynah. Kapierste det denn nich?«

Die kleine Asiatin schüttelte den Kopf.

Rolf Hallwachs sprang auf, deutete auf die etwas bombastisch wirkende Schrankwand und meinte ungeduldig: »Na, Mensch, du hast doch alles! Fernseher,

Video. Und überhaupt – legste dir 'ne Kassette ein mit 'nem Film von zu Hause, nicht?

Der junge, hochaufgeschossene Mann trat neben das weiße Kinderbett und nahm das schlafende Baby zärtlich in den Arm. »Und denn haste doch Oliver. Der paßt schon auf dich auf.« Behutsam übergab er ihr das kleine Bündel und ermahnte sie eindringlich: »Und du paßt auf den Kleenen auf, ja?«

Mynah nickte ernst. Scheu blickte sie auf den kleinen, bunten Hausaltar mit der Buddha-Figur, der auf einem Regal der Schrankwand aufgebaut war. Und plötzlich spiegelte sich in ihren Augen Angst wider. »Horoskop sehr schlecht. Rolf nicht weggehen«, flüsterte sie und stellte sich ihrem Mann in den Weg.

Hallwachs griff nach seiner Lederjacke, die auf dem Sessel lag, zog sie an und sagte behutsam: »Wenn Rolf Chef sagt, nicht fahren, weil schlechtes Horoskop, Chef lachen. Der schmeißt mir raus, wenn ick mit so'm Käse komme.«

Um die Abschiedsszene zu verkürzen, beugte er sich zu ihr hinunter, küßte sie zärtlich und erklärte versöhnlich: Ick bin ja Sonntag abend zurück. Und Mynah, niemand in Wohnung lassen, hörste? Vertreter, Gangster. Wollen Zeitung und Staubsauger verkaufen. Und Staubsauger haben wir. Und Deusch lesen kannst du sowieso nich, klar?«

Mynah begann lautlos zu weinen. Er zuckte ratlos mit den Schultern, griff nach dem Handkoffer und verließ seine Wohnung, ohne sich noch einmal nach seiner Frau umzuschauen.

Draußen im Treppenhaus verharrte er ein paar Sekunden lang vor der verschlossenen Tür, um sich davon zu überzeugen, daß Mynah die Absperrkette von innen vorlegte. Das leise Klappern gab ihm ein Gefühl der Sicherheit. Erleichtert lief er über die ausgetretenen Stufen nach unten.

Zur gleichen Zeit standen Dr. Brockmann und Rechtsanwältin Iris Pauli vor der Untersuchungshaftanstalt, deren schweres Tor jetzt von einem uniformierten Vollzugsbeamten aufgestoßen wurde. Mit einer abgewetzten Reisetasche in der Hand trat Pit Soltau auf die Straße, sah sich suchend um, bis er Brockmann und seine Begleiterin entdeckt hatte.

Ein strahlendes Lächeln lag auf dem blassen, übernächtigten Gesicht. Mit ausgestreckter Hand kam er auf Dr. Brockmann zu. »Ick weeß nich, wat ick sagen soll, Herr Dokter. Mir is det alles so peinlich. Ick weeß wirklich nich, wat ick sagen soll.«

»Denn sag nischt«, meinte Dr. Brockmann und drückte ihm seine Autoschlüssel in die Hand. »Mein Wagen steht da drüben auf dem Parkplatz. Kannste ja schon mal herholen.«

Pit deutete eine linkische Verbeugung an und stammelte verlegen: »Und nochmals vielen Dank, Frau Rechtsanwalt.«

»Tschüß, Herr Soltau! Ich rufe Sie an, wenn ich etwas erfahre – in Bezug auf die Verhandlung«, versprach Iris Pauli.

Sichtlich erleichtert verschwand Pit Soltau mit großen Schritten in Richtung Parkplatz.

Mit der Zusage, Pit Soltau eine feste Anstellung zu beschaffen, war es der Rechtsanwältin gelungen, den Richter dazu zu bewegen, den Haftbefehl aufzuheben. Natürlich konnte die Tätigkeit bei Brockmann nur eine Übergangslösung sein. Aber der Doktor hatte bereits vor der Entlassung mit seinem Schwager Georg Maerker über seinen Schützling gesprochen und ihn gebeten, Pit eine Stellung in der Maerker AG zu geben.

»Wir fangen an, ein gutes Team zu werden«, sagte Brockmann zu Iris Pauli und sah sie verschwörerisch an. »Nur schade, daß man sich bloß im Knast sieht.«

»Vorm Knast«, berichtigte sie ihn lächelnd.

»*Im* kann ja noch werden.«

»Planen Sie, 'ne Bank mit mir zu überfallen?« erkundigte sich Iris Pauli spöttisch. Und wieder fühlte sich Brockmann durch ihre Nähe verunsichert.

»Muß ja keine Bank sein! Wie wär's mit 'nem Café oder mit 'nem Restaurant?« schlug er vor und vermied es, sie anzuschauen.

Iris Pauli schüttelte den Kopf. »Geht leider nicht!«

»Die viele Arbeit und der Freund«, beantwortete sich Brockmann die Frage selbst.

Und so, als sei ihm an seinem Vorschlag nicht viel gelegen, erklärte er: »War auch nur so 'ne Idee – nach gemeinsamem Erfolg.«

Iris reichte ihm zum Abschied die Hand, und er ertappte sich dabei, daß er ihr etwas zu lang nachschaute, wie sie in ihren Sportwagen einstieg.

Als Brockmann nach dieser Mission in seine Praxis zurückkehrte, traf er in der Anmeldung einen etwa fünfzigjährigen Mann an, der einen erbarmungswürdigen Eindruck machte. Sein ausgemergelter Körper wurde immer wieder durch schwere Hustenanfälle geschüttelt, die er krampfhaft zu unterdrücken versuchte. Schwankend hielt sich die dünne, hohlwangige Gestalt an Gabis Schreibtisch fest und sah den Doktor aus fiebrig-glänzenden Augen hilfesuchend an. »Teege, mein Name, Wolfgang Teege«, flüsterte der Mann und wurde erneut von einem Hustenanfall heimgesucht. »Gleisdreieck hat mir anjemeldet.«

Und jetzt erinnerte sich Brockmann wieder, daß ihm Gleisdreieck am Vorabend zwischen Tür und Angel aufgeregt mitgeteilt hatte: »Ick habe da 'nen entfernten Bekannten. Anständiger Mensch, dem jeht's ziemlich dreckich, hab ick det Gefühl. Aber der traut sich nich zum Arzt. Nu hab ick ihn aber überredet. Der kommt morgen früh. Wär nett, wenn Se nett wären zu dem.«

Dr. Brockmann beschloß, den neuen Patienten nicht länger warten zu lassen, sondern sofort zu untersuchen. Mit einem Blick auf den schweratmenden, hustenden Mann, der mit nacktem Oberkörper vor ihm stand, erkannte der Arzt, daß Wolfgang Teege nicht nur unter allgemeiner Entkräftung, sondern auch unter einer gefährlichen, fiebrigen Angina litt.

Dr. Brockmann füllte ein Rezept aus, überreichte es Teege und ermahnte ihn eindringlich: »Zwei Wege machen Sie heute noch, Herr Teege – den ersten zur Apotheke, den zweiten ins Bett. Draußen kriegen Sie Ihre Krankschreibung.«

Teege zuckte wie unter einem Schlag zusammen. »Nee, nee, Herr Dokter, krankschreiben is nich«, flüsterte er ängstlich.

Brockmann hob die Stimme. »Mensch, Mann. Sie sind schwer krank. Sie haben hohes Fieber.«

»Weeß ick. Trotzdem«, sagte Teege und zog sein schmutziges Hemd über den Kopf.

Der Doktor baute sich vor der dürren Gestalt auf, sah Teege in die Augen. »Haben Sie Angst um Ihren Arbeitsplatz?«

Teege nickte kaum wahrnehmbar.

»Herr Teege, wenn ick bei Ihnen vorbeisehe, dann möchte ich Sie im Bett vorfinden«, erklärte Brockmann entschieden. »Und wenn Sie Schwierigkeiten mit Ihrem Arbeitgeber kriegen, dann sagen Sie mir das bitte. Mit dem red' ich schon.«

Teeges müder Blick aus fiebrigen Augen sagte soviel

wie: »Du hast gut reden. Du hast ja überhaupt keine Ahnung.«

Bevor der nächste Patient das Behandlungszimmer betrat, teilte Gabi Brockmann mit: »Frau Knapp hat eben angerufen. Ich soll dir sagen: Heute abend, das wird nichts. Bei ihr ist eine Serviererin ausgefallen. Sie muß selbst in die Klause.«

Brockmann nickte, so als habe er bereits mit der Absage gerechnet. Seit Bea aus Ibiza zurück war, ging sie ihm aus dem Weg und wich jeder klärenden Aussprache aus.

Am Nachmittag kam Brockmann bei seinen Hausbesuchen zufällig an der Straße vorbei, die Wolfgang Teege für die Patientenkartei als Anschrift genannt hatte. Der Doktor zog einen Zettel aus der Tasche, um sich zu vergewissern, daß er sich nicht geirrt hatte, und sagte dann zu Pit Soltau: »Fahr mal rechts ran und halte.«

Eilfertig sprang Pit aus dem Wagen, umrundete das Fahrzeug und riß die Beifahrertür auf, um Brockmann aussteigen zu lassen. Sein Blick fiel auf die bunte Fassade eines schäbigen Spielsalons, und hastig schlug der Doktor seinem Fahrer vor: »Willste nicht lieber im Wagen warten? Jeht janz schnell. Ick muß bloß nachsehen, ob jemand, der ins Bett jehört, wirklich drin liegt.«

Auch Pit hatte jetzt die Spielhölle entdeckt und ahnte, was in Brockmanns Kopf vorging. Er zeigte auf das große vierblättrige Kleeblatt über der Eingangstür und sagte unbekümmert: »Meinen Sie deshalb?« Der junge Mann schüttelte den Kopf und beteuerte: »Herr Dokter, wo Sie mir gerade aus dem Knast jeholt haben – wenn ick da jetzt reingehe, denn wär ick reif für die Klapse.«

Mit einem wohlwollenden Lächeln gab Brockmann Pit zu verstehen, daß er Vertrauen zu ihm hatte. Mit dem Zettel in der Hand ging er suchend an den schäbigen

Häusern vorbei, bis er endlich die richtige Nummer gefunden hatte.

Die Haustür stand offen. Brockmann betrat den verwahrlosten Flur, an dessen Ende es eine weitere Tür gab. Auf sein Klopfen hin rührte sich nichts. Wieder pochte der Doktor gegen die Tür.

Jetzt hörte er ein schwaches Hüsteln, dann schlurfende Schritte, die langsam näher kamen. Ein Türke mit buschigem, dunklem Schnauzbart öffnete und musterte den Besucher mit müden, schicksalsergebenen Augen.

»Ich möchte zu Herrn Teege! Wolfgang Teege. Ich bin Arzt«, sagte Dr. Brockmann.

»Auf Arbeit«, erwiderte der Türke einsilbig und machte Anstalten, dem Gast die Tür vor der Nase zuzuschlagen. Blitzschnell schob Brockmann seinen Fuß dazwischen.

»Nee, das kann nich sein«, widersprach er. Mit einem »Darf ich mal?« schob er den Mann zur Seite und betrat den schummrigen Raum, der früher einmal als Laden gedient haben mußte. Das zur Straßenseite hin gelegene Schaufenster war notdürftig mit schmutzigen, verschossenen Decken verhängt. Im Dämmerlicht erkannte der Arzt sechs einfache Pritschen, dazwischen quer in den Raum gestellte Schränke, durch die der ehemalige Laden in mehrere enge Kojen aufgeteilt war.

Ohne sich weiter um den Besucher zu kümmern, legte sich der Türke wieder auf sein Bett, wobei er mit beiden Händen nach seinem auffällig geschwollenen Hals griff und laut stöhnte.

Suchend ging Dr. Brockmann von Bett zu Bett, sah die apathisch daliegenden, fremdländisch wirkenden Männer, deren Augen zur Decke gerichtet waren, auf der sich häßliche Wasserflecke gebildet hatten.

Vor einem grauhaarigen Alten blieb der Doktor stehen.

»Können Sie Deutsch?« erkundigte er sich leise. Der Mann hob müde den Kopf und meinte: »Noch kann ick's, aber det jewöhn' die mir schon auch noch ab.«

»Ich suche Herrn Teege«, erklärte er. »Wolfgang Teege.«

»Der muß Überstunden machen, weil er heute vormittag zu spät jekommen is. Sonst fliegt er«, berichtete der Alte.

Brockmann schüttelte ungläubig den Kopf. »Det kann nich sein, Herr Teege ist krank. Der hat 'ne schwere Angina. Ick bin sein Arzt und hab ihn krank jeschrieben.«

Der alte Mann lachte hämisch und wurde sofort von einem neuen Hustenanfall befallen. »Krank jeschrieben! Angina!« wiederholte er kopfschüttelnd und zeigte mit einer schwachen Kopfbewegung auf die übrigen Bewohner des Elendsquartiers. »Wat glauben Sie, wat die hier alle haben?«

Der Alte nahm im Bett militärische Haltung an, legte die Hände an die Hosennaht und richtete seinen ausgemergelten Körper auf. »Sanitätsjefreiter Korber meldet Herrn Oberstabsarzt, jesamte Stube schwere Angina.«

Erschöpft fiel er in die Kissen zurück und flüsterte: »Jesamte Stube trotzdem zum Dienst erschienen, da sonst keen Lohn.«

Doktor Brockmann warf einen ungläubigen Blick auf die anderen Kranken. »Soll das heißen, Sie haben alle heute gearbeitet?«

»Und det machen wir doch jerne für unseren Herrn Blühme«, beteuerte der Mann sarkastisch. Mit zitternder Hand deutete er durch das halb verhängte Schaufenster zur anderen Straßenseite. »Für unseren Wohltäter da drüben. Denn wenn wir det nich machen, fliegen wir hier raus. Den Herrn Blühme jehört nämlich der Palast hier.

Hundertfuffzig pro Mann und Bett im Monat. Is doch korrekt oder? Dafür kriegen Se im Kempinski keen Zimmer.«

In der hintersten Ecke des Raums rief einer der Türken: »Halt Schnauze, Opa.«

Der Alte aber ließ sich nicht beirren. »Und außerdem ist der Blühme ja nicht nur unser Schloßherr, sondern unser Arbeitjeber. Janz korrekt. Jeden Tag Arbeitseinsatz, jeden Tag Lohn – abzüglich Miete. Nie mehr als 40 Mark uff de Kralle. Janz korrekt. Und krank sein?«

Er schüttelte den Kopf und zeigte auf seine Schicksalsgenossen. »Die beeden da drüben sind Türken, und der da ist Jugoslawe. Krank – Fremdwort, du verstehen?«

Wieder befahl der Türke barsch: »Schnauze halten, Opa, sonst...« Die Drohung ging in einem heftigen Hustenanfall unter.

Empört machte Dr. Brockmann kehrt, lief aus dem Zimmer, überquerte die Straße – vorbei an dem wartenden Pit, der ihm erstaunt nachsah, und steuerte auf den kleinen Laden zu, der dem Elendsquartier gegenüberlag. An der Tür hing ein Schild mit der Aufschrift ›Arbeitseinsatz‹. Das Schaufenster war mit großen handgeschriebenen Plakaten beklebt, auf denen zu lesen war: ›Möbelpacker, Transportarbeiter ständig gesucht. Täglich Geld. Melden ab fünf Uhr im Laden.‹

Brockmann stieß die Schwingtür auf und betrat den kleinen Raum. Hinter dem Tresen stand ein feister Kerl mit pomadigem Haar, der gerade damit beschäftigt war, drei Männern ein paar Geldscheine zuzuschieben, für die sie mit ungeübter Hand eine Quittung unterschreiben mußten.

»Was kann ick für Sie tun?« wandte sich der Dicke mit schmieriger Höflichkeit Brockmann zu.

Der erwiderte mit fester Stimme: »Ich suche Wolfgang

Teege.« Er zeigte aus dem Fenster: »Der soll da drüben wohnen.«

Das rundliche Gesicht des Dicken verfinsterte sich. »Und? Ham' Se ihn jefunden? Wenn nich, brauchen Se vielleicht 'ne Wünschelrute oder wat?«

Brockmann ließ sich von dem unfreundlichen Ton nicht beirren. »Nee, mich würde nur interessieren, warum Sie einen krankgeschriebenen Arbeitnehmer zur Arbeit schicken.«

Der Mann hinter dem Tresen stemmte die Fäuste in die Hüften. »Wat wollen Sie?« fragte er mit gefährlicher Ruhe.

Die drei Männer, die bis dahin stumm und in demütiger Haltung Brockmanns Auftritt miterlebt hatten, traten unauffällig den Rückzug an. Und fast gleichzeitig erschien aus einem Nachbarzimmer ein breitschultriger, muskulöser Bursche mit brutalem Schlägergesicht. »Is wat, Herr Blühme?« fragte er.

Blühme winkte lässig ab und meinte gönnerhaft: »Nee, Karli. Ick sag Bescheid, wenn ick dich brauche.«

Der Muskelmann zog sich daraufhin zurück.

»Und wie war det nu? Wat wollen Sie?« fragte der Dicke, der sich jetzt sichtlich überlegen fühlte.

Brockmann spürte, wie die kalte Wut in ihm aufstieg. »Ick bin Arzt, und ick war eben da drüben in Ihrer Hotelanlage. Ick schicke Ihnen das Gesundheits- und das Sozialamt auf den Hals. Darauf könn Se sich verlassen.«

Blühme grinste böse. »Det machen Se mal. Da freu ick mich schon druf. Bei mir is allet korrekt. Jeder hat einen Arbeitsvertrag und...«

Unwirsch unterbrach ihn Dr. Brockmann: »Herr Blühme, ick habe erfahren, daß Sie ihre Leute nur täglich beschäftigen und daß die auch nur täglich Lohn kriegen.«

Blühme gab sich betont lässig. »Det wollen die so«, behauptete er treuherzig. »Det is 'ne Nettigkeit von mir.«

»Nee, det is keine Nettigkeit«, widersprach Dr. Brockmann. »Damit machen Sie die Leute abhängig, weil se nämlich nur von der Hand in den Mund leben.«

»Wat kann ick dafür, daß die allet gleich versaufen«, sagte der Dicke und hielt Ausschau nach seinem Beschützer mit dem Schlägergesicht.

Brockmanns Wut wuchs. »Da drüben liegen mehrere kranke Männer, die sich nicht trauen, sich richtig auszukurieren, weil se dann kein Geld kriegen.«

Blühme hatte keine Gelegenheit mehr, zu diesem Vorwurf Stellung zu beziehen. Denn genau in diesem Augenblick betrat Wolfgang Teege leicht gebückt den Laden, schleppte sich schwankend zu dem Tresen, und ohne Dr. Brockmann überhaupt wahrzunehmen, teilte er Blühme mit: »Wir sind jetzt da fertich, Chef.«

Der Dicke richtete sich drohend auf und zeigte auf den Doktor. »Ihr Arzt ist da. Wir führen gerade ein hochinteressantes Jespräch.«

Dr. Brockmann trat auf Teege zu. »Mensch, Herr Teege, ick habe heute morgen keine Witze jemacht. Sie sind schwerkrank. Wenn Se det verschleppen ...«

Wolfgang Teege wich ängstlich zwei Schritte zurück und protestierte: »Det jeht Ihnen doch überhaupt nischt an. Ick kann verschleppen, wen ick will. Ick hab Sie nich jebeten herzukommen.«

Er warf Blühme einen hilflosen, ängstlichen Blick zu und beteuerte unterwürfig: »Det müssen Se mir glauben, Chef.«

Brockmann mußte erkennen, daß er mit jedem weiteren Wort Teege nur schaden konnte. »Nehmen Sie wenigstens die Tabletten, die ick Ihnen verschrieben habe. Auf'm Friedhof nützen se Ihnen nischt mehr«, empfahl er seinem Patienten, bevor er aus dem Laden verschwand.

Durch einen Ritz zwischen den Plakaten im Schaufenster sah Blühme dem ungebetenen Besucher nach, der jetzt in sein Auto einstieg. Schnell notierte er sich das Kennzeichen des Fahrzeugs. »Kann nie schaden, so wat«, sagte er listig grinsend zu Wolfgang Teege, der vor Angst und Erschöpfung am ganzen Körper zitterte.

Der Besuch in dem Elendsquartier, das unangenehme Zusammentreffen mit Blühme hatten Brockmann viel mehr beeindruckt, als er sich eingestehen wollte. Schweigend saß er im Auto neben Pit und sehnte sich plötzlich nach ein bißchen Wärme, nach ein paar verständnisvollen Worten und nach Zärtlichkeit.

Wenige Minuten vor der Bülowklause ließ er Pit Soltau anhalten und schickte seinen Fahrer nach Hause.

Nachdenklich schlenderte er durch die dunkle Straße und nahm nicht die grell geschminkte Frau wahr, die in aufreizender Pose in der Hofeinfahrt stand.

»Na, Süßer, haste ein bißken Zeit«, rief sie Brockmann zu. Der machte kehrt, erkannte jetzt die Frau, die ihn völlig entgeistert anstarrte.

»Tschuldigung, Herr Dokter«, stammelte sie verwirrt.

Er winkte ab. »Macht nischt, Elly«, murmelte er gedankenverloren.

Um das Thema rasch zu wechseln, behauptete Elly: »Ick wollte sowieso nächstens bei Ihnen vorbeikommen mit der Kleenen. Irgendwas is mit der. Essen tut se nich – außer Süßigkeiten.«

Die Frau trat dicht an Dr. Brockmann heran, so daß er im Schein der Laterne die dicke Schicht Schminke sehen konnte, die das verwüstete, übernächtigte Gesicht überzog. »Ham Se Sorgen, Herr Dokter?« erkundigte sie sich voller Anteilnahme.

Brockmann schüttelte den Kopf. »Seh' ick so aus? Nee, danke der Nachfrage.« Er wünschte Elly ›gute Geschäfte‹ und setzte seinen Weg fort.

In der Bülowklause stand die Tür offen. Lautes Lachen und Musik drangen auf die Straße. Brockmann blieb auf dem Bürgersteig stehen und beobachtete angestrengt das rege Treiben in dem Lokal. Er erkannte Bea, die inmitten einer kleinen Gesellschaft vor dem Tresen stand und ihm den Rücken zukehrte. Jetzt sprach sie angeregt auf einen jungen schlanken Mann an ihrer Seite ein. Erst als sich Beas Begleiter kurz umdrehte, erkannte Brockmann in ihm Marcel Rogener.

Und während er vor dem Lokal stand, hatte Brockmann das Gefühl, eine unsichtbare Faust bohre sich schmerzhaft in seinen Leib und raube ihm den Atem. Entschlossen drehte er sich um und stieß mit Gleisdreieck zusammen, der wieder einmal völlig lautlos aus der Dunkelheit aufgetaucht war.

»Kommste mit auf'n Bier?« schlug ihm Brockmann spontan vor. Gleisdreieck sah ungläubig zu ihm auf. »Ick mit Ihnen?«

Dann aber schien er zu begreifen, daß der Doktor an diesem Abend auf keinen Fall allein sein wollte. »Also jut«, lenkte er ein. »Aber nur in meine Kneipe – und ick zahle.«

Rauch- und Bierschwaden schlugen Brockmann entgegen, als er den ›Süßen Engel‹, Gleisdreiecks Stammlokal, betrat. Eilfertig lotste ihn sein Begleiter zu einem der letzten freien Stehtische, lief zum Tresen und kehrte Minuten später mit einem trüben, schlecht gezapften Bier und einer Tasse Kaffee zurück.

Während er die Tasse zum Mund führte, sah er Brockmann prüfend an und flüsterte: »War wohl doch keine gute Idee mit dieser Kneipe.«

Brockmann aber beteuerte: »Doch, doch, det is schon in Ordnung.«

Aus den Lautsprechern an der Decke klang scheppernd: »Heute haun wir auf die Pauke.«

Ein paar angetrunkene Frauen drehten sich vor der Theke schwankend nach der Musik. Andere saßen apathisch mit ihren Begleitern an den Tischen, die mit Bierlachen überzogen waren. Der ›Süße Engel‹ war der Hafen für Gescheiterte, für miese Zuhälter und ihre traurigen Prostituierten.

Um einen runden Tisch, der in einer Ecke stand, hatten sich mehrere mit protzigem Goldschmuck behängte Zuhälter und ihre Frauen versammelt. Voller Mißtrauen musterten sie aus der Ferne Brockmann, der schweigend vor sich hin brütete. Gleisdreieck gab sich inzwischen redliche Mühe, ein Gespräch mit dem Doktor in Gang zu setzen. Er wußte zu berichten, daß die Patienten bereits über das unterkühlte Verhältnis zu Bea reden würden, wobei alle Sympathien auf der Seite des Doktors seien.

Plötzlich gab es an dem runden Tisch in der Ecke Krach. Ein Zuhälter mit tätowierten Armen schrie laut: »Was heißt det, du willst det nich?«

Er packte scinc nicht mehr ganz junge Begleiterin am Arm und zerrte sie brutal von dem Stuhl. »Du kannst et ooch anders haben«, drohte er und schlug der Frau ins Gesicht. Wimmernd vor Schmerz sank sie zurück.

Durch das Schreien und Poltern aufgeschreckt, schaute sich Brockmann um und sah, wie der Kerl erneut auf die wehrlose Frau einschlug, die die Arme schützend über ihren Kopf hielt. Ohne lange nachzudenken, ging Brockmann rasch auf den Schläger zu, hielt ihn am Ärmel fest und zischte: »Das lassen wir doch lieber, nicht?«

Für Bruchteile von Minuten stand der Zuhälter, der mit dem energischen Eingreifen nicht gerechnet hatte, mit drohend erhobener Faust wie gelähmt da. So blieb Brockmann noch Zeit, der weinenden Frau zuzurufen: »Geh nach Hause, Mädel.«

Sie wischte sich mit dem Handrücken über die aufgesprungenen, blutenden Lippen, wobei sie ihren Retter ungläubig anstarrte, ihre Tasche griff und gehetzt aus dem Lokal rannte.

Jetzt hatte sich der Zuhälter aus seiner Erstarrung gelöst und stürzte sich mit haßverzerrtem Gesicht auf den Doktor. Aber seine Begleiter rissen ihn noch rechtzeitig zurück und flüsterten ihm etwas ins Ohr. Das schien den Mann noch wütender zu machen. »Det is mir doch ejal! Ooch wenn der Dokter is«, schrie der Schläger wütend. »Die hab ick jerade jerne.«

Mit aller Kraft versuchte er, sich aus der Umklammerung seiner Freunde zu befreien. Brockmann wich keinen Schritt zurück. Nur wenige Zentimeter trennten ihn von seinem wütenden Widersacher, so daß er dessen Alkoholfahne riechen konnte. »Dir zerleg ich doch in deine Einzelteile, du Ratte«, drohte der Zuhälter. »Denn kannste dir alleene wieder zusammenflicken. Ick helf dir dabei.«

»Bring Zwirn mit«, empfahl ihm Brockmann kaltblütig, machte kehrt und wandte sich Gleisdreieck zu, der den Zwischenfall ängstlich vom Hintergrund aus beobachtet hatte. »Soviel zum Thema Frauenverdreschen«, sagte Dr. Brockmann zu seinem Begleiter. »Und jetzt brauch' ick frische Luft.«

Die übrigen Gäste wichen respektvoll zur Seite und bildeten eine Gasse, durch die Brockmann hocherhobenen Hauptes auf die Tür zuging. Der Zuhälter rief ihm laut nach: »Dir mach ick alle. Darauf kannste dich verlassen.«

Draußen vor dem Lokal atmete Brockmann tief durch. Mit gesenktem Kopf stand Gleisdreieck neben ihm und murmelte zerknirscht: »Ick möcht mich für das Lokal entschuldigen.« Dann blickte er zu dem Doktor auf und meinte anerkennend lächelnd: »Aber alle Achtung. Sie sind ja ein richtiger Django.«

Brockmann winkte nachdenklich ab. »Man kann sich allerdings fragen, ob ein Arzt unbedingt Westernheld spielen muß. Na ja, war nett, daß du mir Gesellschaft geleistet hast.«

Er wünschte Gleisdreieck »Gute Nacht« und bog um die nächste Hausecke. Gleisdreieck aber wich nicht von seiner Seite.

»Wo woll'n Se denn jetzt hin, Herr Dokter?« erkundigte er sich besorgt.

»Nach Hause. Oder soll ick um die Häuser ziehen und mich weiter kloppen?« fragte der Doktor spöttisch.

»Eben nich. Und zu Hause könnte das passieren«, erklärte Gleisdreieck, während er krampfhaft versuchte, mit Dr. Brockmann Schritt zu halten. »So 'ne Leute wie der Lude da, die nehmen es manchmal übel, wenn ihnen einer an das jeht, was die so Ehre nennen. Und wenn Sie jetzt nach Hause kommen, könnten da schon zwei oder drei unfreundliche Typen stehen und warten. Sie haben doch 'ne Wohnung hinter der Praxis. Vielleicht übernachten Se heute lieber da.«

Brockmann blieb stehen und sah seinen Begleiter kopfschüttelnd an. »Wat du alles weißt. Aber danke für den Tip«, sagte er und beschloß, Gleisdreiecks gutgemeinten Ratschlag zu beherzigen.

Gnadenfrist für Brockmann

Jetzt war es wieder ganz deutlich zu hören – das klägliche Wimmern des Kindes. Frau Soltau blieb vor der Etagentür ihres Nachbarn Rolf Hallwachs stehen und lauschte mit angehaltenem Atem. »Det jeht jetzt schon seit Stunden so und hört nicht auf«, sagte sie zu sich selbst. Schließlich gab sie sich einen Ruck und drückte auf den Klingelknopf. In dem Flur war der melodische Dreiklang eines Gongs zu hören. Aber nichts rührte sich. Frau Soltau klingelte zum zweiten Mal – diesmal länger und energischer.

Dann hörte sie leise Trippelschritte, die langsam näher zu kommen schienen. Die mit der Sicherheitskette verriegelte Tür wurde einen Spalt weit geöffnet. Frau Soltau sah die beiden dunklen Mandelaugen der kleinen Asiatin, die ein paarmal im Treppenhaus lautlos und verängstigt an ihr vorbeigehuscht war.

»Ja?« fragte Mynah mißtrauisch.

»Kann ich Ihnen helfen?« erkundigte sich Frau Soltau voller Anteilnahme. »Ick wohne über Ihnen.« Sie zeigte mit der Hand nach oben zu ihrer Wohnung. »Kind krank? Weint viel, nicht wahr?«

Sie konnte jetzt sehen, daß die junge Frau ebenfalls weinte.

»Mal ansehen«, radebrechte Frau Soltau und tippte sich auf die Brust. »Ick auch Mutter. Mein Pit war ooch mal klein. Und krank war er auch. Reinkommen?«

Mynah schüttelte den Kopf. »Rolf will nicht.«

Doch Frau Soltau ließ nicht locker. »Ich kenne Rolf – so klein.« Sie deutete mit der rechten Hand die Größe eines kleines Kindes an und sprach beschwörend weiter: »Ich alte Frau. Da hat der Rolf bestimmt nischt dagegen.« Sie spürte, daß die junge Frau ganz langsam Vertrauen zu ihr faßte. Und mit sanftem Nachdruck bat sie: »Bitte, ich Kind ansehen.«

Mynah schaute sich mit ängstlichen Augen um. Das Wimmern des Babys steigerte sich zu einem ununterbrochenen Schreien. Vorsichtig öffnete die junge Frau die Sicherheitskette und ließ ihre Nachbarin eintreten.

Frau Soltau betrat das Wohnzimmer, in dem ihr der betäubende Geruch von Räucherstäbchen entgegenschlug, die rechts und links neben dem Buddha auf dem Hausaltar standen. Mit hochrotem Kopf lag der kleine Oliver in seinem Bettchen und bäumte sich immer wieder schreiend auf, so als würde er von heftigen Krämpfen gepeinigt.

»Kind krank. Lieber Arzt rufen«, schlug Frau Soltau vor, nachdem sie einen besorgten Blick auf das Baby geworfen hatte.

Mynah zeigte auf das Telefon und flüsterte: »Doktor verreist. Kein Telefon.«

»Denn müssen Sie 'n anderen Doktor anrufen. Jibt ja noch ein paar mehr hier«, meinte Frau Soltau und betrachtete voller Sorge das schreiende Kind, das sich in seinem Bettchen hin und her wälzte.

»Rolf sagt: Nur sein Arzt«, erwiderte Mynah, die hilflos und verloren in dem Zimmer herumstand.

»Det kann ick ja schon verstehen – bloß, wenn der nich da is«, meinte Frau Soltau und öffnete ungefragt das Fenster, um frische Luft hereinzulassen.

Die junge Asiatin trat mit gesenktem Kopf vor den

kleinen bunten Hausaltar. »Mynah beten«, kündigte sie mit leiser Stimme an.

Frau Soltau rollte entnervt mit den Augen und sagte: »Det kannste ja außerdem machen, Mädel. Bloß, das reicht nicht. Hier in Deutschland kluges Sprichwort. Weisheit sagt: Hilf dir selbst, denn hilft dir Buddha. Du verstehen?«

Mynah nickte ernst. »Buddha helfen.«

»Ja, aber du mußt auch wat machen. Dokter anrufen«, empfahl die Nachbarin beschwörend.

»Macht Rolf, wenn wiederkommt am Weekend.« Frau Soltau schüttelte energisch den Kopf. »Weekend ist vielleicht zu spät. Jetzt Doktor anrufen.«

Ohne die hilfsbereite Nachbarin zu berühren, machte Mynah eine abweisende Handbewegung. »Jetzt bitte gehen. Rolf will nicht.«

»Der Kleene braucht 'n Arzt«, murmelte Frau Soltau, als sie ratlos die Wohnung verließ. Und wieder brach der kleine Oliver in ein herzzerreißendes Wimmern aus.

Als Pit Soltau Dr. Brockmann am Nachmittag zu den bettlägerigen Patienten fuhr, kam er zögernd auf den Fall des kleinen Oliver zu sprechen – so wie es ihm seine Mutter eindringlich ans Herz gelegt hatte. »Unser Nachbar, der Hallwachs, hat sich die Kleene als Reiseandenken mitjebracht. Und nu hat er Angst, se klaut ihm eener.«

Und während Pit sicher um eine Ecke bog, meinte er: »Für mich wär det sowieso nischt. Jeden Morgen aufwachen und denn blinzeln einen so 'ne fremden Mandelaugen an. Ick weeß nich – wie die kiecken, weeß man nie, wat se denken.«

Grinsend musterte Brockmann, der entspannt auf dem Beifahrersitz saß, den jungen Mann am Steuer. »Denn wollen wir mal zusehen, daß wir 'n Paar treudeutsche

Augen für dich finden – blau und klar wie Bergseen. Aber wenn du glaubst, da kannste immer auf'n Grund sehen, denn besorg dir rechtzeitig 'ne jute Taucherbrille.«

Bevor Brockmann vor dem Haus eines Patienten aus dem Wagen stieg, versprach er Pit: »Na, selbstverständlich fahren wir nachher bei euch vorbei und sehen uns mal das kranke Mandelaugenbaby an.«

Doch als der Doktor am Ende seiner langen Tour vor der Hallwachsschen Etagentür stand, hatte er es genau mit den gleichen Schwierigkeiten zu tun, gegen die am Morgen schon Frau Soltau angekämpft hatte. Mißtrauen und Angst spiegelten sich in den dunklen Augen der jungen Frau wider, die die Tür nur eine Handbreit öffnete, ohne die Sicherheitskette zu entfernen.

»Ich bin Arzt«, sagte Brockmann mit sanfter Stimme. »Ick will Ihnen doch nur helfen. Ihr Kind soll krank sein, höre ich.«

Schließlich tauchte Frau Soltau aus ihrer Wohnung auf und kam Brockmann zur Hilfe. Beschwörend sprach sie auf die junge Nachbarin ein: »Frau Hallwachs, der kleine Oliver schreit doch nun schon stundenlang. Bitte lassen Sie uns rein.«

Mynah schien einen Augenblick lang nachzudenken, dann entfernte sie die Kette und ließ Brockmann zusammen mit Frau Soltau eintreten. Der Arzt beugte sich über das kläglich wimmernde Baby und tastete behutsam den gewölbten Leib des Kindes ab.

Brockmann wandte sich an die Mutter, die weinend am Fenster stand. »Ißt das Kind? Trinkt es?« Mynah schüttelte stumm den Kopf.

Brockmann erkannte, daß es jetzt um Minuten ging. Er griff nach dem Telefon. Und bevor Mynah ihm den

Hörer entwinden konnte, war Frau Soltau neben ihr, nahm sie tröstend in die Arme und führte sie zur Seite, so daß der Doktor ungehindert telefonieren konnte.

Hastig kündigte er seiner Tochter Kathrin einen Notfall an und informierte sie kurz über seine Diagnose: »Wahrscheinlich perforierter Blinddarm.«

Minuten später lief Brockmann mit dem in wärmende Decken gehüllten Baby auf dem Arm ins Freie, gefolgt von Frau Soltau, die die völlig verwirrte Mutter im Schlepptau hinter sich herzog. Geschickt bahnte sich Pit einen Weg durch den dichten Feierabendverkehr. Ohne daß sein Chef auch nur ein Wort darüber verloren hatte, begriff der junge Mann, daß es bei dieser Fahrt um Leben und Tod ging.

Aber als Brockmann dann den kleinen Oliver in der Aufnahme des Krankenhauses behutsam auf eine Liege legte, verrieten ihm die ernsten Gesichter seiner Tochter und der diensthabenden Ärzte, daß alle in diesem Augenblick ähnlich dachten: Zu spät! So gut wie hoffnungslos. Dennoch wurde das Baby sofort in den Operationssaal gebracht. Und wieder bewährte sich die tüchtige, patente Frau Soltau, die Mynah mit sanfter Gewalt zur Seite nahm und tröstend auf sie einredete. In sich zusammengesunken hockte die junge Mutter auf einer der Bänke in dem Flur des Krankenhauses, starrte aus tränenfeuchten Augen stumm vor sich hin, während ihr die Nachbarin beschwichtigend die Hand streichelte.

Trotzdem bat Brockmann Kathrin, sich um die verstörte Frau zu kümmern.

»Du bleibst nicht?« erkundigte sich Kathrin.

Ihr Vater zuckte mit den Schultern und erwiderte: »Helfen kann ick nich. Und ick habe heute noch 'ne andere schwere Operation vor mir.«

»'ne Operation?« wiederholte Kathrin Brockmann verwirrt. »Um was handelt es sich denn?«

»Ick fürchte, um 'ne Herzverpflanzung«, antwortete ihr Vater mit einem traurigen Lächeln.

Und plötzlich verstand Kathrin, was er gemeint hatte. »Bea?« erkundigte sie sich.

Dr. Brockmann nickte und erklärte: »Sie hat um eine Aussprache gebeten.«

Befangen stand Brockmann Bea in ihrem kleinen Flur gegenüber und schien zu überlegen, ob er sie mit einem Kuß begrüßen sollte. So als habe sie seine Gedanken erraten, trat Bea auf ihn zu, schlang ihre Arme um seinen Hals, aber die Umarmung wirkte merkwürdig verkrampft und unnatürlich. Ihre Lippen fanden sich nicht mehr; es wurde ein flüchtiger Kuß auf die Wange. Dann forderte Bea Brockmann mit einer stummen Handbewegung auf, das Wohnzimmer zu betreten.

Steif und angespannt saß Brockmann auf dem Sofa und sah sich in dem geschmackvoll eingerichteten Raum um, als sei er hier zum ersten Mal zu Gast.

»Magst du ein Glas Wein?« fragte Bea, die immer noch abwartend in der geöffneten Tür stand. Brockmann schüttelte den Kopf. »Nee, nee, laß mal. Ick muß ja wahrscheinlich nachher noch fahren. Ick meine, ick werde wohl kaum hier übernachten.«

Bea ließ sich erschöpft in den Sessel fallen. »Das wär ja nicht das erste Mal – ich meine, daß du hier nicht übernachtest, daß du noch mal weg mußt zu irgendeinem Patienten – nachts«, stellte sie seufzend fest.

»Oder daß du plötzlich rüber in die Klause mußtest. Auch nachts – manchmal«, sagte Brockmann.

Bea murmelte. »Wollen wir uns jetzt gegenseitig beweisen, daß wir nicht zusammenpassen?«

Schweigend hingen beide ihren Gedanken nach, bis Brockmann die Stille nicht mehr ertrug. »Machen wir es kurz«, schlug er seltsam gelassen vor. »Dieser Rogener?«

Bea blickte an ihm vorbei und nickte stumm.

»Hab ick vom ersten Augenblick an jewußt«, behauptete Brockmann, jetzt nicht mehr so souverän. »Von dem Moment an, als er hier auf diesem Platz saß und sich deinen Steuerkram anjesehen hat.«

»Ach, Peter«, warf Bea leise ein. »Red doch nicht so einen Unsinn. Da hab ich's ja selbst noch nicht gewußt.«

»Glaube ich dir«, beteuerte Brockmann mit Nachdruck. »So was sieht man als zukünftiger Leidtragender meistens eher.«

So, als habe sie ihm gar nicht zugehört, fuhr Bea fort: »Das war viel später – auf Ibiza.«

Bea setzte sich neben Brockmann auf das Sofa und suchte wohl unbewußt seine Nähe. »Ich habe dich angefleht mitzukommen, Peter.« Sie schüttelte den Kopf und sagte eindringlich: »Mensch, warum bist du bloß nicht mitgekommen?«

»Damit ick in Ibiza zusehe, wie du dich...« Brockmann stockte.

Bea sah ihn traurig von der Seite an. »Ich hänge an dir, Peter. Wahrscheinlich lieb ich dich sogar. Ich weiß es nicht. Es gibt wohl Augenblicke, in denen der Kopf außer Funktion gesetzt ist.«

Sie stand auf, ging unruhig in dem Zimmer auf und ab und ließ sich aufschluchzend wieder in den Sessel fallen. Brockmann saß starr und steif da und stellte verwundert fest: »Meine kesse Bea heult. Meine Bea, die ihr Leben wie 'n Kerl managt, unabhängig, clever, eigene Existenz, verliebt sich und heult ooch noch.«

Bea weinte jetzt haltlos wie ein Kind, und Brockmann

fühlte sich hilflos. »Wenn ick 'n guter Arzt wär, müßt ick dich jetzt wahrscheinlich trösten.«

Bea schüttelte den Kopf und wischte sich die Tränen ab. »Nein, das müßtest du nicht. Ich weiß, daß du das nicht kannst.«

Brockmann dachte einen Augenblick lang nach, dann fragte er leise: »Darf ich jetzt gehen?«

Er erhob sich, ging langsam auf die Tür zu, und als er schon im Flur stand, hörte er Beas Stimme: »Kommst du wieder?«

Er zog die Schultern hoch und blieb ihr die Antwort schuldig.

In dieser Nacht träumte Peter Brockmann von seiner Frau Lore, die er endlich nach langem Suchen in einer wüstenähnlichen Landschaft gefunden hatte. Er streckte seine Hand aus und sagte: »Komm, wir gehen jetzt nach Hause.« Doch Lore schüttelte den Kopf und meinte gequält: »Ich kann nicht mit dir kommen. In der Heimat wird man mir sofort den Prozeß machen, weil ich dich und unser Kind im Stich gelassen habe.«

Er nahm sie in die Arme und flüsterte ihr zu: »Ich kenne da eine hervorragende Rechtsanwältin. Iris Pauli heißt sie. Sie wird dich vor Gericht verteidigen.«

Genau in diesem Augenblick klingelte neben Brockmanns Bett der Wecker. Ein neuer Tag hatte begonnen.

Kathrin meldete kurz nach acht Uhr ihrem Vater telefonisch: »Der kleine Oliver ist tot. Vor gut zwei Stunden ist er gestorben. Toxisches Herz-Kreislauf-Versagen. Wir haben getan, was wir konnten. Dein Verdacht war richtig: ausgedehnte eitrige Peritonitis.«

Obwohl Brockmann mit dem Schlimmsten gerechnet hatte, erschütterte ihn die Nachricht zutiefst. Das kleine Wesen mit den dunklen Mandelaugen, das er vor ein paar Stunden im Arm gehalten hatte, hatte doch gerade erst zu leben begonnen. Warum mußte es so früh sterben? Welchen Sinn hatte der Tod dieses unschuldigen Kindes?

Nachdenklich saß Dr. Brockmann an seinem Schreibtisch, hielt das Telefon immer noch in der Hand, einige Augenblicke unfähig, weiterzusprechen.

Doch dann dachte er an die junge Mutter des Kindes, die jetzt Hilfe und Trost brauchte. Kathrin, die wußte, was jetzt in ihrem Vater vorging, und die ihm darum Zeit gelassen hatte, sich zu fassen, berichtete, sie sei zusammen mit Frau Soltau in der Hallwachsschen Wohnung und kümmere sich um Mynah, die im Krankenhaus einen Zusammenbruch erlitten habe.

Einen Moment lang empfand Brockmann tröstlichen Stolz auf seine große Tochter, die genauso gehandelt hatte, wie er es in dieser Situation getan hätte. »Ich bin dir sehr dankbar, Kathrin«, sagte er leise und legte den Hörer auf.

Jetzt erst merkte er, daß Gabi hinter ihn getreten war, um ihm die Post auf den Tisch zu legen. Ihr Blick fiel auf den leeren Silberrahmen, in dem bis zum Vortag Beas Bild gesteckt hatte. Sie ahnte, was das zu bedeuten hatte, aber sie konnte sich nicht über die Veränderung freuen und empfand auch kein Gefühl des Triumphs.

Flüchtig berührte Gabi Brockmanns Hand, zog dann aus dem Briefstapel eine bunte Ansichtskarte mit malerischem Bergpanorama hervor und schob sie in den Rahmen.

»Ein Gruß von unserer Frau Bausch mit der halben Lunge. Sie fühlt sich blendend im Allgäu«, berichtete Gabi und machte Anstalten, zu ihrem Arbeitsplatz in der Anmeldung zurückzukehren. Doch in der Tür drehte sie sich noch einmal um, deutete auf das Bergmotiv und meinte: »Das ist natürlich nur 'n Übergang, bis wir was Besseres jefunden haben.«

Die einzige gute Nachricht dieses Tages, der so traurig begonnen hatte, kam von Gleisdreieck, der sich Brockmann in den Weg stellte, als er am Abend die Praxis verließ. »Ick wollte Ihnen nur sagen, mein Freund, der Teege, liegt jetzt bei mir. Stützpunkt drei hab ick als Krankenhaus ausjebaut. Und Medikamente nimmt er ooch.«

Brockmann war hellhörig geworden. »Wieso liegt der bei dir? Der hat doch sein Bett bei diesem Blühme.«

»Rausjeflogen«, antwortete Gleisdreieck.

Das Gesicht des Arztes verfinsterte sich. Aber bevor er etwas sagen konnte, erklärte Gleisdreieck hastig: »Ick soll Ihnen ausrichten, daß Sie daran nicht schuld sind, daß er sowieso fällig jewesen wär.«

Brockmann schüttelte ungläubig den Kopf. »Das glaubt er doch selbst nicht. Und du auch nicht.«

»Doch, doch«, beteuerte Gleisdreieck eifrig. »Und wat können Sie für den Blühme sein' miesen Charakter.«

Nachdem der Doktor Gleisdreieck ermahnt hatte, ihn sofort zu benachrichtigen, wenn sich Teeges Gesundheitszustand verschlechtern sollte, setzte er nachdenklich seinen Weg fort.

Am Sonnabend gab Anna Maerker ihre bereits zur Tradition gewordene Gartenparty, zu der sie die Familie, ein paar gute Freunde und mehrere Geschäftspartner der Maerker AG eingeladen hatte. Obwohl Brockmann nicht der Sinn nach ausgelassenen Festen stand, hatte er es nicht übers Herz gebracht, der alten Dame eine Absage zu erteilen. Es hatte ihn große Überredungskunst gekostet, Kathrin dazu zu bewegen, ihn auf das Fest ihrer Großmutter zu begleiten.

Jetzt saßen Vater und Tochter nebeneinander auf dem Bootssteg, ließen die Beine baumeln und blickten schweigend auf das sanft gekräuselte Wasser, bis Brockmann nachdenklich sagte: »Manchmal denk ick, wir haben überhaupt kein Recht, fröhlich zu sein und so'n Fest zu feiern. So'n Blühme lebt und darf Menschen quälen, und so'n kleines Kind von 'ner Frau, für die das hier vielleicht das einzige war, wat se 'n bißchen weniger einsam jemacht hat – das stirbt einfach. Is das jerecht?«

Kathrin hatte ihrem Vater aufmerksam zugehört. »Als ich dir damals gesagt habe, ich will Ärztin werden, da hast du mich angesehen und hast gesagt: Es gibt keinen schöneren Beruf, mit dem man sich so sein Leben versauen kann.«

»Und? Stimmt das?« wollte Brockmann wissen.

»Doch, doch«, beteuerte Kathrin. »Wir sind schon unheimlich edel.«

Über den Rasen hinweg rief Anna Maerker energisch: »Peter! Kathrin! Nun kommt doch endlich. Das Spanferkel ist gleich fertig.«

Vater und Tochter sahen sich ein wenig hilflos an, erhoben sich langsam, um sich zu den übrigen Gästen zu gesellen, die in kleinen Gruppen den großen Garten bevölkerten.

Arm in Arm bogen Brockmann und Kathrin um die Ecke des kleinen Hauses am See und stießen plötzlich mit Iris Pauli zusammen, die wie angewurzelt stehenblieb. Sie musterte zuerst Brockmann, dann die junge Frau an seiner Seite.

Auch Dr. Brockmann war völlig verblüfft, der jungen Rechtsanwältin auf der Party seiner Schwiegermutter zu begegnen. Es dauerte eine ganze Weile, bis er sich wieder gefaßt hatte und die beiden Frauen miteinander bekannt machen konnte: »Kathrin, meine Tochter; Frau Pauli, Rechtsanwältin, für meine juristischen Dusseligkeiten zuständig.«

Sichtlich erleichtert streckte Iris Pauli, die ihre gewohnte Selbstsicherheit zurückgewonnen hatte, ihre Hand aus und begrüßte Kathrin mit großer Herzlichkeit.

Brockmanns Tochter hielt es für angebracht, ihren Vater und die Anwältin allein zu lassen, und schlenderte auf das rauchende Holzkohlenfeuer zu.

Kaum hatte sie sich entfernt, erklärte Iris Pauli, ihr Vorgänger in der Kanzlei, Dr. Schumann, habe sie zu dem Gartenfest mitgenommen, ohne ihr genau zu sagen, wo die Party stattfindet.

»Und wenn Sie vorher gewußt hätten, daß die Gastgeberin Anna Maerker ist – dieselbe Adresse wie Brockmann –, dann wären Sie nicht gekommen?« sagte Brockmann ungläubig.

Iris Pauli nickte. »Ja, so ungefähr.«

»Warum eigentlich nicht? Sie hätten doch Ihren Freund mitbringen können«, meinte der Doktor.

»Das habe ich doch«, erwiderte die Rechtsanwältin. »Vielmehr, er hat mich mitgebracht.«

Zum zweiten Mal innerhalb weniger Minuten verschlug es Brockmann die Sprache. »Dr. Schumann?« fragte er verwirrt.

Iris lächelte ihn von der Seite an. »Ja, Dr. Schumann, mein lieber, väterlicher Freund.«

Und völlig unvermittelt erkundigte sie sich: »Wo ist eigentlich Ihre Freundin? Ich würde sie gerne kennenlernen.«

»Die feiert im Augenblick – recht intensiv – mit einem anderen Herrn«, gab Brockmann offen zu.

»Und, bedauern Sie das?« erkundigte sich Iris mit sachlicher Stimme.

»Ick hüpfe nich gerade vor Vergnügen durch die Gegend«, gestand er.

Iris Pauli blickte zu Boden und sagte leise: »Gefällt mir, daß Sie so ehrlich sind.«

Er hakte sich bei ihr ein, führte sie zu den anderen Gästen und meinte lächelnd: »Ganz schön blöd von mir, nicht? Aber manchmal lüge ich auch.«

Sie blieb stehen, sah ihm offen in die Augen und erklärte sehr bestimmt: »Wär schön, wenn Sie das bei mir vermeiden könnten.«

Obwohl er in seinem blauen Overall zwischen den elegant gekleideten Damen und Herren wie ein Fremdkörper wirkte, nahm niemand von Rolf Hallwachs Notiz, der auf der kiesbestreuten Auffahrt stand und sich suchend umschaute. Jetzt steuerte er mit den Bewegungen eines Schlafwandlers auf Saalbach zu, der sich angeregt mit einer Dame unterhielt. Erst als der Fremde dicht vor ihm stand, unterbrach Saalbach sein Gespräch und sah den jungen, hoch aufgeschossenen Mann fragend an. »Wo finde ich Dr. Brockmann?« erkundigte der sich mit tonloser Stimme.

Saalbach deutete mit der Hand auf seinen Schwager, der jetzt mit zwei Gläsern in der Hand den Rasen überquerte. Der Unbekannte bedankte sich und ging auf Brockmann zu.

»Vermutlich jemand aus der Patientenschaft meines Schwagers. Da schwappt es vom Landwehrkanal schon mal rüber zu uns an den Wannsee, wenn ich das so sagen darf.«

Neugierig geworden stellte die junge Dame fest: »Sie scheinen Ihren Schwager nicht recht zu mögen, nicht?«

Saalbach erwiderte lächelnd: »Sagen wir, ich habe mitunter Schwierigkeiten mit seiner Sozialmeise, mal etwas salopp ausgedrückt. Aber es muß auch solche Leute geben. Wenn sie einem nicht in Geschäfte reinreden würden, von denen sie nichts verstehen.«

Peter Brockmann hob sein Glas und prostete Iris Pauli zu. Genau in diesem Augenblick sah er den Mann im Overall, der zielstrebig auf sie zukam und sich dann drohend vor dem Doktor aufbaute.

»Sind Sie Dr. Brockmann?« erkundigte sich Rolf Hallwachs und musterte den Doktor aus zu Schlitzen verengten Augen, in denen sich Haß und Kummer widerspiegelten.

»Ja. Was kann ich für Sie tun?«

Der junge Mann schüttelte den Kopf und erwiderte: »Nischt. Ick wollte Sie mir nur janz jenau ansehen, damit ick Sie nicht verwechsle.« Linkisch verbeugte er sich vor der Rechtsanwältin und wünschte: »Denn noch 'n schönen Abend.«

Und bevor er den Garten wieder verließ, drehte er sich noch einmal zu den verstreut herumstehenden Gästen um und meinte bitter: »Tolles Fest!«

Erst nach ein paar Minuten hatte sich Brockmann wieder so gefaßt, daß er dem Fremden nachrufen konnte: »Hallo, bleiben Sie doch bitte mal stehen.«

Der Mann begann jetzt zu laufen. Dr. Brockmann folgte ihm, gab aber nach ein paar Metern auf. Verstört kehrte er zu Iris Pauli zurück.

»Was Unangenehmes?« erkundigte sie sich besorgt.

»Sieht so aus, was?« erwiderte er nachdenklich.

Spontan griff sie nach seiner Hand. »Wenn Sie mich brauchen ...«

Brockmann nickte und lächelte dankbar. Sein Blick war auf die kiesbestreute Auffahrt gerichtet, über die sich der Unbekannte im Laufschritt entfernt hatte.

Erleichtert stellt der kleine Manni Schmidt beim Betreten des Behandlungszimmers fest, daß der Doktor am Fenster stand und ihm den Rücken zukehrte. Bevor er sich umdrehte, hatte der Junge bereits blitzschnell seinen Spankorb in eine Ecke gestellt und mit seiner grünen Windjacke zugedeckt. Jetzt krempelte er den Ärmel seines Hemdes auf und hielt Dr. Brockmann den entblößten Arm entgegen.

Während der die Spritze aufzog, fiel ihm das traurige Gesicht seines kleinen Patienten auf, der normalerweise trotz seines schlechten Gesundheitszustandes vor Lebenslust nur so sprühte. Der Doktor gab Manni einen freundschaftlichen Klaps auf die Schulter und erkundigte sich: »Warum kiekste denn wie 'n Trapper, dem se das Pferd jeklaut haben?«

»Mit Pferd liegen Se jar nich mal so falsch. Bloß kleener«, meinte Manni und biß die Zähne zusammen, als er den Einstich der Injektionsnadel spürte. Noch verstand Brockmann kein Wort. Der Dreikäsehoch aber vergaß, den Wattebausch festzuhalten, den der Arzt auf die Einstichstelle gelegt hatte, lief rasch durch das Behandlungszimmer und holte den Korb hervor, den er dem Doktor unter die Nase hielt.

Dr. Brockmann traute seinen Augen nicht. In dem Körbchen hockte auf einer Handvoll Stroh ein kleiner, schwarzer, zitternder Hase.

»Mensch, Manni, du kannst mir doch hier keene Viecher in die Praxis bringen«, schimpfte Brockmann gutmütig und schob den Jungen zur Tür.

Manni, der mit dieser Reaktion gerechnet hatte, preßte den Korb mit dem Hasen gegen seine Brust und stammelte aufgeregt: »Det is Batman. Der frißt seit vorjestern nischt.«

Brockmann hatte Mühe, nicht die Beherrschung zu verlieren. »Na, da mußt du mit ihm zum Tierarzt.«

Der Junge schüttelte den Kopf und schaute ängstlich zu dem Doktor auf. »Det kann ick nich, ick durfte Batman bloß haben, wenn et keene Schwierigkeiten jibt. Und Tierarzt kostet. Nun dachte ick, uff mein' Krankenschein.«

»Mensch, Manni, ick bin Menschendoktor. Ick kann dein Kanickel nich auf Krankenschein behandeln«, belehrte Brockmann das Kind, das mühsam gegen die Tränen ankämpfte.

Dieser Blick aus tränenfeuchten Kinderaugen rührte ihn so sehr, daß er den Jungen an die Hand nahm und in die Anmeldung führte. »Gib Manni doch mal die Adresse von Dr. Schlemmer«, bat er Gabi. Die schien völlig in Gedanken versunken zu sein, schreckte auf und sah Brockmann verstört an, so daß er seine Bitte wiederholte. Dann legte er seinen Arm beschwichtigend um Mannis Schultern und erklärte ihm: »Dr. Schlemmer ist Tierarzt – ein Freund von mir. Ich ruf den an. Das mit dem Geld kriegen wir schon hin.«

Noch traute der Dreikäsehoch dem Frieden nicht. »Die stecken Batman in'n Kochtopf, det kriegen die fertich«, sagte er und brach in Tränen aus.

»Kranke Hasen ißt man nicht«, behauptete der Doktor, und seine Worte klangen so überzeugend, daß Manni, der jetzt wieder lächeln konnte, sichtlich erleichtert mit seinem Hasen die Praxis verließ.

Brockmann wandte sich Gabi zu, die immer noch mit versteinertem Gesicht an ihrem Schreibtisch saß. »Is wat?« erkundigte er sich.

Wortlos reichte sie ihm einen Zettel. Dr. Brockmann überflog den mit ungelenker Hand geschriebenen Brief, in dem es hieß: »Herr Brockmann, Sie haben nur noch sechs Tage zu leben.«

»Ein paar häßliche anonyme Briefe haben wir ja schon hin und wieder jehabt, mal von den Liebesbriefen abjesehen, aber so wat«, sagte Gabi kopfschüttelnd.

Brockmann versuchte, sich nicht anmerken zu lassen, daß auch ihn der Drohbrief nicht völlig kalt ließ. »Sechs Tage sind doch 'ne janz schöne Lebenserwartung«, meinte er mit gespielter Kaltschnäuzigkeit und legte den Zettel achtlos zur Seite. »Der nächste bitte!« Mit diesen Worten verschwand er in seinem Behandlungszimmer.

Gabi sprang von ihrem Platz auf und folgte ihm. »Willst du nich die Polizei anrufen? Das ist 'ne Morddrohung«, erklärte sie mit Nachdruck.

Der Doktor winkte ab. »Und was soll die Polizei machen? Mir 'n Leibwächter vor die Tür stellen?«

Und um Gabi zu beruhigen, versprach er: »Ich ruf nachher Iris an, die Frau Pauli.«

Fassungslosigkeit spiegelte sich in Gabis Gesicht wider. »Na, fabelhaft. Rechtsanwälte können einen ja bekanntlich vor so wat beschützen. Besonders weibliche«, meinte sie sarkastisch.

»Mensch, wat haste denn?« fragte Brockmann, den Gabis Reaktion mehr berührte als der Drohbrief.

Sie blickte zu Boden und gestand leise: »Ick mach mir Sorgen – du Idiot.«

Blitzschnell wandte sie sich ab und stürmte aus dem Behandlungszimmer.

Während des ganzen Tages mußte Gabi an den anonymen Brief denken, und je näher der Feierabend kam, desto größer wurde ihre Angst um Brockmann.

Als der letzte Patient gegangen war, ging sie zu ihm, machte sich an dem Schrank mit Instrumenten zu schaffen und meinte beiläufig: »Wir könnten ja eigentlich mal wieder essen gehen. Ich meine, jetzt wo Frau Bea Knapp sich aus deinem Leben zurückgezogen hat. Da gibt es wenigstens keine Schwierigkeiten mehr.«

»Die hätt's auch vorher nicht gegeben«, behauptete Brockmann und bemerkte Gabis zweifelnden Blick, der ihn sofort dazu veranlaßte, Bea zu verteidigen: »Das war zwischen uns immer ganz klar. Da hatte jeder seine Freiheit.«

»Na, das hat ja auch prima funktioniert«, stellte Gabi trocken fest. »Also, was ist mit Essen gehen?«

Ohne von seinen Papieren aufzusehen, die vor ihm auf dem Schreibtisch lagen, erwiderte der Doktor zerstreut: »Na klar, warum nicht?«

»Schönet Jefühl, wenn man so jefragt ist«, meinte Gabi Köhler ein wenig bitter.

Und ehe Brockmann etwas erwidern konnte, fragte sie: »Und was machste jetzt mit diesem Drohbrief?«

Der Doktor bemühte sich, Überlegenheit zur Schau zu stellen. »Der Drohbrief? Den schmeiß ick in 'n Papierkorb«, kündigte er an.

»Na, dann ist das Problem ja gelöst«, sagte sie.

Beim Essen in einem kleinen Lokal wollte keine Stimmung aufkommen. Lustlos stocherten Gabi und Brockmann auf ihren Tellern herum und hingen schweigend ihren Gedanken nach, die ständig um die Gefahr kreisten, die sich da drohend abzeichnete. Dennoch versuchte Gabi, durch immer weitere Bestellungen den Aufbruch zu verhindern, so als dürfe sie ihn jetzt nicht allein lassen. Erst als er versprochen hatte, auf direktem Weg nach Hause zu gehen, verabschiedete sie sich mit einem flüchtigen Kuß von ihm und flüsterte ihm ängstlich zu: »Paß auf dich auf, ja?«

Brockmann parkte seinen Wagen direkt vor seiner Praxis und ging mit schnellen Schritten auf den Hauseingang zu. Erst als er hinter sich Schritte hörte, fuhr er herum und erkannte Gleisdreieck, der ihm aufgeregt folgte. »Allet in Ordnung, Herr Doktor?« fragte er besorgt. Seit dem Zwischenfall in seiner Stammkneipe hatte Gleisdreieck das Gefühl, völlig versagt zu haben, weil er sich nicht schützend vor den Doktor gestellt hatte. Und jetzt war er bemüht, sein Versagen durch noch größeren Eifer und noch mehr Anteilnahme wettzumachen.

»Ick hab 'n Drohbrief bekommen«, erklärte Dr. Brockmann nach kurzem Nachdenken.

»Drohbrief? Au Backe! Sehn Se«, sagte Gleisdreieck und tat so, als sei diese Nachricht für ihn keine allzugroße Überraschung.

»Muß ja nich von den Typen aus deiner Kneipe kommen«, erwiderte Brockmann.

»Wat wird denn jedroht? Kloppe?« wollte Gleisdreieck wissen.

»Nee, alle machen«, antwortete Dr. Brockmann und fuhr sich mit der flachen Hand quer über den Hals. »Vielleicht kannste mal rumhören, ob der Brief von dem Typen stammt, der in der Kneipe den wilden Mann jemacht hat.«

»Krieg ick raus«, versprach Gleisdreieck und bog um die nächste Hausecke, nachdem er sich von Brockmann mit einer Handbewegung verabschiedet hatte.

Als Brockmann am nächsten Morgen die Anmeldung seiner Praxis betrat, hielt ihm Gabi einen neuen Drohbrief entgegen, den er sofort achtlos zur Seite legte, ohne ihn überhaupt gelesen zu haben. »Wir raten mal, ja. Wenn ick richtig rechne, müßte draufstehen: Sie haben noch fünf Tage zu leben«, vermutete Brockmann mit spöttischem Grinsen, mit dem er seine wachsende Angst zu vertuschen versuchte.

»Du mußt was unternehmen«, ermahnte ihn Gabi eindringlich.

Nervös ging Brockmann im Zimmer hin und her und meinte gereizt: »Ja, ja, ich bin schon dran an der Sache. Gleisdreieck hört sich bereits um.«

Empört sprang Gabi vom Platz hinter ihrem Schreibtisch auf. »Verstehe, du beschäftigst Profis«, stellte sie knapp fest. Brockmanns streitbare Leichtfertigkeit machte sie nervös und ungerecht.

Brockmann fühlte sich veranlaßt, Gleisdreieck zu verteidigen: »Paß mal auf, der kriegt mehr raus als die Polizei.«

In einem Anflug von Wut über den unbekannten Briefschreiber, der ihn seit dem Vortag in Atem hielt, ballte er die Hände zu Fäusten und murmelte trotzig: »Das wollen wir doch mal sehen, ob mich einer auf diese miese Tour kleinkriegt.«

»Woher weißt du eigentlich, daß es ein ›Er‹ ist?« fragte Gabi nachdenklich, nachdem sie bereits die wildesten Spekulationen über den Verfasser der anonymen Briefe angestellt hatte.

Brockmann zog die Augenbrauen hoch und musterte sie skeptisch. »Wieso? Schreibst du die Dinger?«

»Sehr witzig, Herr Doktor«, erwiderte Gabi kopfschüttelnd. Nach Blödeleien stand ihr jetzt nicht der Sinn.

Am Nachmittag tauchte Gleisdreieck in der Praxis auf, um einen kurzen, nichtssagenden Bericht über seine Recherchen abzugeben. »Nischt Jenaues weiß man nich. Aber ick beobachte weiter«, kündigte er ein bißchen wichtigtuerisch an und verabschiedete sich wieder. Gabi sah ihm finster nach und stellte mit sarkastischer Stimme fest: »Prima, die Sache ist in besten Händen.«

Einem Impuls folgend griff sie nach Brockmanns Hand und flüsterte eindringlich: »Du machst wat falsch, Peter. Ick spüre das.«

Ihre Anteilnahme tat Brockmann gut. Gequält lächelnd gab er zu: »Wahrscheinlich hast du recht. Aber er – oder sie – läßt mir ja noch ein paar Tage.«

Von nun an fand Gabi an jedem Morgen in der Post Drohbriefe, die alle nach dem gleichen Schema verfaßt waren. Stets der gleiche Text: Sie haben noch vier Tage zu leben, dann drei, dann zwei; nur am Freitag hieß es: Morgen sind Sie fällig.

»Der macht keine Witze, der meint es ernst«, sagte Gabi gepreßt, als sie Brockmann den Zettel überreichte.

»Morgen früh haben wir bloß die paar Samstagspatienten. Danach geh ich zur Polizei«, versprach der Doktor, der in der letzten Nacht schlecht geschlafen hatte und sich jetzt müde und zerschlagen fühlte.

»Warum erst morgen? Warum nicht gleich?« fragte Gabi ungeduldig. Er zeigte auf das vollbesetzte Wartezimmer. »Soll ick meine Patienten nach Hause schicken und meine Hausbesuche absagen?«

Gabi Köhler faltete die Hände, senkte den Kopf und sprach mit feierlicher Stimme: »Hier ruht Dr. Brockmann. Seine Patienten waren ihm wichtiger als sein Leben.«

Und während sie das sagte, merkte sie, daß ihr auch Spott und Ironie nicht helfen konnten, mit ihrer Angst fertigzuwerden.

Als Brockmann am Nachmittag zu den Hausbesuchen aufgebrochen war, starrte Gabi lange nachdenklich auf das Telefon, bis sie sich endlich dazu durchgerungen hatte zu handeln. Mit zitternder Hand wählte sie die Nummer von Iris Pauli, und als sie sich meldete, sagte sie atemlos vor Aufregung: »Ich muß Sie unbedingt sprechen, Frau Rechtsanwältin. Es geht um meinen Chef, Dr. Brockmann. Nein, am Telefon kann ich Ihnen das nicht erklären.«

Iris Pauli war sichtlich neugierig geworden. »Gut, wenn das wirklich so dringend ist, dann kommen Sie bitte heute abend in meine Kanzlei.«

Drei Stunden später legte Gabi der Anwältin die sorgfältig geglätteten Drohbriefe auf den Tisch, die Iris Pauli im Schein der Schreibtischlampe aufmerksam begutachtete, wobei sie eine Lupe zur Hilfe nahm. Aber auch sie konnte nicht die geringste Spur, keinen Hinweis auf den Absender entdecken.

»Dr. Brockmann hatte vor ein paar Tagen Zoff mit irgendwelchen Zuhältern in einer Kneipe. Er denkt, die wollen ihn bloß ein bißchen einschüchtern«, berichtete Gabi. »Wenn die nu aber doch Ernst machen. Ich dachte, wenn Sie als Rechtsanwältin zur Polizei gehen und denen das erklären, dann unternehmen die vielleicht eher was, als wenn ich als kleine Sprechstundenhilfe da aufkreuze. Die würden bestimmt fragen: Warum kommt ihr Doktor nicht selber?«

Iris Pauli seufzte leise. »Das werden die mich allerdings auch fragen. Ich werde versuchen, ihnen zu erklären, daß Peter Brockmann ein idiotischer, alberner Dickschädel ist.«

Sie hatte das so warmherzig gesagt, daß Gabi erstaunt den Kopf hob, sie prüfend anschaute und nach einer kurzen Pause traurig lächelnd fragte: »Sie mögen ihn, nicht?«

Iris Paul nickte stumm.

»Kann ich verstehen«, gestand Gabi leise. »Obwohl er genau das ist, was Sie sagen.«

Der helle Schein der Schreibtischlampe fiel auf die beiden Frauen, die sich schweigend in dem ansonsten dunklen Raum gegenüber saßen. Iris Pauli hatte längst verstanden, daß Gabi Köhler viel mehr für Brockmann empfand als nur freundschaftliche Gefühle für einen Chef, der trotz mancher Macken und mancher Kanten ein liebenswerter Mensch war. In ihrer Zuneigung zu ihm waren Iris Pauli und Gabi so etwas wie Rivalinnen. Aber stillschweigend hatten sie an diesem Abend eine Art Waffenstillstand geschlossen.

Nach einer unruhigen, schlaflosen Nacht versuchte Brockmann, am frühen Sonnabendmorgen seine Nerven zu beruhigen, indem er sich in seinen Kahn setzte, um auf Havel ein paar Runden zu rudern. Er warf einen prüfenden Blick zum Himmel und sah, daß vom Westen her dunkle Regenwolken aufzogen und beschloß, sich dicht am Ufer zu halten, damit er beim ersten Guß rasch Unterschlupf am Ufer finden konnte.

Mit kräftigen, gleichmäßigen Ruderschlägen trieb er das Boot durchs Wasser und spürte, wie er allmählich ruhiger wurde. Die Alpträume der vergangenen Nacht verblaßten. Tief atmete er den Geruch des Wassers und des frischen Grüns der Uferbüsche ein, an denen er lautlos vorbeiglitt.

Plötzlich aber wurde die Stille des Morgens durch das peitschende Geräusch eines Schusses zerrissen. Unmittelbar neben dem Boot schoß eine Wasserfontäne auf. Brockmann saß wie erstarrt und begriff noch nicht, was passiert war. Sekunden später fiel ein zweiter Schuß. Diesmal pfiff das Geschoß haarscharf am Kopf des Doktors vorbei. Ein drittes Geschoß sprang in die Wand des Kahns. Sprudelnd drang das Wasser in das Boot.

Rückwärts ließ sich Brockmann über die Bordwand ins Wasser fallen und schob das Boot wie eine Art Deckung vor sich her. Irgendwo am Ufer bellte wütend ein Hund, und eine Männerstimme rief laut: »Hasso, bei Fuß.«

Dr. Brockmann hob schwimmend den Kopf, blickte über den Rand seines Kahns, der durch das einlaufende Wasser immer tiefer sank, und sah, wie eine Gestalt durch die Büsche am Ufer hastete. Sekunden später war der Mann im Dickicht verschwunden.

Das langsam sinkende Boot vor sich her schiebend,

erreichte Brockmann den Anleger. Der Kahn lag jetzt schräg im seichten Uferwasser. Völlig erschöpft ließ sich Brockmann auf die hölzernen Planken des Bootsstegs fallen und rang nach Luft.

Es dauerte eine ganze Weile, bis er in der Lage war, sein kleines Haus zu betreten, wo er die durchnäßten Kleider abstreifte und sich umzog.

Als er eine Stunde später seine Praxisräume betreten wollte, stolperte er im schummrigen Treppenhaus über Gleisdreieck, der auf einer Stufe hockte und auf seinen Schützling wartete. Immer noch stand der Doktor unter dem Eindruck des Anschlags, und so fiel seine Begrüßung diesmal knapper und ruppiger aus, als es Gleisdreieck von Brockmann gewohnt war.

Gleisdreieck erhob sich von der Treppe und flüsterte: »Also, ick hab mich jetzt bei die Luden in der Jejend durchjehorcht. Die sind das nicht. Die würden sich auch nich mit so 'nem Pipifax wie Drohbriefe abjeben – hör ick alljemein. Die würden gleich ballern.«

»Es hat jeballert«, berichtete Dr. Brockmann.

Erschrocken preßte Gleisdreieck die rechte Hand gegen die Lippen und sagte zutiefst beeindruckt: »Au, Backe.«

Brockmann versuchte zu lächeln, was ihm aber nicht recht gelingen wollte und meinte: »Wie du siehst – ick lebe noch.«

Und jetzt empfahl sogar Gleisdreieck, der ähnlich wie Brockmann ein gespanntes Verhältnis zu allen Uniformträgern hatte: »Ick würde jetzt aber doch mal zu den Bullen jehen.«

»Nach der Sprechstunde.« Brockmann zeigte nach oben. »In meiner Praxis bin ich ja erst mal sicher.«

»Ick bleib in der Nähe – für alle Fälle«, versprach Gleisdreieck und bezog vor dem Haus Wachposten.

Zum ersten Mal während seiner ganzen Tätigkeit als Arzt fiel es Brockmann an diesem Vormittag schwer, sich auf die Probleme seiner Patienten voll zu konzentrieren. Er reagierte ungeduldig und gereizt auf die großen und kleinen Sorgen der Kranken, so daß Gabi, die noch nichts von dem Zwischenfall auf dem See wußte, erstaunt feststellte: »'ne Laune hast du heute.«

Und als dann noch eine ganze Gruppe türkischer Frauen aufgeregt durcheinander redend in der Anmeldung erschien, um einen kleinen, etwas aufgeschwemmt aussehenden Jungen, der leise vor sich hin wimmerte, als Notfall zu präsentieren, verlor der Doktor fast die Selbstbeherrschung. Denn eine kurze Untersuchung, bei der die Türkinnen dem Arzt nicht von der Seite wichen, und eine Befragung des weinenden Kindes ergaben, daß die Leibschmerzen auf Überfütterung mit Unmengen von Süßigkeiten zurückzuführen waren, die zu einer Verstopfung geführt hatten. Brockmann gab einige Anweisungen zu einer abführenden Ernährung und ermahnte die Frauen: »Jeben Se dem Kleinen nich so viel süßet Zeug!«

Die Türkinnen bedankten sich und traten als geschlossene Gruppe den Rückweg an.

»Wieder mit großer Eskorte. Bei denen ist der Mann wenigstens noch was wert«, sagte Brockmann zu Gabi und sah, wie eine der Frauen dem Kleinen einen großen Riegel Schokolade tröstend in den Mund schob.

Das Wartezimmer war endlich leer. »Dann werde ich jetzt mal zur Polizei gehen«, kündigte Brockmann an und stand einen Augenblick lang unschlüssig in der Anmeldung, so als müsse er seinen Entschluß noch einmal gründlich überdenken. Dann machte er kehrt und strebte dem Ausgang zu. Er hatte bereits den Griff der Tür in der Hand, als das Telefon auf Gabis Schreibtisch summte. Brockmann blieb zögernd stehen. Gabi nahm den Hörer ab. Brockmann hörte sie nach einer kurzen Pause sagen: »Wenn ich Sie mit dem Herrn Doktor verbinden soll, muß ich schon wissen, wie Sie heißen.«

Sie winkte Brockmann zu sich heran, verdeckte die Sprechmuschel mit der flachen Hand, und bevor sie ihm den Hörer überreichte, flüsterte sie aufgeregt: »Ein Mann. Will seinen Namen nicht sagen. Klingt wie aus 'ner Telefonzelle.«

»Was kann ich für Sie tun?« fragte Brockmann ruhig.

Der Unbekannte am anderen Ende sprach merkwürdig gepreßt, so als kämpfe er verzweifelt gegen seine Tränen an. »Wat Sie für mich tun können?« Der Anrufer schwieg. Brockmann hörte im Hintergrund die Geräusche vorbeifahrender Autos. Ganz unvermittelt brach der Unbekannte in ein höhnisches, schrilles Gelächter aus. »Fragen Se lieber, wat ick für Sie tun kann. Heute morjen sind Sie mir noch entwischt. Aber ick kriege Sie, verlassen Se sich drauf.«

Brockmann verstand sofort, mit wem er da sprach: »Wer sind Sie denn? Was habe ich Ihnen getan?«

»Sie haben meinen Kleenen, meinen Jungen, ha'm Sie auf'm Jewissen.«

»Welchen Jungen? Sie müssen mich verwechseln.«

»Nee, ick verwechsel Sie nich. Meinen Oliver haben Se umjebracht«, schluchzte der Anrufer.

»Ick kenn keinen Oliver«, sagte Brockmann.

Und wieder brach der Unbekannte in ein böses Gelächter aus. »Kennen Se nich. Nee! Genauso eener sind Sie, Sie sojenannter Dokter. Nich mal den Namen wissen Sie mehr. War ja auch bloß 'n Fall. Dot, abjehakt. Der Nächste bitte.«

In der Stimme des Mannes lag eine Art Verachtung, die Brockmann tief betroffen machte. Jetzt schien der

Mann zu weinen. Der Doktor hörte immer wieder unterdrücktes Schluchzen.

»Wollen Sie mir nicht sagen, wie Sie heißen?« fragte er behutsam.

»Jawoll«, schrie der Mann am anderen Ende. »Und den Namen werden Se denn vielleicht behalten bis an Ihr Lebensende. Hallwachs heiß ick.«

Jetzt erst schien dem unbekannten Anrufer bewußt geworden zu sein, daß er sich verraten hatte. Plötzlich war die Verbindung unterbrochen. Der Mann hatte aufgelegt.

Wie betäubt stand Brockmann neben Gabi, und vor seinem geistigen Auge zogen die Bilder vorbei, die der Name ›Hallwachs‹ ganz plötzlich in ihm wachgerufen hatte: das überladene Wohnzimmer, in dem es beklemmend nach Räucherstäbchen roch, die ängstlichen Augen der jungen Asiatin; dann das fiebernde, weinende Kind, für das jede Hilfe zu spät gekommen war.

»Der denkt, ick bin daran schuld, daß sein Kleener jestorben ist, und will mich jetzt abknallen«, sagte Brockmann erschüttert. Sofort schreckte Gabi auf. »Abknallen?« fragte sie ungläubig.

»Ja, heute morgen auf dem See hat einer auf mich jeschossen.«

»Ruf sofort die Polizei«, rief Gabi aufgeregt und griff nach dem Hörer, den er ihr rasch wieder entriß.

»Mensch, das kann ich doch jetzt nicht mehr. Das ist versuchter Mord. Der Mann hat seinen Sohn verloren, und denn jeht er obendrein noch in'n Knast«, sagte Brockmann mit Nachdruck.

Gabi verstand die Welt nicht mehr. »Das darf natürlich nicht sein. Da läßt Menschenfreund Brockmann sich lieber abknallen«, schüttelte sie verständnislos den Kopf.

Brockmann machte kehrt und stürmte zur Tür. »Was machst du«, wollte Gabi wissen.

»Ich fahr zu dem Mann hin. Erklär ihm das alles«, kündigte der Doktor an und rannte aus dem Zimmer.

»Du bist ja nicht zu retten«, rief ihm die Sprechstundenhilfe nach. »Außerdem hat der aus 'ner Zelle anjerufen.«

Mit großen Schritten überquerte Brockmann vor dem Haus die Fahrbahn und lief auf seinen Wagen zu, der auf der gegenüberliegenden Seite stand. Er bemerkte nicht die schlanke, hoch aufgeschossene Gestalt, die sich etwa vierzig Meter von ihm entfernt gegen den Pfeiler der Hochbahn lehnte.

Jetzt zog der Mann mit zitternder Hand einen Karabiner aus einem Segeltuchfutteral, suchte hinter dem Pfeiler Schutz und richtete die Waffe drohend auf Brockmann, der vor seinem Auto stand.

Und während der Schütze sein Opfer mit zusammengekniffenen Augen anvisierte, verrzerrte sich sein Gesicht. Jetzt zielte er sehr genau auf Brockmanns Kopf. Schon legte sich der Zeigefinger der rechten Hand um den Abzug, krümmte sich langsam, aber bevor er den Druckpunkt gefunden hatte, sprang Gleisdreieck, der sich von hinter unauffällig und leise herangschlichen hatte, den Mann an und versuchte, ihm das Gewehr aus der Hand zu schlagen. Ein Schuß löste sich und prallte gegen die Eisenkonstruktion der Hochbahn.

Von dem Geräusch aufgeschreckt, drehte sich Brockmann um und sah die beiden Männer, die mit gezogenen Pistolen aus ihrem Wagen sprangen und auf den bewaffneten Schützen zuliefen, der immer noch erbittert mit Gleisdreieck rang. Die Angst schien Gleisdreieck ungeahnte Kräfte zu verleihen.

»Waffe weg! Hände hoch!« riefen die beiden Beamten

in Zivil dem Täter zu. Wenige Minuten später hatten sie ihn entwaffnet und überwältigt. Sie rissen seine Hände auf den Rücken, legten ihm Handschellen an und schoben ihn zu einem Polizeifahrzeug. Wie erstarrt stand Brockmann da, und jetzt erst erkannte er in dem gefesselten Mann den Unbekannten wieder, der ihn auf Anna Maerkers Gartenparty angesprochen und bedroht hatte. Einer der Kriminalbeamten kam auf den Doktor zu und bat ihn, für ein Protokoll mit auf die Wache zu kommen.

Das Verhör bei der Kriminalpolizei zog sich über Stunden hin. Obwohl Brockmann bewußt war, daß es Hallwachs in seinem verzweifelten Haß auf sein Leben abgesehen hatte, fand der Arzt im Verlauf der Vernehmung mehrere Argumente, mit denen er den Anschlag zu rechtfertigen suchte. »Ick hätte mit dem Mann reden sollen«, sagte der Doktor zu dem Beamten, der das Protokoll aufnahm. »Ick hätte ihn nicht nach dem Tod seines Kindes allein lassen dürfen, denn wär det nich passiert.«

Am Ende der Vernehmung fühlte sich Brockmann so erschöpft, daß er sich nicht mehr in der Lage sah, hinaus an den Wannsee zu fahren. So beschloß er, die Nacht in den Räumen hinter der Praxis zu verbringen.

Damals während des Krieges hatte er als junger Flakhelfer zum ersten Mal Tod und sinnlose Zerstörung kennengelernt. Aber im Laufe der folgenden Jahre war ihm das gesicherte, geregelte Leben so vertraut geworden, daß ihn jetzt die Begegnung mit der Gewalt nachdenklich und betroffen gemacht hatte.

Als er müde seine Praxis betrat, traf Brockmann dort zu seinem Erstaunen nicht nur Gabi, sondern auch Iris Pauli an. Bedrückt und stumm saßen sie nebeneinander und starrten auf die geöffnete Tür, in der Brockmann stand – blaß und abwesend.

Iris erhob sich von ihrem Platz, so, als seien ihre Lebensgeister plötzlich wieder erwacht, lief auf Brockmann zu, schlang für einen kurzen Augenblick die Arme um seine Schultern. Alles, was ihn bisher so verunsichert hatte – ihre Unnahbarkeit, ihre Kühle – schien verschwunden. Brockmanns Blick wanderte zu Gabi, die mit einem kleinen, traurigen Lächeln verloren hinter ihrem Schreibtisch saß. Sie erhob sich langsam, zog ihren Mantel an und verließ unauffällig den Raum. Brockmann wollte sie zurückhalten, tat es dann aber nicht.

Erst als Gabi schon eine Weile fort war, fragte Brockmann Iris: »Wie kommst du eigentlich hierher? Ick meine, wie hast du jewußt...«

Iris Pauli berichtete von Gabis Besuch in ihrer Kanzlei, von ihrer Unterredung mit den Kriminalbeamten, denen sie die Drohbriefe vorgelegt hatte und sagte: »Einer der Herren war dann so nett, mich sofort darüber zu informieren, daß du den Anschlag überlebt hast und daß der Mann festgenommen werden konnte. Und da bin ich sofort hierher.«

»Würdest du ihn vor Gericht verteidigen? Ich meine, der Hallwachs braucht jetzt Hilfe. Wahrscheinlich wußte er ja nicht, was er tat. So wat jibt es doch«, meinte Brockmann.

Die Anwältin dachte schweigend nach und murmelte schließlich: »Ich bitte um Bedenkzeit. Ich muß mir das noch mal durch den Kopf gehen lassen.«

Iris beobachtete Brockmann eine Weile, wie er nachdenklich auf und ab ging. Brockmann trat ans Fenster, zog die Lamellen der Jalousie beiseite. Er öffnete das Fenster. Kühle, erfrischende Luft wehte in den Raum. Der Westwind hatte sie über die Elbe, über die weiten Felder des Havellands getragen, rein und frei von Industrieabgasen. Zufall wahrscheinlich hatte verhindert, daß der giftige Mief des Fortschritts, daß die Ausdünstungen von Fabriken sich in dieser Ozonschneise, die von Südheide über Kyritz, Brandenburg, Potsdam bis in die Kladower Berge reicht, breitmachen konnten.

Brockmann atmete einen Hauch von dem ein, was in seiner Jugend die legendäre Berliner Luft würzte. Er sah in den Himmel. Es gibt wieder Mauersegler, dachte er und verfolgte den Flug der Vögel, die hoch oben Insekten jagten. Das versprach einen schönen nächsten Tag. Aus einiger Entfernung hörte er die Verkehrsgeräusche der Bülowstraße und der Potsdamer Straße. Unten spielten Kinder. Deutsche Stimmen mischten sich mit türkischen. Die ersten Schönen der Nacht schlenderten in ihre Reviere. Hinter den Fenstern der gegenüberliegenden Häuser zuckten die fahlen Lichtwechsel der Fernsehapparate. Dort wohnten die Menschen, die Rat und Hilfe bei ihm suchten oder auch nicht. Die, die ihn mochten, und wohl auch einige, die er enttäuscht hatte, vielleicht sogar welche, die ihn ablehnten und haßten wie Rolf Hallwachs, den er gar nicht kannte und dessen Kind er hatte retten wollen.

Brockmann fühlte sich plötzlich auf unerklärliche Weise elend und wehmütig. Er sehnte sich nach dem Havelufer, nach dem Blick von Lindwerder zu den dunklen Kiefern um den Grunewaldturm, die immer dunkler wurden, wenn die Sonne hinter den Hängen der Gatower Heide unterging. Das konnte er vom Bootsteg vor seinem Häuschen aus beobachten, und da wollte er jetzt hin.

Brockmann zuckte ein wenig zusammen, als Iris hinter ihm vorsichtig zu sprechen begann.

»Ich hab vorhin was zum Abendessen eingekauft. Es reicht für zwei.«

Brockmann schloß das Fenster. »Ick hab 'ne Küche in meiner Bude. Könntest du dir vorstellen ...«

Iris nickte mit einem kleinen Lächeln.

In der Kochnische des Häuschens am See zog Iris ein Paket aus der Tasche, fand im Hängeschrank eine Pfanne und machte sich am Herd zu schaffen. Brockmann beobachtete sie aus einiger Entfernung mit mißtrauischen Augen, bis Iris zu Tisch bat.

Schweigend aßen sie die Steaks, tranken dazu herben italienischen Weißwein, und kaum waren die Teller leergegessen, da nahm Brockmann das Geschirr und trug es zu der Spüle.

»Was machst du denn da?« fragte Iris und lehnte sich auf ihrem Stuhl zufrieden zurück.

»Ich spül das gleich 'n bißchen ab«, rief Brockmann ihr zu.

Sie stand auf, trat neben ihn und drehte den Wasserhahn ab. »Komm, laß das. Ich mach das nachher.«

Er sah sie an. »Du?«

»Ja, warum nicht? Das gehört zum Kochen.«

Brockmann schüttelte den Kopf und behauptete: »Ick finde immer, wenn man so was gleich macht... Außerdem, ich möchte nicht, daß du das Gefühl hast, ich beute dich aus.«

»Ausbeuten?« sagte Iris Pauli. »Was soll denn das heißen?«

Verlegen schüttelte Brockmann den Kopf und gab zu: »Quatsch! Ick kann das bloß nicht vertragen, wenn jemand in meiner Küche rumfummelt.«

Ein spöttisches Lächeln lag auf Iris' Gesicht. »Vielleicht haben sich meine Vorgängerinnen zu ungeschickt angestellt. Laß es mich doch mal versuchen.«

»Deine Vorgängerinnen? Das hört sich ja nach drei Dutzend an.«

»Wie viele waren's denn?« wollte es Iris nun genauer wissen.

»Jedenfalls hat hier noch nie eine Frau gekocht oder abgewaschen«, wich Brockmann aus.

Das nahm ihm Iris nicht ab. »Na, deine Frau wird hier doch wohl auch gekocht und abgewaschen haben«, meinte sie.

»Lore?«

»Ja, wenn sie Lore heißt, Lore«, sage Iris leise.

»Lore kennt das hier überhaupt nicht. Ich hab es später erst ausbauen lassen.«

Iris Pauli griff nach ihrem Glas, trank und sagte plötzlich in die Stille hinein: »Hast du sie eigentlich sehr geliebt?«

»Sonst hätte ich sie ja wohl nicht geheiratet«, meinte Brockmann mit einem beobachtenden Seitenblick und fügte hinzu: »Müssen wir jetzt darüber reden?«

»Nein, natürlich nicht.«

Als das Telefon klingelte, schickte Brockmann ein Stoßgebet zum Himmel: »Bitte, laß es keinen Patienten sein, der heute nacht noch unbedingt Hilfe braucht.«

Doch am anderen Ende meldete sich Anna Maerker, die ihren Schwiegersohn noch zu einem Glas Wein in die Villa bitten wollte.

»Nein, danke, Anna. Ick habe Besuch«, erklärte Brockmann und legte den Hörer auf. Er hörte Iris plötzlich sagen: »Hast du eigentlich ein zweites Kopfkissen? Ich brauche nämlich mein eigenes.«

Brockmann stutzte einen Moment und sagte dann mit forscher Sachlichkeit: »Ja, wir haben 'ne ganze Menge getrunken. Ist vielleicht besser so.«

Er fing Iris skeptischen Blick auf, der ihn verwirrte, und stammelte: »Nich, daß ick das als – wie soll ick sagen – Begründung brauche. Versteh mich bitte nicht falsch. Es kommt nur ein bißchen überraschend.« Sie streckte die Hand aus, zog ihn neben sich auf das Sofa und flüsterte spöttisch: »Du redest zuviel, Peter Brockmann.«